Erudição e ciência

FUNDAÇÃO EDITORA DA UNESP

Presidente do Conselho Curador
Marcos Macari

Diretor-Presidente
José Castilho Marques Neto

Editor Executivo
Jézio Hernani Bomfim Gutierre

Conselho Editorial Acadêmico
Antonio Celso Ferreira
Cláudio Antonio Rabello Coelho
José Roberto Ernandes
Luiz Gonzaga Marchezan
Maria do Rosário Longo Mortatti
Maria Encarnação Beltrão Sposito
Mario Fernando Bolognesi
Paulo César Corrêa Borges
Roberto André Kraenkel
Sérgio Vicente Motta

Editores Assistentes
Anderson Nobara
Denise Katchuian Dognini
Dida Bessana

CÉLIA REGINA DA SILVEIRA

Erudição e ciência
As procelas de
Júlio Ribeiro (1845-1890)

editora
unesp

© 2008 Editora UNESP

Direitos de publicação reservados à:
Fundação Editora da UNESP (FEU)
Praça da Sé, 108
01001-900 – São Paulo – SP
Tel.: (0xx11) 3242-7171
Fax: (0xx11) 3242-7172
www.editoraunesp.com.br
feu@editora.unesp.br

CIP – Brasil. Catalogação na fonte
Sindicato Nacional dos Editores de Livros, RJ

S587e

    Silveira, Célia Regina da
        Erudição e ciência : as procelas de Júlio Ribeiro no Brasil oitocentista (1845-1890) / Célia Regina da Silveira. – São Paulo : Editora UNESP, 2008.
        il.
    Anexo
    Inclui bibliografia
    ISBN 978-85-7139-879-5

    1. Ribeiro, Júlio, 1845-1890. 2. Ribeiro, Júlio, 1845-1890 - Visão política e social. 3. Republicanismo - Brasil. 4. Escritores brasileiros - Século XIX. I. Título.

08-4499.
                                                              CDD: 928.699
                                                     CDU: 929:821.134.3(81)

Este livro é publicado pelo projeto Edição de Textos de Docentes e Pós-Graduados da UNESP – Pró-Reitoria de Pós-Graduação da UNESP (PROPG) / Fundação Editora da UNESP (FEU)

Editora afiliada:

Asociación de Editoriales Universitarias
de América Latina y el Caribe

Associação Brasileira de
Editoras Universitárias

*Para Celso e Eunice, meus pais,
que, à semelhança de Maria Francisca
(mãe de Júlio Ribeiro), me ensinaram
que os estudos são aquilo que
de mais sólido construímos, um capital
que ninguém nos tira, algo que
dura para sempre...
Para Cláudia e Cleide, que,
além dos laços familiares de irmãs,
são, acima de tudo, minhas amigas.
Beatriz, minha sobrinha –
e a quinta mulher da família –,
que chegou há cinco anos,
para alegrar nossas vidas*

Sabeis vós o que é um nome no mundo literário? É o condão que faz com que o homem atravesse imune o volver dos séculos, vencendo a morte e desdenhando as revoluções do globo e a destruição das cidades.

Júlio Ribeiro, 1862

Neste mundo, não se joga xadrez com figuras eternas, o rei, o bispo: as figuras são aquilo que delas fazem as configurações sucessivas no tabuleiro.

Paul Veyne, 1992

AGRADECIMENTOS

Este trabalho foi originalmente apresentado à Faculdade de Ciências e Letras da Unesp, *campus* de Assis, como tese de doutoramento em História, defendida em abril de 2006. Para esta versão em livro, fiz pequenas modificações formais que nada alteraram a estrutura original. O apoio de pessoas e instituições foi essencial para sua execução. Talvez, possa esquecer-me de pessoas que, de alguma forma, colaboraram para a realização de minha pesquisa e às quais adianto minhas desculpas. É preciso, no entanto, nomear todos os que a memória permite lembrar. É o que faço agora.

Ao programa de Pós-graduação em História da Faculdade de Ciências e Letras de Assis – Unesp, onde fui sempre bem acolhida. E aos professores Zélia Lopes, José Carlos Barreiro e Iara Lis Carvalho Souza – desde os tempos da graduação, sempre disponíveis para trocar idéias e cujas indicações me fizeram enxergar várias veredas.

A Antonio Celso Ferreira, meu orientador, por seu apreço e confiança no trabalho que agora publico, mas, sobretudo, pelo estímulo à pesquisa desde os tempos da graduação, passando pelo mestrado, até aqui. Enfim, no meu pequeno trajeto, seus rastros não são imperceptíveis. Além disso, agradeço-lhe a paciência em esperar pela conclusão de meu trabalho e em ouvir meus temores e inseguranças. Sou grata também por encarregar-se gentilmente em elaborar o prefácio deste livro.

A Tania de Luca e Emery Marques, pela leitura criteriosa que realizaram por ocasião do Exame de Qualificação, sugerindo encaminhamentos e bibliografias que foram fundamentais no prosseguimento do trabalho. Espero ter atendido a pelo menos parte de suas exigências. Além de Emery Marques, compuseram à banca examinadora de doutorado, Ana Luiza Martins, Maria Lídia Lichtscheidl Marettit e Rogério Ivano, aos quais agradeço a leitura criteriosa e motivadora.

A Ana Luiza Martins, pela gentileza em ter enviado material de sua lavra sobre Júlio Ribeiro. Atribuo esse contato ao acaso do destino, pois nunca imaginei que conheceria uma historiadora familiarizada com a trajetória e a produção de Ribeiro numa defesa de doutorado sobre patrimônio, cuja banca ela integrava. E que veio depois a participar da minha.

Sou grata também aos colegas do Departamento de História da Universidade Estadual de Londrina (UEL), que assumiram parte de minhas responsabilidades para que eu pudesse ficar afastada durante o período de um ano e meio para a elaboração da redação deste trabalho. A meus alunos, aos quais ministrei aulas de História do Brasil, não só no curso de História, mas também nos de Ciências Sociais, Geografia, Economia e Arquivologia. Com eles percorri uma importante via de mão dupla: ensinei e aprendi. A Fumiko e Celina, secretárias do Departamento de História, que sempre atenderam às minhas solicitações de urgência.

Aos funcionários dos arquivos e bibliotecas onde pesquisei; sem sua ajuda, provavelmente deixaria de obter materiais que foram importantes para concretizar a proposta de trabalho. Em São Paulo, o Arquivo Histórico do Estado de São Paulo, a Hemeroteca do Instituto Histórico e Geográfico de São Paulo (IHGBSP), o Centro de Memória da Educação (USP), a Biblioteca Mário de Andrade e a Biblioteca da FFLCH da USP; em Campinas, o Centro de Memória da Unicamp, a Biblioteca do IEL e a Biblioteca Central; em Assis, na Unesp, o Centro de Documentação e Apoio à Pesquisa (Cedap).

Ao jornalista de Sorocaba Geraldo Bonadio, pelas informações valiosas e a gentileza em enviar-me material e intermediar meu contato com a viúva do Sr. José Aleixo Irmão, Dona Mercedes, a quem agradeço por ter atendido aos meus telefonemas.

ERUDIÇÃO E CIÊNCIA 11

Aos amigos Cristiano, Lúcia, Edméia, Fátima, Sílvia Cristina, Ana Heloísa e Rogério, que, além de serem colegas de trabalho, sempre se mostraram solícitos a meus pedidos e compreensivos quanto a minha oscilação de humor. Peço desculpas a alguns deles pelos inúmeros convites para almoços e jantares recusados nos últimos meses da escrita deste trabalho; por não compartilhar o convívio social. Por esse motivo, talvez, não consiga expressar o quanto foram importantes nesse percurso.

A Selma, ao Fred e a Márcia, pela amizade, que espero seja para sempre.

A Zueleide, a quem, por mais que registre meus agradecimentos, não conseguirei fazer jus à dimensão de sua contribuição para este trabalho. Seu apoio e interesse em manter-se informada a respeito de meu trabalho foram fundamentais. As inúmeras ligações que fez de São Paulo e de Maringá para Londrina restabeleciam-me o ânimo para prosseguir. Enfim, não terei como pagar-lhe o apoio emocional e intelectual.

A Simone, por ter atendido a meu pedido de socorro, dispondo-se a fazer a revisão dos textos num curto período. E por sua amizade.

Também agradeço a Cláudia Marques pela interlocução preciosa que, ultimamente, temos estabelecido nas lides sobre o século XIX, que ela se frutifique.

Por último, mas não menos importante, agradeço a minha família, cujo apoio foi essencial nesses anos. Agradeço, pelo aconchego que mandam de Ida Iolanda, a meus pais, Celso e Eunice; de São José do Rio Preto, a minha irmã Cleide e a minha sobrinha Beatriz; de Campinas, a minha irmã Cláudia. Sem esse amor familiar, não teria sido possível chegar até aqui.

Sumário

Prefácio   15
Introdução   19

1   (Des) caminhos da construção da identidade do homem de letras   27
    A escrita como prática social   27
    A trajetória de Júlio Ribeiro: tramas, dramas e infortúnios   34
    Nas trilhas do protestantismo e da maçonaria   41
    De "mercenário" a paladino da causa da civilização nos trópicos   66
    O homem de letras entre o céu e o inferno   74

2   Intervenções e polêmicas: entre os insultos difamatórios e a ilustração   87
    Ativista da cultura republicana   87
    O *prazer de "Satan"*   107
    O D'Alembert à brasileira   122
    ... quem o alheio veste, na praça o despe   133
    Pastores por pastores, antes os velhos   145

3   O "quarto mosqueteiro": imagem de um repertório   167
    O polêmico: imagem "naturalizada"   167
    Aquilo que se gasta nos estudos jamais se desperdiça   173

(Re)construção da identidade do "intelectual" revoltado:
os textos biográficos   189

4 "Uma mente enferma": imagem perpetuada   197
   A produção de arquétipos e classificações: a crítica literária   197
   Espaços de "lutas" simbólicas: crítica, autores, leitores e editoras   209

Considerações finais   231
Referências bibliográficas   235
Anexo: Cronologia   243

Prefácio

Como historiadora inteligente que é a autora deste livro, sabe muito bem tirar leite de pedras. Imagine o leitor o tamanho das dificuldades com as quais ela se deparou para compor a trajetória de Júlio Ribeiro – um escritor estigmatizado pela crítica e ignorado como um dos expoentes da tão badalada *geração de 1870* –, cuja vida extremamente breve (1845-1890) ceifou a possibilidade de que encontrasse uma paz amadurecida e mesmo o julgamento equilibrado de sua figura, seja por seus contemporâneos, seja pelos críticos que viveram depois dele.

Célia Regina da Silveira já havia demonstrado tal qualidade em seu trabalho de mestrado sobre Valdomiro Silveira – disponível apenas em algumas bibliotecas –, o qual ela ainda deve ao público na forma de livro. No entanto, o escritor de prosa caipira escolhido nessa primeira investida como pesquisadora já era, de certo modo, respeitado pela crítica, além de ter sido muito popular em sua época, o que, se não eliminou os obstáculos que sempre se apresentam ao historiador na lida com o passado, pelo menos forneceu um solo menos tortuoso para sua jornada. Nada disso diminui a importância desse seu estudo, caracterizado por uma leitura original das fontes e que abre pistas sugestivas para outros interessados no assunto.

Outra coisa foi enfrentar um autor *maldito* como Júlio Ribeiro. Qual o caminho para abordar com sensatez essa figura pública envolvida em constantes polêmicas e atacada cruelmente como dono de uma *mente enferma*? Como avaliar com cautela o legado de um escritor cuja obra mais conhecida – *A carne* – foi chamada em seu tempo de *A carniça*, e qualificada pelos críticos posteriores como romance desequilibrado, avaliação que se perpetua até hoje?

O perigo mais evidente seria firmar um julgamento exatamente oposto ao criado por seus detratores, isto é, adotar uma estratégia para reabilitá-lo, transformando-o num herói vitimizado. Já que muitas vezes é isso o que se lê nos livros que tratam dos *malditos*, nada mais óbvio do que seguir a mesma trilha, reconstruindo positivamente a biografia de Ribeiro. Mas, consciente da armadilha ou da ilusão biográfica – palavras de Pierre Bourdieu –, a historiadora fugiu das generalizações e simplificações apressadas, recuperando sua trajetória sinuosa no mundo das letras brasileiras da segunda metade do século XIX. Procurou, além disso, compreender as circunstâncias em que foi delineada sua imagem de polemista intransigente, desequilibrado e incoerente em termos pessoais, políticos e estéticos.

Cada capítulo do livro é um passo largo e firme para recompor a complexidade não só do indivíduo como do universo social e cultural em que ele atuou. Os temas multiplicam-se ao longo deles: o enredo de seu drama pessoal e de suas melancólicas auto-representações como meios de legitimação social nas hostes letradas da província paulista; sua busca de entendimento de si e interpretação do mundo por intermédio da conversão às letras, à religião e à ciência; as atividades e polêmicas políticas que o arrastaram no contexto reformista, civilizatório e conflituoso do republicanismo; a construção de sua identidade como intelectual revoltado, nos textos biográficos, e como escritor de segunda categoria, nas classificações canônicas da crítica literária.

O que, afinal, se expressa textualmente como a reconstrução verossímil de uma trajetória multifacetada exigiu da historiadora, entretanto, um esforço adicional em razão da exigüidade e da dispersão das fontes de consulta. Embora tenha sido autor de um pequeno, mas significativo número de obras nas áreas da ficção, da gramática e do ensaio político, os escritos de Júlio Ribeiro, sobretudo para os jornais, ainda não foram reunidos, sumariados ou analisados. Alguns deles sobrevivem em Sorocaba à espera de eventuais estudiosos, outros nem foram compilados, sem falar de seus romances *Padre Belchior de Pontes* e *A carne*, o primeiro, desconhecido pelo público e pela crítica, e o segundo, relegado à condição de obra menor no panorama literário brasileiro.

Célia Regina da Silveira soube, contudo, percorrer tal terreno insólito guiando-se por uma metodologia segura e por aportes teóricos tanto inovadores quanto flexíveis. Dessa tarefa, resultou uma inegável contribuição à historiografia sobre a vida intelectual e política brasileira nas últimas décadas da Monarquia, uma vez que repõe à cena da época um de seus mais combativos homens de letras, o que não é pouco em nosso tempo, tão necessitado de engajamentos dignos e convictos.

ANTONIO CELSO FERREIRA

Introdução

Este trabalho tem como objeto de estudo Júlio Ribeiro (1845-1890). Seu nome é associado principalmente ao romance *A carne*, publicado em 1888. Não obstante, o escritor, além da literatura, dedicou-se à filologia, à retórica, à história, entre outras áreas. Ele atuou prolificamente no cenário das letras paulistas, no qual exerceu as atividades de publicista, jornalista e professor de afamados colégios da Província de São Paulo.[1] Nessas diferentes áreas e atividades, ele se empenhou para a construção de sua identidade social: a de "intelectual". Por isso, considero que atrelar a imagem de Ribeiro exclusivamente à que foi produzida pela recepção do citado romance – a de autor "obsceno" e, por conseguinte, polemista – restringe a compreensão de seu significado no âmbito das letras paulistas da segunda metade do Oitocentos. Mais importante ainda a anotar é que as leituras sintéticas de *A carne* elaboradas pela história e crítica literárias nublaram sua atuação, ou seja, fizeram que o autor fosse

---

1 Uma das marcas do autor foi, portanto, o interesse em tratar de vários gêneros e assuntos, como um intelectual típico do século XIX, "ilustrado" e eclético. Contudo, tal feição do homem de letras não é aqui vista como manifestação de um amontoado de interesses e idéias num aspecto abstrato, mas relacionada às condições objetivas do universo letrado e aos assuntos que a conjuntura lhe sugere como tema a ser desenvolvido, seja de maneira explícita ou simbólica.

visto muito mais sob o ponto de vista dessas leituras: afinal, morreu apenas dois anos depois da publicação dessa obra.

Entretanto, a nitidez da idéia acima exposta só foi se formando com os passos da pesquisa, mediante os quais fui adentrando o universo do autor: as crenças políticas professadas, seus escritos, suas relações sociais e familiares. Busco, aqui, entrelaçar esses e outros pontos ao campo letrado paulista das décadas de 1870 e 1880, à luz de sua trama sociocultural. Enfim, ao privilegiar a trajetória do autor,[2] busco responder a uma questão essencial do trabalho: sua "canonização" como combativo e polemista. Essa imagem seria tributária somente das leituras posteriores sobre o romance *A carne*? Ou foi delineada no conjunto das intervenções, especialmente as empreendidas na imprensa? Ou ainda seus coevos teriam compartilhado dessa construção?

Definir Júlio Ribeiro é tarefa arriscada; pode resvalar em generalizações que pouco acrescentariam a seu estudo. Isso porque, além de ele ter tratado de diversos assuntos, ocupou posições variadas ao longo de sua trajetória no universo das letras. O que não permite caracterizá-lo de maneira unívoca, nem mesmo exigir-lhe coerência em suas intervenções. Com isso, procuro distanciar-me da noção de universalidade que tantas vezes esteve presente nos estudos sobre autores – aspecto para o qual chama atenção Pierre Bourdieu (1996b, p.254): "não existe definição universal de escritor e a análise nunca encontra mais que definições correspondentes a um estado da luta pela imposição da definição legítima do escritor." É na busca pela coerência que se cria a idéia da impossibilidade de unir elementos díspares e contraditórios num mesmo autor.

---

2   Trajetória é usada, no presente estudo, no sentido dado por Pierre Bourdieu: "A relação que se estabelece entre agentes singulares, e, portanto, seus hábitos, e a força do campo, relação que se objetiva em uma trajetória e em uma obra. Diferentemente das biografias comuns, a trajetória descreve a série de posições sucessivamente ocupadas pelo mesmo escritor em estados sucessivos do campo literário [...] isto é, relacionalmente, que se define o sentido dessas posições, publicações em tal ou qual revista, ou por tal ou qual editor, participação em tal ou qual grupo etc." Bourdieu1996a, p.71. No entanto, no Brasil da segunda metade do século XIX não havia um campo literário autônomo, pois literatura, imprensa e política eram socialmente indissociáveis. Assim, considero que o termo "campo letrado" expressa melhor a realidade de produção daquele momento e as práticas sociopolíticas e culturais nele vigentes.

ERUDIÇÃO E CIÊNCIA 21

A despeito de haver diversos exemplos disso na caracterização de Júlio Ribeiro, separo um excerto, escrito por ocasião da comemoração do cinqüentenário de sua morte, que ilustra esse tipo de posicionamento:

[...] Não conhecemos, em nossa literatura, alguem que seja tão difícil de julgar como Julio Ribeiro. Sua personalidade é interpretada, por uns, como sendo um escritor de escol, sabedor da lingua, e um dos homens mais representativos de seu tempo; por outros, ao contrário, é tido como um paranóico, onde, dominam as idéias de grandeza e de perseguição, tornando-o um inadaptavel e um indesejado ao seu meio.[3]

As imagens sublinhadas no texto ("escritor de escol" e "idéias de grandeza") não são, embora pareçam, excludentes. O autor foi erudito na acepção mais fiel do termo e arvorou-se em conhecedor de uma ampla gama de conhecimentos. Essa última imagem se faz mais perceptível nos momentos em que sua legitimidade intelectual era posta em questão. Na tentativa de realizar uma interpretação do(s) significado(s) de suas práticas letradas, considero primordial situar qual era a condição do autor no campo letrado e, assim, apreender suas especificidades. Para tal, optei por organizar suas intervenções conforme seu trajeto espacial: Sorocaba, Campinas e São Paulo. Essa escolha não se deu para atender a uma linearidade cronológica, mas porque entendo que, nesses lugares, o autor encontrava-se em posições distintas no campo letrado, as quais possibilitam demarcar a variação de suas intervenções na luta pelo reconhecimento.

Essa busca de reconhecimento não se atribui exclusivamente à suposta vaidade do escritor: estava ligada sobremaneira ao sentido que as letras tiveram em sua trajetória – delas dependiam suas atividades. A despeito de o magistério ser uma ocupação não diretamente ligada ao trabalho com a pena, o reconhecimento no universo letrado também era um dos fatores importantes para a admissão nos colégios

---

3   Paranhos, 1940 [grifo meu]. (Conferência pronunciada na Academia Paulista de Letras). Arquivo Jolumá Brito. Arquivos Históricos do Centro de Memória – Unicamp – série 10 – Personagens – Pasta 344. Nas próximas referências, esse arquivo será citado somente como "Arquivo Jolumá Brito", pois a pasta a que me reporto é a única relativa a Júlio Ribeiro.

bem conceituados da Província de São Paulo. Para Ribeiro, portanto, o capital "intelectual" constituía sua ferramenta de trabalho.

A associação estrita estabelecida entre Ribeiro e as letras pode parecer inapropriada num período em que não havia um campo intelectual "autônomo", no qual um escritor pudesse viver exclusivamente da escrita, isto é, torná-la sua profissão. Esse foi o dilema vivido pelo autor em estudo e alguns de seus coevos. Ademais, em seu caso, adquiriu contornos precisos: desprovido de capital econômico, sem ascendência aristocrática, nem de famílias proeminentes, que haviam se enriquecido há poucas décadas, e ainda sem o título de bacharel, era o capital letrado, para ele, um bem precioso. Nessa situação, a bagagem de conhecimentos era um recurso indispensável; entretanto, para ser conhecido e reconhecido, era necessário materializá-lo, ou seja, ser autor. Obter essa chancela, no entanto, não dependia somente do mérito intelectual: também as relações sociais travadas no universo das letras conferiam espaço para o reconhecimento. Essa circunstância tornava o campo letrado o espaço por excelência das lutas simbólicas.

Nesse aspecto, a imprensa era o cenário de batalhas apaixonadas e envolventes que muitas vezes se transformavam em verdadeiros "combates bélicos" de idéias. Júlio Ribeiro e outros contestadores da época, além de terem-se apropriado do repertório científico estrangeiro como suporte para a discussão de temas que consideravam essenciais em sua oposição ao regime imperial, incorporaram-no como valor ético e científico das polêmicas. As idéias eram tomadas como instrumentos de aprimoramento da cultura e da luta pela "sobrevivência" no âmbito das letras, conforme a concepção evolucionista da "Seleção das Espécies" de Darwin.[4]

Essa e outras matrizes científicas européias estão presentes no conjunto da obra de Júlio Ribeiro, pois nela o autor busca romper com o pensamento religioso, em defesa de uma visão laica do mundo. Nos romances, em especial em *A carne*, as ciências naturais foram a referência de sua

---

4   A esse respeito, consultar: Ventura,1991. Com base nas polêmicas encetadas por Sílvio Romero, o autor empreende uma análise dos letrados do final do século XIX e início do XX, associada à formação da crítica literária e do pensamento social brasileiros.

narrativa, afastando-se abertamente do modelo romântico. Nos textos da imprensa, não foi diferente: propugnou a secularização da política e do pensamento. No que tange ao estilo da escrita, seus textos jornalísticos não romperam com a tradição da retórica – que foi mesclada ao vocabulário das ciências –, pois ela era também um instrumento de persuasão.

Neste trabalho, privilegio as intervenções de Ribeiro na imprensa, porém não deixei de evocar, em alguns momentos da análise, seus textos literários. A opção por esse caminho deveu-se ao fato de essa produção não ter sido submetida a uma análise sistemática. Ainda mais porque a considero fundamental para poder apreender a construção da idéia do autor como figura polêmica no percurso de sua atuação. Além disso, os textos na imprensa trazem referências das relações sociais tecidas e de seus posicionamentos no debate político da época, elementos que permitem matizar a condição de Ribeiro no campo letrado.

Com suas intervenções e posicionamentos políticos – na imprensa de Sorocaba e com seu ideário republicano, subseqüentemente –, somados a seus méritos intelectuais, Ribeiro inseriu-se no círculo das letras da província. Todavia, os limites impostos pela própria estrutura desse universo, como sua forte ligação com a política, fizeram que a trajetória do autor fosse pontuada por tensões e conflitos. Era exatamente dessa situação que emanavam suas leituras do próprio significado das letras no último quartel do século XIX. Mesmo levando-se em conta que o traço peculiar desse período era a inexistência da autonomia intelectual, é possível conferir gradações aos diferentes significados de ser um homem ligado às letras no Brasil.

O presente trabalho busca mostrar que as intervenções textuais de Ribeiro denotam sua busca "incansável" da sobrevivência pelo manejo da pena e que disso resultava também a importância conferida pelo escritor à legitimação no universo letrado da época. Nesse sentido, o trabalho de construção de sua imagem apegou-se ao traço da polêmica como forma de impor-se no debate político. No entanto, essa tomada de posição não se explica pelo "temperamento" do autor, como quiseram seus biógrafos, ou seja, por uma maneira de expressar-se que, desde sempre, estivesse inscrita nele. Devia-se muito mais às reduzidas oportunidades para um homem de letras que não compunha os quadros da elite imperial.

Nos decênios de 1870 e 1880, a atividade política de propaganda dos republicanos paulistas estava empenhada em criar espaços alternativos de visibilidade, mediante a fundação de diversos jornais independentes das instituições imperiais – como a *Gazeta de Campinas* (1873), *A Província de São Paulo* (1875) e o *Diário Popular* (1884) –, os quais, de certo modo, representavam novas oportunidades profissionais. Isso não significava que as redes de relações e identificação com o ideário político republicano estivessem fora dos critérios a serem levados em conta nesses novos espaços de expressão e de trabalho. O autor em estudo é um exemplo. Para a admissão de Ribeiro no Colégio Culto à Ciência não foram somente seus méritos como filólogo e latinista que contaram, mas, sobretudo, o fato de ele ser republicano.

As intervenções polêmicas de Ribeiro só podem ser compreendidas se forem tomados em consideração os elementos de sua trajetória, ou seja, suas experiências sociais e pessoais no mundo letrado da época. Pode-se dizer, assim, que foi essa vivência que desencadeou uma atitude de combate ao regime imperial. Esse assunto abordo no capítulo 1, no qual situo a experiência de Júlio Ribeiro na imprensa sorocabana, suas relações com o protestantismo e com um grupo de maçons das tendências liberal e republicana. Associo-a ao movimento maçônico mais amplo de contestação da Monarquia. Em Sorocaba, Ribeiro dirigiu *O Sorocabano* (1871-1872) e a *Gazeta Commercial* (1874-1875). Nessas atuações, saliento sua defesa da secularização religiosa, da ciência e da técnica como meios de civilizar o País. Procuro, ainda, mostrar como ele elaborou imagens díspares sobre a imprensa no Brasil, tomando como parâmetro seus êxitos e fracassos. Ao tratar desses temas, externou suas críticas ao regime imperial.

No capítulo 2, pretendo inicialmente mostrar que, mesmo tendo-se posicionado como um dissidente dos republicanos paulistas, Júlio Ribeiro comungava do mesmo substrato intelectual proporcionado pelas teorias cientificistas e pela moderna ciência política, que serviam como repertório para se elaborarem os diagnósticos e intervenções necessárias para "civilizar" o País. Os republicanos proclamavam-se opositores do cânon intelectual da tradição imperial, marcado pelo academicismo, o indianismo e o romantismo que legitimavam a política saquarema. Foi exatamente pela maneira com que os perrepistas de São Paulo conduziram a discussão sobre a escravidão e o regime político republicano – pela via "oportunista" – que Ribeiro se postou como detrator das figuras mais emblemáticas do republicanismo paulista. Ao endereçar suas críticas, elaborou verdadeiras caricaturas verbais e vinculou a maioria de suas polêmicas às questões conjunturais e pessoais. Enfim, foi a experiência social de Ribeiro que requisitou sua atuação, e nela é possível apreender o sistema de valorização segundo o qual o autor foi julgado.

O terceiro e o quarto capítulos enfocam as leituras a respeito de Júlio Ribeiro como um campo que outorga significados, sejam celebrativos, sejam estigmatizantes. No capítulo 3, focalizo as análises biográficas como portadoras de mecanismos que evidenciam processos de apropriação das imagens que Ribeiro produziu de si, sem levar em conta a prática social do escritor presente em seus textos. Trata-se, na verdade, de uma imagem de "intransigente" e "polemista" naturalizada. Além de terem permitido mostrar que a polêmica foi selecionada como a razão de ser da existência do autor, as biografias foram tomadas como fontes informativas, sobretudo a de José Aleixo Irmão [s.l, s.d.], que traz a correspondência entre Ribeiro e sua mãe, a qual ensejou a reflexão a respeito das motivações que conduziram o escritor à carreira letrada. No caso da história e da crítica literárias, que compuseram o material usado para a elaboração do capítulo 4, os mecanismos de apropriação também estão presentes, só que para marcar distinção em relação à imagem construída nos textos biográficos, na medida em que evidenciam atributos negativos na literatura ribeiriana, especialmente na leitura que realizaram de *A carne*. Uma terceira leitura também produziu uma representação de Júlio Ribeiro: a da recepção do "grande público" e das editoras, que foi examinada neste trabalho com o intuito de mostrar os contrastes em relação àquela realizada pelo campo especializado da crítica literária.[5]

---

5 Optei por manter a grafia original da fontes. No decorrer do livro, o leitor notará uma variação no nome do autor em estudo: "Julio" (sem acento agudo) como assinava e aparecia nos escritos da época e "Júlio" (com acento agudo) na bibliografia brasileira do século XX que se dedicou ao estudo da obra do escritor. Essa última forma é a que utilizo na escrita do meu trabalho: "Júlio" Ribeiro.

A ultima photographia do saudoso philologo, tirada no anno do seu fallecimento

Figura 1 Foto de Júlio Ribeiro. Arquivo Jolumá Brito. Arquivos Históricos do Centro de Memória da Unicamp (CMU)

1
(Des)caminhos da construção da identidade do homem de letras

A escrita como prática social

> Nada há que tanto desanime o homem como o ter de luctar sem companheiros, como ter de ser contra todos. Faz-se mister força...
>
> Júlio Ribeiro,
> A Procellaria,
> 30 de janeiro de 1887.

Era 14 de abril de 1845 na pequena cidade mineira de Sabará. Nascia, nesse dia, Júlio César Ribeiro Vaughan, fruto de um amor entre a mineira Maria Francisca da Anunciação Ribeiro – professora de primeiras letras, religiosa e esmerada nas prendas domésticas – e do norte-americano George Washington Vaughan – artista e pequeno empresário de circo que, em suas andanças pelo Brasil, percorrendo o interior do País, enamorou-se de Maria Francisca. Naquele contexto dos anos 1840, mais especificamente em 1844, o namoro entre uma filha de Sabará, que todos conheciam, com um artista, ainda mais estrangeiro, não era nada convencional em relação aos costumes dos habitantes do município, os quais casavam seus filhos com parentes ou filhos de compadres. Esse fato veio, assim, a perturbar a vida social da cidade.

Visto como excêntrico e, por isso, ofensivo aos hábitos sabarenses, o namoro passou a ser o assunto principal entre os moradores:

> A princípio comentava-se o fato a boca pequena. Depois ninguém mais fazia segredo, e o tema transbordou-se e tomou conta de todas as conversas de rua e de roda, às portas da igreja, na farmácia e nos serões entremeados de chá e broa mineira de grossa carapaça.
> Os velhos, [...] apegados à tradição de apenas casarem as filhas com parentes ou com rapagões filhos dos compadres; os velhos mineiros, aquecendo-se à réstia do sol, à porta de suas vivendas solarengas, em ouvindo a triste história desse amor estúrdio, a cabeça meneavam, e passando nos lábios, para amaciar, a palha do cigarro que faziam, comentavam, pesarosos, não haver caso semelhante em memória daquele povo.[1]

Dessa história de amor tão contrariada e comentada por fugir aos padrões familiares do Brasil oitocentista, veio ao mundo Júlio Ribeiro. Foi batizado " na matriz de Sabará, no dia de Corpo de Deus, a 22-5-1845, sendo padrinhos Antonio da Silva e d. Mariana Antonia da Silva" (apud Irmão, op. cit., p.15). No rito de batismo, recebeu o nome de "Julio Cesar Vaughan". A herança do sobrenome paterno, no entanto, não significou a participação de George W. Vaughan na educação do filho e no convívio familiar. O artista americano continuou viajando com sua companhia de circo e, ao que tudo indica, abandonou mulher e filho.[2] Coube, assim, a Maria Francisca sozinha a criação e educação do filho, isto é, suprir a au-

---

1   Irmão, [s.d.], p.13. Nessa mesma direção, Dornas Filho apresenta George Washington Vaughan como um " boêmio e estúrdio americano da Virgínia, artista de circo de cavalinhos, que procurou o Brasil na primeira metade do século passado [XIX]." Dornas Filho, 1945, p.9. Com um tom apologético, os autores traçam o percurso de Júlio Ribeiro e cobrem fatos de sua vida que vão do nascimento à morte do autor. Por isso, esses livros são considerados, aqui, biografias no sentido mais comum do gênero. Ocupar-me-ei mais detidamente da construção da imagem de Ribeiro, presente nesses textos, no terceiro capítulo; aqui serão tomados como fontes informativas da trajetória do escritor.
2   Existe uma carta de George W. Vaughan para Maria Francisca datada de 1856. Após essa data, não se encontra nenhuma referência a ele na correspondência que Júlio Ribeiro manteve com a mãe. As cartas trocadas entre o escritor e Maria Francisca compõem a análise de um outro capítulo, no qual se faz a associação entre a história familiar/afetiva de Ribeiro e sua opção pela carreira das letras.

sência do pai, desde o afeto, os aconselhamentos, até os recursos materiais. A presença materna foi, portanto, efetiva na educação de Júlio Ribeiro e, ao mesmo tempo, crucial para seu encaminhamento às letras.

É compreensível, portanto, que o escritor tenha rejeitado mais tarde o sobrenome do pai e que esse legado não integrasse a construção da identidade social de Ribeiro. Desde sua adolescência, momento em que se ausentou do convívio materno para estudar no colégio religioso de Baependi (MG), não assinava o "Vaughan", como é possível observar nas cartas que endereçou a Maria Francisca. Subtraiu também o "Cesar", conforme se pode verificar em declaração publicada na *Gazeta Commercial,* de Sorocaba, em 1875. Na época, era diretor e redator-chefe do mencionado jornal:

> [...] Julio Ribeiro. Desde 1872 assim assinamos; temos todavia continuado a receber cartas com endereço de Julio Cesar Ribeiro. Como isso pode trazer complicações reiteramos a declaração de que nosso nome é – Julio Ribeiro –, e pedimos aos colegas de imprensa a transcrição das presentes linhas para conhecimento de todos. (Ribeiro, *Gazeta Commercial,* 24 abr. 1875 apud Irmão, op. cit., p.204)

O "Ribeiro", de linhagem materna, substituiu, portanto, o sobrenome do pai ausente. Foi dessa maneira – assinando simplesmente "Júlio Ribeiro" – que se criou uma identidade social de escritor, professor e homem de imprensa.

Pode-se indagar: por que dar destaque às alterações que o escritor ora em estudo fez em seu nome de batismo? Na verdade, o ato de publicar declaração para informar o público a respeito de sua assinatura não deve ser visto como mero capricho. Denota antes sua preocupação em "registrar" uma marca para seu reconhecimento como homem de imprensa e escritor – ou seja, para demarcar uma essência social. Nesse período, Júlio Ribeiro ainda não havia atuado nos principais jornais da Província de São Paulo e, portanto, não havia estreitado laços profissionais e pessoais com as figuras de proa da imprensa da capital da província e de Campinas (SP) – as quais atuavam como divulgadoras do republicanismo e do Partido Republicano Paulista (PRP). Suas ações estavam mais restritas ao interior da província, especialmente a Sorocaba, onde atuou como homem de imprensa até meados da década de 1870. Assim, o nome que Ribeiro quis sublinhar não era um nome próprio qualquer, mas uma designação por meio da qual almejava inscrever e delinear uma marca de letrado. De fato, foi por referir-se ao escritor que esse nome carregou os adjetivos de reconhecimento, mas também da estigmatização.

Deve-se levar em conta que, para a compreensão da trajetória "intelectual" de Júlio Ribeiro, é inconcebível separar do nome de autor o nome próprio, ou seja, o sujeito da obra dos dados biográficos. Isso porque, tanto no âmbito "estrito" de sua produção quanto no da esfera de seu reconhecimento por outros, as intervenções e tomadas de posição do homem/escritor no cenário sociocultural da época enredaram-se na trama de sua experiência individual e social. Em síntese, o nome próprio e o nome de autor foram instâncias que se mesclaram; afinal, seus escritos, fossem os do jornalista, fossem os do romancista – forma pela qual ele se expressou e se posicionou frente ao debate político –, constituíam os dados à disposição do universo letrado a partir dos quais se podia elaborar certa imagem de Júlio Ribeiro. Sobretudo sua condição de homem de imprensa e professor dava-lhe o atributo de "homem público", tornando ainda mais visadas suas atitudes. O nome de autor e o nome próprio, nesse aspecto, misturaram-se muitas vezes, embora nem sempre questões pessoais tenham sido, para Júlio Ribeiro, motivo para o desencadeamento de polêmicas.

Em outros termos, desvincular o nome próprio (ou biológico) do de escritor (ou social) – por esse último ter sido construído com base num determinado trabalho empreendido por Júlio Ribeiro – pouco acrescenta; por isso aqui se toma sua escrita como prática, e não simplesmente como manifestação de idéias e/ou sintomas diretos de uma realidade, isto é, diretamente integrada num contexto sociopolítico e nas relações que estabeleceu no âmbito das letras, relações essas que forneceram subsídios a suas intervenções. Em suma, elide-se o hiato entre vida e obra. Também se inverte a noção determinista de que a obra reflete o temperamento de seu autor, privilegiando a compreensão do mundo social onde se produziu a obra ribeiriana.

Ocupo-me aqui da trajetória de Júlio Ribeiro como professor, homem de imprensa e escritor – enfim, de homem letrado. Por meio dessas atividades, estabeleceu relações no universo letrado da época, das quais resultaram suas interpretações e opiniões acerca dos diversos temas em pauta naquele período, como: escravidão, abolição, instrução, política partidária, religião, entre outros. Em decorrência dessa prática "intelectual" e, ao mesmo tempo, política – por não se constituir um campo literário autônomo, toda manifestação "intelectual" era logo transformada em questão política – é que se formaram as imagens relativas ao escritor em questão: positivas e reverentes por parte de alguns, negativas e injuriosas por parte de outros. Foi esse mecanismo que produziu a identidade individual e social de Júlio Ribeiro. Trata-se daquilo a que Foucault (2000, p.41) se refere como "jogo de representações que configuram uma certa imagem de autor", que, no ver do estudioso francês, impediria qualquer teoria sobre autor e obra. Por conseguinte, não se pretende elaborar aqui uma teoria explicativa sobre Júlio Ribeiro, mas mostrar os elementos que concorreram para a gestação da imagem do homem de letras, especialmente a do "polemista intransigente". Essa gestação não consistiu somente nas representações criadas em torno do autor, pois ele participou da produção de sua própria imagem. Por esses motivos, apresentar a trajetória de Ribeiro é um procedimento importante e indispensável para a compreensão de sua identidade social de escritor.

Assim, em vez de apresentar o escritor em estudo por intermédio de seus textos e dos assuntos neles presentes, considero mais profícuo e pertinente às idéias que vimos expondo tratar inicialmente da experiência individual e social de Júlio Ribeiro no contexto da segunda metade do século XIX, porque foi essa vivência que suscitou suas intervenções textuais. Com esse procedimento, buscamos opor-nos às noções abstratas de "campo de idéias" e/ou "doutrinas filosóficas" na interpretação dos últimos decênios do século XIX. Essas noções foram muito bem expressas por Sílvio Romero (1926), quando se referiu a um "movimento novo" ensejado pela importação de um "bando de idéias novas" que "pululavam" na mente dos letrados no Brasil. Essa visão, posteriormente, foi tão celebrada no e pelo pensamento social brasileiro, que se tornou um "paradigma" de análise das transformações ocorridas a partir do decênio de 1870, como a criação do partido republicano, a abolição, a própria instauração da República etc., as quais foram consideradas, então, resultantes diretas daquele "bando de idéias novas" mencionado por Romero. As teorias cientificistas fizeram parte do ideário político da geração de contestadores do regime imperial, porém seu uso estava subordinado às questões de cada grupo, isto é, as noções eram readaptadas, de acordo com as circunstâncias e os interesses políticos das facções que questionavam o *status quo* imperial.[3] Por isso, o movimento da geração de 1870 é visto por Angela Alonso como um "movimento político", que não se restringiu às manifestações literárias.

Para compreender o conteúdo da produção ribeiriana, é primordial, pois, situar seu autor nesse movimento de contestação – que envolveu grupos de tendências políticas heterogêneas –, uma vez que suas intervenções textuais se nutriram da oposição que fazia ao regime imperial e, sobretudo, de suas divergências com os republicanos paulistas na maneira de encaminhar o debate sobre a República e a escravidão. Por esse aspecto, insistimos em reafirmar que sua produção literária e jornalística é vista como prática social. Isso porque, como se procurará indicar, Júlio Ribeiro realizou uma interpretação do Brasil, diagnosticou problemas, apontou soluções com vistas a um projeto civilizatório e, sobretudo, ocasionou intervenções de seus coetâneos em relação às posições que sustentava.

---

3   Valho-me da discussão realizada por Angela Alonso, que defende a tese de que a produção intelectual da geração de 1870 foi uma forma de contestação política: "O movimento intelectual não esteve voltado para um debate doutrinário alheado da realidade brasileira, nem visava formular teorias universais. A hipótese deste trabalho é que a unidade do movimento foi política, fruto de uma experiência compartilhada de marginalização em relação aos postos de mando do Segundo Reinado. Neste livro procuro demonstrar que o movimento intelectual da geração 1870 recorreu a componentes do repertório da política científica e à tradição nacional em busca de instrumentos de crítica intelectual e de formas de ação política para combater as *instituições, práticas, e valores* essenciais da ordem imperial. [...] Para enfatizar a dupla face, política e intelectual, da contestação, chamo o movimento intelectual de *reformismo*". Alonso, 2002, p.45. Essa discussão integrará o capítulo 2.

Na (re)constituição do percurso "intelectual" de Ribeiro que aqui faremos, serão examinadas, portanto, as discussões presentes no universo letrado das últimas décadas do século XIX.[4] Pois é na inserção do autor no debate de contestação do regime político e na mobilização de outros discursos que o intervalo entre vida e obra é suprimido. Ainda que não de forma direta e/ou deliberada, existe uma autorrepresentação nos textos de Ribeiro que indica o lugar social de onde o autor lançava suas intervenções e a partir do qual é possível verificar as posições sociais ocupadas por esse escritor no mundo letrado paulista do Segundo Reinado.[5] Isso reitera a importância da trajetória de Ribeiro para a compreensão de sua produção como leitura e intervenção políticas no cenário brasileiro nas décadas de 1870 e 1880.

Em 1871, aos 26 anos de idade, no início de sua carreira na imprensa paulista, particularmente em Sorocaba (SP), na condição de editor e redator do jornal *O Sorocabano*, Júlio Ribeiro afirmou que a

---

4   Para Foucault, a função do autor consiste em " caracterizar a existência, a circulação e a operatividade de certos discursos numa dada sociedade." Cf. Foucault, 2000, p.41.

5   Foucault chama a atenção para uma escrita de si, não no sentido de gênero literário, mas como figura de compreensão presente em algum grau em todos os textos. A esse respeito, ver: Foucault, 2000. É preciso esclarecer que, nos últimos anos, essa visão sobre a escrita de si vem sendo reavaliada. Nota-se um crescente interesse de pesquisadores de diversas áreas (como educação, literatura e historiografia) nas práticas culturais da "escrita de si": arquivos pessoais, cartas, diários, autobiografias etc., não somente como fontes, mas sobretudo como objeto de estudo. Com relação a esse aspecto, ver: Gomes (Org.), 2004. Essa autora salienta que só é possível referir-se à produção de si a partir do momento em que o indivíduo produz, deliberadamente, uma memória de si. Cf. idem, p.10-1. No caso do objeto de estudo desta tese – Júlio Ribeiro –, a despeito de se lançar mão, em vários momentos do trabalho, à correspondência que manteve com familiares, especialmente com a mãe, isso não permite desenvolver a análise desse material de acordo com a concepção de "escrita de si", pelo fato de o escritor, em vida, não ter manifestado o desejo de que sua existência fosse alvo de interesses póstumos, pois não deixou nenhuma biografia de seu próprio punho, nem encomendou a outrem essa "escrita de si" no sentido próprio do gênero, nem organizou arquivos sobre sua trajetória. No entanto, em seus textos, especialmente os jornalísticos, existem marcas de seu percurso particular, nas quais Ribeiro reitera a preocupação com a imagem que seus pares faziam dele.

linha a ser seguida pelo periódico por ele editado se explicitava no lema "*Quem bonum civem secernere sua a publicis consolia?* (Titus Livius, IV, 57)" (apud Irmão, op. cit., p.63) – "que bom cidadão separa suas aspirações particulares das públicas?". De forma geral, a adoção desse *slogan* denota não haver distinção clara entre o público e o privado na sociedade brasileira oitocentista, e essa característica, quando vista como eixo no qual se desenvolverão as atividades do jornal, demonstra, de maneira específica, como Ribeiro encarava a tarefa do jornalista naquele momento: a de defesa da sociedade com base em suas crenças pessoais como cidadão político. Ao jornalista competia, a seu ver, colocar suas "aspirações" como cidadão a serviço do bem comum, sem jamais corromper esse princípio. Afinal, o trabalho de cada indivíduo era importante na luta pela causa coletiva – o que, em parte, explica não haver separação entre notícia e comentário no jornalismo daquele momento. O uso do mencionado lema pode ainda ajudar a esclarecer por que Ribeiro fez de questões pessoais motivos de polêmica. Assim, não é difícil entender por que as controvérsias, como já se mencionou aqui e das quais se tratará mais detidamente no capítulo seguinte, transformavam-se em eventos políticos.

Entretanto, é preciso esclarecer que, nesta parte do trabalho, pretende-se situar a experiência individual de Ribeiro, cuja significância sobressairá no momento em que forem postos em diálogo seus escritos com o de seus contemporâneos. Eis, então, a experiência de Júlio Ribeiro em seu caráter ambivalente, na qual nome próprio e nome de autor se mesclaram para a constituição da figura do homem de letras.

A trajetória de Júlio Ribeiro: tramas, dramas e infortúnios

"Minha querida mãe. Eu sou um homem de dores, experimentado em trabalhos".[6] Essas foram as palavras endereçadas por Júlio Ribeiro à mãe, em carta datada de outubro de 1888, época em que morrera um

---

6   Carta de 30 de outubro de 1888 apud Irmão, op. cit., p.199.

de seus filhos, "*o Julinho*", acometido pela "*Kholerina*".⁷ Esse episódio da morte do filho veio somar-se a outras perdas que marcaram a vida do escritor: o abandono do pai, a morte de Sofia, sua primeira mulher, em 1879, e as dos três filhos desse casamento.⁸

Além da perda de entes queridos, ele próprio estava, de certa forma, "condenado" à morte por ser tuberculoso. Com efeito, depois da morte do filho, em fins da década de 1880, agravou-se seu estado de saúde, o que o levou a procurar um lugar de clima que favorecesse sua recuperação. Deixou, então a cidade de São Paulo em direção a Santos, onde residiria com a família em 1890, no porão da casa do amigo e compadre Luís de Matos.⁹ Viria a morrer no final desse mesmo ano.

Ao designar a si mesmo como "homem de dores" na intimidade do refúgio maternal, Júlio Ribeiro mostra uma face de seu percurso que parece ser a chave da leitura que fez de sua vida. Isso porque essa imagem de infortunado não se restringe às confissões feitas a entes queridos, mas também se expressa em seus textos jornalísticos – embora sempre

---

7 "Julinho", como era chamado por Ribeiro, nascera de seu segundo casamento com Belisária Augusta do Amaral. Segundo Othoniel Motta, o escritor a conheceu numa viagem a Capivari, durante a qual teve como: " companheira de vagão a formosa d. Belisaria do Amaral, prima de Amadeu Amaral, que naquele tempo era menino de cinco anos, e de Rubens do Amaral, que ainda não existia. D. Belisaria, bela, inteligente, espirituosa e posuidora de um imenso coração, cativou o coração de Julio. Naquela viagem selou-se o destino de ambos." Cf. Motta, Othoniel. Julio Ribeiro. *Folha da Manhã*. São Paulo, 15 abr. 1945. Arquivo Jolumá Brito.

8 Embora não haja informações explícitas sobre a doença que a acometeu, tudo indica que sofria de tuberculose. "No dia 30 de julho, pelas 10 horas, faleceu d. Sofia Aureliana de Souza Ribeiro". Foi enterrada em Sorocaba, sua terra natal, com grande acompanhamento: " tocou marchas fúnebres a banda *Sete de setembro*. Antes de baixar ao túmulo, no cemitério acatólico, falou Alberto de Araújo, despedindo-se dos amigos." Araújo era membro da loja maçônica *Constância* de Sorocaba. Ribeiro, quando estava nessa cidade, era filiado à loja *Perseverança III*, que foi criada em 1869, em razão de cisões políticas internas na loja *Constância*. Esse aspecto é tratado logo adiante. Cf. Irmão, op. cit., p.242. Sobre a morte dos três filhos, João Dornas Filho faz esta pequena referência: " Casado, logo enfermara, perdendo a primeira esposa e três filhos seguidamente." Cf. op. cit., p.24.

9 Esse nome figura entre os dos amigos a quem Ribeiro dedicou o romance *A carne*, publicado em 1888: "Aos amigos Luiz de Mattos, M. H. Bittencourt, J. V. de Almeida e Joaquim Elias." Ribeiro, 1972.

limitada a episódios que feriam sua hombridade e/ou sua capacidade intelectual –, nos quais fazia questão de sublinhar que era um homem íntimo conhecedor do fracasso. Afirmava, no entanto, que até a desgraça lhe era honrosa, como pode ser apreendido nesta afirmação de despedida do jornal *A Gazeta Commercial*: " De fato, há alguma cousa de grandioso, de solene, de sagrado até, no fracasso estertoroso do cedro que tomba, no último suspiro de um moribundo, na derradeira irradiação de uma luminar que se extingue: é a glória da queda" (Ribeiro, *Gazeta Commercial*, 25 ago. 1875 apud Irmão, op. cit., p. 192).

Foi por meio desse tipo de argumentação analógica, quase sempre marcada pela retórica – aliás bem ao estilo da época –, que o escritor foi construindo os significados de sua auto-representação, como poderá ser visto adiante. Não se nega que Ribeiro tenha vivido experiências traumáticas em sua vida pessoal e nem que seu trajeto de profissional das letras tenha sido pontuado por dificuldades e incompreensões. No entanto, é igualmente possível aventar que os percalços atuaram também como estratégias de legitimação no meio letrado paulista da época. Mas por que fazer dos infortúnios capital simbólico? Para responder a essa indagação, é necessário indicar o lugar ocupado por Ribeiro na estrutura social da época e, sobretudo, seu lugar no âmbito das letras. Ao se "refazer" o percurso do autor, procurar-se-á responder a essa questão. Passemos, agora, à apresentação da experiência desse literato no cenário oitocentista da província de São Paulo.

Embora nascido em Minas Gerais, onde permaneceu até os vinte anos, Júlio Ribeiro adotou também São Paulo como sua pátria,[10] integrando-se, no dizer de Dornas Filho (1945, p.11), "definitivamente na vida, nas idéias e nos costumes paulistas", a ponto de considerar-se "realmente paulista de velha prosápia". Essa ligação afetiva com a província de São Paulo deu-se pelo fato de aí ter constituído família

---

10 "Vivendo em Sabará e Pouso Alto até os vinte anos, onde, nas humanidades, já havia abeberado uma sólida e onímoda cultura, transferiu-se em 1865 para a Província de São Paulo" Cf. Dornas Filho, 1945, p.11. E Aleixo Irmão relata o seguinte: "Se nasceu em Minas; se ali passou da meninice à adolescência, seria em São Paulo que sua inteligência e cultura iriam se expandir, alcançar êxitos retumbantes" Cf. Irmão, op. cit., p.55.

e desenvolvido sua carreira de homem de letras, com destaque para o exercício do magistério e do jornalismo em algumas cidades dessa província, conforme se observa na cronologia que Ribeiro (1908, p.133-4) fez de seu trajeto:

> Nesta província tenho eu passado toda a minha vida de cidadão com direitos políticos: de 1866 a 1868 residi em Lorena; de 1868 a 1870 em Taubaté; de 1870 a 1876 alternativamente na capital, em S. Roque e em Sorocaba: de 1876 a 1882 em Campinas; de 1882 até hoje [1885] em Capivary. [grifo meu]

Essa recapitulação dos lugares onde residiu, feita em 1885, cinco anos antes de morrer, na cidade de Santos, serve de referencial para o acompanhamento de sua trajetória na esfera das letras no que toca às questões embutidas em suas preocupações sociopolíticas, bem como nas relações sociopessoais por ele estabelecidas nessas localidades, notadamente Sorocaba, Campinas e São Paulo, cidades onde efetivou sua prática política e literária – qual seja, a produção de textos, marcados, quase sempre, pelo matiz provocativo da polêmica. Esse matiz, contudo, não fazia parte de sua "natureza", conforme quiseram seus biógrafos – que celebraram essa marca como integrante do caráter de Júlio Ribeiro, o que se divisará no capítulo 3. Na realidade, as polêmicas por ele suscitadas associaram-se a suas condições subjetivas e objetivas frente ao universo das letras.

Quanto à rememoração que o escritor realizou de seu percurso pela província de São Paulo, deve ser salientada a ênfase dada por ele a seus "direitos políticos" adquiridos na região. Isso ainda remete ao vínculo do significado de cidadão com os ideais de liberdade civil e direitos políticos – ligação que fazia parte do repertório republicano de fins do século XVIII. A declaração de Júlio Ribeiro transcrita há pouco insere-se num momento crucial de seu embate com os republicanos de São Paulo, especialmente o de suas discordâncias em relação às posições que predominavam frente à escravidão e à implementação do regime republicano – posições essas vistas por Ribeiro como protelatórias. Esses aspectos tornam a mencionada declaração não só uma referência à espacialidade de sua trajetória, mas também, e sobretudo, um indício do lugar social ocupado naquele momento pelo escritor, isto é, de dissidente em relação ao encaminhamento partidário dos republicanos paulistas. Apesar de ter anunciado aos jornais de São Paulo, em 1883, seu desligamento do PRP (Irmão, op. cit., p.281), foi em 1885 que externou publicamente suas críticas a essa agremiação política em artigos publicados no jornal *Diário Mercantil* de São Paulo – intitulados *Cartas Sertanejas*, porque enviadas de Capivari à capital da província – e que desencadearam uma polêmica com Alberto Sales, doutrinador e teórico do republicanismo no Brasil, na época à frente do jornal *A Província de São Paulo*. Considera-se, aqui, esta data – 1885 – um divisor de águas na trajetória do escritor, tanto no que condiz a suas oportunidades profissionais no meio letrado, bem como a sua disposição para corresponder ao papel de homem avesso às convenções, ou seja, intransigente e combativo.

Por isso, talvez, tenha permanecido uma representação de Júlio Ribeiro que primou por destacar o aspecto republicano intransigente de sua atuação, aspecto esse que veio a ser reforçado com a publicação de seu romance *A carne* (1888). Assim, o episódio com os republicanos foi definidor na vida do escritor, tanto para promovê-lo simbolicamente, quanto para dificultar o trânsito no domínio letrado republicano da província, e a polêmica não deixou de funcionar como instância que operou uma seleção ainda no presente do autor sobre as facetas de seu caráter mais importantes a serem destacadas e, portanto, capazes de estabelecer cortes e perfis relativamente a sua ação.

Partir do aspecto da polêmica, entretanto, é deixar para trás os fios que teceram a trama social em que se enredava o escritor; é tirar-lhe parte de sua experiência nas letras, levar em conta somente a visibilidade que a controvérsia com os republicanos lhe proporcionou, contribuindo para produzirem-se imagens polarizadas a seu respeito.[11]

---

11 Essas representações polarizadas do autor serão mais bem esclarecidas adiante, ao desenvolvermos uma análise das leituras realizadas por seus biógrafos e pela crítica literária nos capítulos 3 e 4, respectivamente.

Daí a importância de situar e enfocar sua atuação na imprensa antes de tratarmos de sua aproximação e rompimento com o grupo de republicanos paulistas, não a fim de obedecer a uma linearidade cronológica – como se sua atuação fosse uma etapa preparatória, tanto para seu amadurecimento como escritor, quanto para sua constituição como figura polêmica –, mas para tornar visível a rede de relações tecidas pelo jornalista nas interlocuções e contendas que empreendeu no cenário político, assim como para identificar os interesses e preocupações por ele manifestados no ambiente letrado da época.

Dos embates políticos nos quais se envolveu em Sorocaba, há uma sátira publicada pelo jornal *Ypanema*, em 1874, que nos dá uma medida da imagem construída a respeito de Júlio Ribeiro por seus coetâneos, em circunstâncias específicas de sua atuação na imprensa local: a defesa da Companhia Sorocabana. Essa atitude rendeu-lhe a pecha de mercenário e, associada a ela, a acusação de leviandade nas posições e atividades – motivadas, segundo os detratores de Ribeiro, meramente por interesses pessoais. Eis a sátira:

> Fui católico romano,
> Hoje presbiteriano
> E amanhã maometano
> Se as circunstâncias exigir!...
>
> Fui monarquista exaltado,
> Republicano danado,
> E hoje sou moderado.
> Porque não posso tugir.
>
> Já fui mestre e jornalista
> Boticário e romancista
> E ser médico tinha em vista
> Mas tornei-me carniceiro.
>
> De Ashaverus tenho a sina,
> Atirei-me com a medicina,
> Fui em busca de outra mina,
> Não quis mais ser boticário!

Nada mais de xaropadas
Vivamos a regulada,
Levemos vida folgada,
Que é vida de mercenário![12]

A despeito de seu tom negativo na maneira de referir-se à inconstância profissional e político-ideológica de Júlio Ribeiro, esse poemeto satírico representa a realidade no que diz respeito às crenças religiosas a que o escritor se apegou e à diversidade de atividades que exerceu – o que mostra antes a dificuldade de impor seu nome no pequeno mundo das letras de São Paulo (ainda mais porque não possuía um diploma de bacharel), do que volubilidade de caráter. Essa situação não apenas se referia a uma condição particular do autor em estudo, mas é característica de um momento em que não havia estrutura para a profissionalização do homem de letras que lhe proporcionasse meios para viver exclusivamente da pena. Ao mesmo tempo, contudo, a atividade de escritor era capaz de trazer a consagração simbólica, que poderia ou não se converter em oportunidades profissionais. À época dessa sátira (1874), Ribeiro ainda não sobressaía no cenário das letras como autor de gramáticas da língua portuguesa – o que lhe daria posteriormente a consagração simbólica como grande filólogo do Império –, mas já havia iniciado a publicação, em folhetins, do romance *Padre Belchior de Pontes* no jornal *Gazeta Commercial*. Aliás, foi de seu trabalho nesse jornal que adveio o rótulo de mercenário. Enfim, a sátira evidencia que, antes das citadas altercações com Alberto Sales e da polêmica com o padre português Senna Freitas, causada pela publicação de *A carne*, Ribeiro foi alvo de outras controvérsias, que, todavia, não alcançaram a mesma magnitude; isto é, não se tornaram eventos políticos. Isso, talvez, por terem sido veiculadas pela imprensa do interior da província, pelo fato de que Ribeiro não era ainda um nome tão conhecido

---

12 Apud Irmão, 1999, p.106. O jornal *Ypanema*, de Sorocaba, era de propriedade de Manuel Januário de Vasconcelos, que também era seu editor; na época da sátira; seu co-editor era o bacharel Antônio José Ferreira Braga. Na direção da *Gazeta Commercial*; Júlio Ribeiro foi alvo de ataques do *Ypanema* em vários episódios, que serão mostrados adiante. Sobre a imprensa sorocabana, consultar: Bonadio, 1994.

nas letras paulistas e, principalmente, porque os interlocutores dessas polêmicas não tinham a representatividade político-intelectual que teriam os participantes dos embates posteriores.

Por sua vida turbulenta e multifacetada, Júlio Ribeiro realizou uma trajetória que dificilmente poderia ser captada em sua totalidade. Por esse motivo, alguns momentos de sua atuação aparecerão neste trabalho com o intuito de permitir a compreensão de parte de sua experiência. No presente capítulo, privilegiar-se-á sua atuação em Sorocaba.

Nas trilhas do protestantismo e da maçonaria

Foi em Sorocaba, entre 1870 e 1876, conforme ele mesmo conta, que Júlio Ribeiro formou uma família e se tornou um homem de imprensa. Isso é relatado pelo próprio escritor no editorial em que se dedicou a despedir-se do povo sorocabano:

> Prezamo-nos, povo sorocabano, como se entre vós tivéramos a dita de nascer; foi de entre vós que escolhemos a companheira de nossos trabalhos, foi dentro de vossos terminos que ouvimos o primeiro vagido, que nos embelezamos no primeiro sorriso do filhinho querido. Em qualquer parte a que a fortuna nos arroje Sorocaba será sempre para nós uma lembrança grata, que não poderá enuvear [sic] a <u>recordação do muito que sofremos.</u> (Ribeiro, 29 set. 1875 apud Irmão, 1999, p.171-2. grifo meu)

Ribeiro atuou na imprensa sorocabana durante a primeira metade do decênio de 1870. De 1871 a 1872, foi editor do jornal *O Sorocabano*, cujo nome foi modificado para *O Sorocaba* depois de sua saída. O escritor permaneceria como colaborador desse jornal durante alguns meses. Ainda em Sorocaba, retornou à atividade jornalística como editor da *Gazeta Commercial* entre 1874 e 1875, que foi também a duração desse jornal.[13]

---

13 Afora esses dois momentos em que residiu em Sorocaba, essa cidade foi sempre seu porto seguro, pois aí morava sua mãe. Fosse a passeio à casa materna, fosse para usufruir melhores ares para sua saúde, Júlio Ribeiro freqüentemente retornava ao mencionado município.

O que levou Ribeiro a Sorocaba? Ao que parece, a missão religiosa da pregação do Evangelho. Com formação secundária no Colégio Jesuítico de Baependi (MG) e um repertório de leituras adquirido graças ao exercício autodidata,[14] o escritor foi nomeado professor público por meio de exame, em 1867, na cidade de São Paulo. Nessa ocasião, estabeleceu os primeiros contatos com missionários presbiterianos de origem americana e interessou-se pelo estudo da Bíblia, tendo expressado, mais tarde, ao reverendo Schneider que sua "fé se robustecia de dia em dia", que a pregação lhe havia preenchido "o vácuo que desconsolava o peito". "[N]ão sei que voz interior me diz ser eu um dos chamados, e um dos escolhidos", declarou Ribeiro, que, portanto, vislumbrava uma missão a cumprir. Com esse sentimento, converteu-se ao protestantismo em abril de 1870: "cerca de seis meses depois de ter assumido o pastorado, recebia o reverendo Chamberlain, em São Paulo, por profissão e batismo, um moço de vinte e cinco anos que veio a salientar-se na carreira das letras."[15]

O interesse de Ribeiro pelo presbiterianismo e sua conseqüente conversão inserem-se num momento em que o Brasil se afigurava aos representantes do protestantismo um ambiente propício à propagação do Evangelho. Isso pode ser apreendido mediante a leitura do documento da décima reunião anual do Comitê Executivo de Missões no Estrangeiro, realizada em 1871, durante a Assembléia Geral daquele ano em Colúmbia:

> Em nenhuma parte do mundo papal o trabalho missionário é mais encorajador que no Brasil. A impressão que temos é que o prestígio do Romanismo diminui; o povo está ansioso por instrução; o governo parece acolher bondosamente os sentimentos dos missionários protestantes, e o evangelho está sendo pregado sem prejuízo ou impedimento. Em Campinas, o quartel general de nossas operações missionárias, o serviço

---

14 Mais detalhes sobre sua formação e o significado que atribuía aos estudos podem ser obtidos no capítulo 3.
15 Lessa, 1938, p.17. Ainda conforme esses anais, foram também convertidos ao presbiterianismo sua mãe, Maria Francisca, e Joaquim, o escravo menor, que foi destacado como o primeiro escravo ali batizado.

de pregação está em constante aumento, assim como a Escola Dominical e a escola noturna para adultos, e muito de bom tem sido semeado no coração desse povo.[16]

A despeito de a religião oficial do Brasil ser o catolicismo, as propostas educacionais dos missionários norte-americanos foram bem acolhidas em Campinas, não só pela elite intelectual, mas também por representantes das elites agrárias e comerciais dessa cidade. Num contexto de crescente romanização no interior da Igreja católica, esse apoio era fundamental para a concretização do projeto educacional protestante. Coube aos intelectuais, por meio da imprensa, a divulgação das idéias inovadoras dos presbiterianos às elites campineiras.[17] A boa disposição em relação às concepções liberais, incluindo-se aí a iniciativa privada na instrução, não queria dizer que esses intelectuais se converteriam ao presbiterianismo; mesmo contrários a várias posições da Igreja católica, os representantes da imprensa liberal republicana não deixariam de ser católicos.

Júlio Ribeiro não só se mostrou receptivo às idéias liberais dos presbiterianos, como também viu na leitura que faziam do Evangelho

---

16 Minutes of the Assembly of the Presbyterian Church in the United States with Appendix, 1871, p.46. Apud Albino, 1996, p.81. Esse estudo trata da iniciativa dos reverendos norte-americanos Morton e Lane na criação de um colégio em Campinas – o Internacional –, a qual foi apoiada pela elite campineira da época. O autor, embora não objetive elaborar uma história do presbiterianismo no Brasil, traz referências que historiam a presença dos presbiterianos no País na segunda metade do século XIX. Quanto a esse aspecto, importa destacar que os Reverendos Blackford e Schneider, com quem Ribeiro se relacionava, antes da pregação em Sorocaba, já vinham atuando em solo brasileiro: tinham criado, com o reverendo Ashbel Green Simonton – que havia chegado ao País em 1859 – a primeira igreja protestante de confissão presbiteriana no Brasil, em 1862, na cidade do Rio de Janeiro.

17 De acordo com Marcus Albino, esse apoio veio da *Gazeta de Campinas*, núcleo representativo da intelectualidade republicana, e também de jornais de tendências monárquicas, como *O Constitucional*. Esses jornais: " favoreciam por meio de seus editais o *referendum* que necessitavam Morton e Lane junto à sociedade campineira para a aprovação de seus planos. Estes jornais se auto-propagavam representantes de um conjunto de idéias de vanguarda, apoiando a idéia do colégio dos presbiterianos [...] mas também tornavam públicas suas posições liberais ao defenderem a proteção das iniciativas privadas" Cf. Albino, 1996, p.84.

uma maneira de se reencontrar espiritualmente. É o que se pode notar na descrição que fez de sua conversão num pequeno bilhete registrado nos Anais da 1ª Igreja Presbiteriana de São Paulo:

> Levantei-me contra o Islamismo da Igreja Romana, tornei-me deísta e depois molercalista [sic]; até depravei minha alma lendo os antigos filósofos gregos; gostava de Thomas Volney, Voltaire, Byron e Renan, numa palavra – estava perdido. Cristo procurou-me, deu-me fé e disse-me: este é meu filho...(Lessa, 1938, p.30-31)

A devoção religiosa de Ribeiro ao presbiterianismo – demonstrada antes também em relação ao catolicismo, religião em que foi batizado (como se verá em outra parte do trabalho) – encerra, de certo modo, uma questão que não era somente de foro religioso, mas sintomática da busca de uma definição social para si. A religião foi um caminho que lhe abriu, ainda que indiretamente, possibilidades de relações sociais que foram importantes para o lugar que ocuparia na sociedade: a elite letrada paulista.[18]

É preciso esclarecer, no entanto, que não foi pela religião que Ribeiro estabeleceu contato com o ideário liberal, o qual já fazia parte de suas crenças políticas. Sua conversão ao presbiterianismo, acompanhada da prática religiosa, viriam, na verdade, a acentuar a defesa de temas que estavam em pauta no cenário político mais amplo, como a liberdade religiosa, assunto que estava entrelaçado à questão política da separação entre Estado e Igreja. Ilustrativo disso é que, alguns meses após ter abraçado o presbiterianismo, Ribeiro publicou, na seção "A Pedido" do *Correio Paulistano*, um artigo intitulado "Liberdade religiosa", no qual atribuiu à religião de Estado:

> A fonte principal das miserias de uma nação [...] Sem religião não há sociedade, e com religião de Estado não há religião nenhuma [...]

---

18 A referência à elite letrada é feita, aqui, em seu sentido amplo. No decorrer do presente trabalho, aparecerão as posições ocupadas pelo escritor no escol das letras de São Paulo, pois as clivagens que se operaram ao longo de sua atuação junto a essa elite constituíram fatores que também modificavam o lugar social de onde se pronunciava.

Um homem que tem a desgraça de nascer em um paiz onde há religião de Estado, tem de herdal-a forçosamente, como o filho do [ilegível] as ulceras de seu pae. Ou perder os mais caros direitos politicos e sociaes, ou ser religiosa á moda de quem o precedeu. Poucos têm a coragem de se relegar no meio da sociedade, de tornar-se pária civilisado [...]. Ninguem discute que religião há de abraçar, como também não se discute o uso da casaca preta e gravata branca. São injuncções a que so não póde esquivar alguem: fugindo-se a esta, attendem-se ás conveniencias; escapando-se daquella, fica-se isolado. Ora, uma religião indiscutível, imposta, necessaria, atrophia a consciencia, mata os sentimentos. D'ahi essa descrença, essa falta de patriotismo, esse positivismo material que converte os estadistas em machinas de subir. D'ahi essa corrupção, de costumes, esse apego ás riquezas, esse enervamento moral que degrada os homens e amesquinha a grandeza do amor da familia e da sociedade. Fallam todos nos Estados-Unidos: o primeiro manancial da prosperidade [...] do progresso é a liberdade de que guia em materia de religião. Ahi se apurara os sentimentos, vitalisal-se a energia, recende-se o enthusiasmo que [ilegível] por centenas de missionarios ardentes que, de Biblia em punho, [ilegível] até o coração da Asia e da Oceania. Tal requinte de fervor religioso não é e nem pode ser comprehendido no Brazil, ou em qualquer outro paiz que tenha religião de Estado.[19]

Observa-se, nesse excerto, que a crítica ao vínculo entre o Império brasileiro e o catolicismo foi elaborada com base num forte apelo à experiência individual do próprio Ribeiro, ou seja, a sua condição, nesse momento, de protestante. Isso, a seu ver, tornava-o "civilizado", mas também "pária" e "isolado". Aliás, essa condição de "marginalizado" constituiu uma das tônicas às quais ele se apegou em diversos momentos de sua trajetória. Nesse momento, nota-se que elaborou um diagnóstico do atraso político e espiritual da sociedade brasileira e, ao

---

19 Ribeiro, 4 out. 1870. O artigo foi assinado em 1º de agosto desse mesmo ano, portanto quatro meses após sua conversão ao presbiterianismo. O periódico era de propriedade do capitão Joaquim de Azevedo Marques, que financiou em grande parte a *Gazeta de Campinas*, cujo editor era seu genro Francisco Quirino dos Santos. Em Campinas, Ribeiro estreitaria relações com o grupo da *Gazeta*, como poderá ser visto no capítulo seguinte.

mesmo tempo, aproveitou para divulgar a religião à qual se convertera, dando a entender que os Estados Unidos eram um país-modelo, porque, antes de tudo, lá prevalecia a liberdade de credo.

À época da publicação desse artigo, Ribeiro já havia abraçado com fervor o protestantismo de confissão presbiteriana, e Sorocaba era um dos lugares onde promovia a pregação do Evangelho.[20] Foi numa viagem a essa cidade, em companhia de missionários, com a tarefa de propagação de sua fé[21], que Ribeiro conheceu Sophia – filha de uma família de protestantes e maçons que residia na cidade[22] – e se apaixonou pela "mais bela virgem", como se lê na carta enviada à mãe para informá-la da novidade:

> Minha muito amada mãe. Sorocaba, 3 de dezembro de 1870. Ao receber esta ajoelhe-se e dê graças a Pae Celestial. Sou tão feliz quando pode sê-lo um homem mundo: a virgem mais bella, mais pura, mais innocente, mais completa que existe no mundo consentiu em me dar a mão de esposa! Achei em Sophia as bençãos que o Filho de Deus promette aos que tudo abandonão por causa do Evangelho: eu nem posso acreditar... D. Antonia e o sr. Bertholdo aceitarão com jubilo a minha declaração, e Sophia é hoje

---

20 Em Sorocaba, Ribeiro compôs cânticos para a Igreja Presbiteriana, como o Hino 353, intitulado "Clara Luz": "Quanta Dor, quanta amargura/ vem meu peito retalhar!/ Mas que importa, se diviso/ Clara luz que vem brilhar./ Nela cheio de esperança,/ Cravo os olhos tristes meus;/ Ele é selo e garantia/ Do supremo amor de Deus [...] Essa luz jamais se apaga/ Pois ela vem de Deus fiel". Apud Irmão, op. cit, p.126.

21 A pregação do Evangelho e a conversão dos homens com vistas à proliferação do cristianismo em todas as partes do mundo constituíam-se na base do trabalho dos presbiterianos. Conforme Marcus Albino, essa "função missionária da Igreja, segundo os Evangelhos, teria sido instituída por Cristo na comissão entregue a seus discípulos após sua ressurreição. [...] De acordo com o evangelista Marcos, 16: 14-15, Jesus disse a eles: 'Ide por todo mundo e pregai o evangelho a toda a criatura'." Cf. Albino, 1996, p.39.

22 A primeira Igreja Presbiteriana de Sorocaba foi fundada em 1869 por iniciativa do Reverendo A. L. Blackford. Júlio Andrade Ferreira conta que a nova instituição religiosa começou logo a atrair antigos católicos, obtendo a adesão de famílias inteiras. Em poucos anos, pelo trabalho efetuado, a Igreja Presbiteriana iria se tornar o centro irradiador do presbiterianismo no sudoeste paulista. Cf. Ferreira, 1959, v.1, p.71.

minha prometida esposa. O prazer de toda a família é indescriptivel, e o meu... antes o calar. As attenções com que sou tratado já se descobre o amor da Segunda mãe que o céu me deu. Não se assuste com isso, que se eu tenho uma mãe e um pai e sete irmãos, Vmce. tem um filho e uma filha para consolação dos seus ultimos dias. Minha mãe, se alegria matasse, eu não estaria vivo. Dê graças a Deus, e ore por nós, que só com a vista lhe poderei contar tudo, e nem [em] um mez terei acabado. Adeus, até lá, minha mãe. Seu amantissimo e feliz filho Julio Cesar Ribeiro. Deus ouviu suas orações. (apud Irmão, [s.d], p.60-1)

Pleno desse entusiasmo por ter encontrado uma noiva e, ainda, uma família – lembremo-nos de que era filho único e fora abandonado pelo pai –, Ribeiro casou-se, no início de 1871, com Sophia Aureliana de Souza, na Igreja Presbiteriana de Sorocaba. Nesse mesmo ano, passou a ser editor do jornal *O Sorocabano*, fundado em 1870. Destacam-se, no período, os artigos do bacharel Ubaldino do Amaral Fontoura, escritos para o mencionado jornal, em defesa de uma linha férrea para Sorocaba. Fontoura iria se destacar como propagandista da República e ocuparia importantes cargos no regime republicano.

Como foi que Ribeiro, recém-chegado a Sorocaba, passou a ocupar a redação de um dos jornais mais importantes da cidade? A afirmação segundo a qual a religião, de certo modo, criou condições para que ele estabelecesse relações sociais que lhe abririam possibilidades de se iniciar como homem de imprensa, explica-se pelo fato de que, ao vincular-se à família Bertholdo pelo casamento, Ribeiro também passaria a relacionar-se com um grupo de homens liberais, ligados à Maçonaria e que também se destacavam na imprensa sorocabana, no debate de temas relativos ao progresso da província de São Paulo, com ênfase, sobretudo, na expansão da linha férrea em direção ao sul da província. A propósito, essa questão ocupou as páginas dos jornais sorocabanos e circunvizinhos entre 1870 e 1875.

Logo após o casamento, Ribeiro – que já era iniciado na Loja América de São Paulo – filiou-se à Loja Maçônica Perseverança III, de Sorocaba, da qual participou ativamente. Assim como outros maçons, atuou em favor da libertação de crianças escravas, por meio de intervenções e doações à caixa de emancipação da loja sorocabana. Ocupou ainda o cargo de orador em 1875 e foi elevado ao grau 30.[23] Entretanto, antes mesmo dessa convivência com os maçons de Sorocaba, os ideais abolicionistas e republicanos já faziam parte da experiência de Ribeiro (1908, p.130-1):

> Militei com os liberaes historicos em Lorena, mas já prégava idéas republicanas. Em 1867, um anno antes da ascensão do ministério Itaborahy, e quasi tres antes do manifesto da Côrte, declarei-me republicano em um artigo que, sobre o presidente Juarez, escrevi no Parahyba de Guaratinguetá. Meu venerando amigo, e Exmo. Barão de Tremembé, disse-me, não ha muito ter sido eu o *primeiro* republicano brazileiro que elle conhecera.

Em Sorocaba, Ribeiro encontrou um cenário propício para a prática de suas crenças, pois foi no convívio com os presbiterianos e maçons que obteve os elementos necessários a sua atuação política, marcada pela contestação da ordem política vigente: escravismo, Monarquia e religião de Estado. Na década de 1870, ser abolicionista não era necessariamente contestar o regime político; mas, quando essa convicção era acompanhada da pregação de idéias republicanas e anticatólicas, significava refutação do cânon da tradição imperial brasileira. Foi nessa direção que Ribeiro desenvolveu seu exercício político em Sorocaba, voltando-se para a discussão de temas referentes à política local e impondo sua voz no debate de contestação da ordem imperial. Via a si próprio, portanto, como um homem "moderno": republicano, abolicionista e anticlerical – enfim, propugnador da civilização. Essa visão também esteve presente entre os maçons da Loja Perseverança III, de Sorocaba, à qual Ribeiro se filiou. Passemos a uma breve apresentação do lugar de Perseverança III no cenário maçônico mais amplo, no qual é possível colher dados para o exame da atuação política do escritor em Sorocaba.

---

23 Em sua segunda estada em Sorocaba, Ribeiro ofereceu 20$000 à Caixa de Emancipação da Loja Perseverança. Cf. Irmão, 1999, p.143-4, 169. Sobre a história da criação e invenção de "Altos Graus" na maçonaria européia, ver: Barata, 1999, especialmente o primeiro capítulo: "Maçonaria: reflexões sobre uma estrutura organizacional", p.27-54.

Fruto de dissidências políticas na Loja Maçônica *Constância*, de Sorocaba, *Perseverança III* foi fundada em 1869 e aglutinou um grupo de "homens de prol, com projeção política, econômica e social" na cidade e cujas ocupações se distribuíam, embora de modo desigual, entre a advocacia, o comércio e o funcionalismo público.[24] Entre esses homens, predominava o exercício do comércio, conforme se pode constatar nos registros sobre as atividades profissionais dos membros da *Constância*, de onde saíram para criar a nova loja.[25]

Para o recrutamento maçônico desse período, o candidato deveria possuir alguns requisitos mínimos, como: "Ter 21 anos de idade, instrução primária, ter reputação de bons costumes e de observar os deveres sociais, ter ocupação livre e decente e meios suficientes de subsistência, estar isento de crime e não possuir nenhum defeito físico".[26] Essas exigências, segundo Barata, mostram que a maçonaria no Brasil Imperial era elitista, pois excluía de seus quadros a grande maioria da população,

---

24 Conforme José Aleixo Irmão, os mentores da Loja Perseverança III eram egressos da loja *Constância*. Segue-se a lista dos nomes que fundaram a nova loja: "os drs. Vicente Eufrásio da Silva Abreu e Ubaldino do Amaral Fontoura, ambos formados pela faculdade de Direito do Largo S. Francisco, José Antonio Cardoso, Luiz Matheus Maylasky, Francisco de Assis Machado, Antonio Bernardo Vieira, José Thomás da Silveira, Jerônimo de Abreu Lolot, Antonio Augusto de Pádua Fleury, José Leite Penteado, Vicente de Paula Gomes e Silva, Roberto Dias Baptista, José Ferreira Braga, André de Andrade, Joaquim Galvão de Campos, Rafael Gomes da Silva, Bernardo de Mascarenhas Martins, Francisco Chagas do Amaral Fontoura, José Pereira Chagas, José Timóteo de Oliveira, João Marcondes França, Joaquim Carneiro do Amaral, Prudente Floriano da Costa, Antonio Mascarenhas Camelo". Embora os "Bertholdo", a quem Ribeiro se ligou pelo casamento, não figurassem entre os mentores da criação da Loja Perseverança III, eles foram iniciados na primeira sessão da loja. Irmão, 1999, p.33.

25 Na pesquisa realizada por José Aleixo Irmão sobre a maçonaria em Sorocaba, mais especificamente sobre a Loja Maçônica Perseverança III, os dados biográficos sobre os mentores dessa agremiação foram obtidos nos registros de iniciação da Loja Constância, já que os idealizadores da primeira eram egressos dessa última. Os dados sobre a Loja Perseverança III que constam a seguir foram extraídos de Irmão, idem.

26 Barata, 1999, p.42. Ainda de acordo com esse autor, os preceitos citados vigoraram no recrutamento maçônico das oficinas do Círculo dos Beneditinos até 1876 e das oficinas do Círculo do Lavradio até 1883, momentos em que se permitiu a iniciação de libertos nas oficinas dos círculos. Cf. Idem, p.123.

que não se incluía nos critérios acima listados. Reproduziam-se, assim, na maçonaria, as restrições estabelecidas pelo regime político, ou seja, apenas os que tivessem determinada renda poderiam ser considerados cidadãos. Ser maçom, portanto, era sinônimo de cidadão (Barata, 1999).

É interessante, por essa razão, fornecer uma amostra das atividades profissionais dos envolvidos na criação da Loja Maçônica Perseverança III, à qual Júlio Ribeiro viria a se filiar em 1871. Dos 24 homens que se reuniram para discutir a criação da nova loja, dois eram advogados, formados pela Faculdade de Direito de São Paulo; um tinha licença para advogar, embora não fosse bacharel em direito; 12 eram negociantes; dois, funcionários públicos; três, militares; um, dentista, e ainda havia três cuja ocupação não era indicada. Acrescente-se a isso que, muitas vezes, a atividade de negociante coincidia com a condição de proprietário de terras e político. As ocupações dos membros da Loja Perseverança III assinalam, pois, o caráter elitista que regia a admissão na organização maçônica tal como descrita por Barata.[27]

A despeito de seu elitismo, a maçonaria constituía um *locus* que agregava elementos da emergente camada média urbana de fins do século XIX. Era esse o caso de Júlio Ribeiro: desprovido de capital social e econômico, exercia atividades nas quais o capital cultural era essencial, o que tornava a "representatividade social", conforme salienta Ana Luiza Martins, o projeto mais caro a esse "novo grupo".[28] A maçonaria como

---

27 Esse autor traz dados estatísticos do ano de 1875 sobre a ocupação dos membros das 46 lojas filiadas ao Grande Oriente do Brasil (ao Vale do Lavradio): "dos 4.807 maçons ativos, 2.602 eram comerciantes, 524 eram empregados públicos, 454 eram artistas, 319 eram capitalistas, 208 eram fazendeiros, 156 eram militares, 132 eram náuticos, 128 eram médicos, 111 advogados, 54 eram estudantes e 19 eram clérigos" Cf. Barata, 1999, p.42.

28 Para a autora "é exatamente esta figura multifacetada, plural, inquieta, aparentemente sem lugar que o torna símbolo de seu tempo, sobretudo de seu tempo social, quando se assiste à emergência da camada média urbana, da qual Júlio Ribeiro fazia parte. São homens livres, figuras absolutamente novas no universo rigidamente hierarquizado da ordem escravocrata, ligados às atividades nascidas na franja do sistema econômico, que viviam uma situação indefinida e oscilante entre dois mundos opostos – o da massa de escravos e aquele do proprietário de terras ou dono de cabedais. Para este grupo novo, a representatividade social era o projeto mais caro". Cf. Martins, 15 out. 1988.

um espaço de contestação da política vigente – mesmo que dentro da ordem – não só representava para Ribeiro uma forma de inserção no debate político do momento, mas também a possibilidade de travar relações sociais que poderiam mostrar-se vantajosas para sua carreira. Afinal, a maçonaria aglutinava a "fina flor" da *intelligentsia* do País.

No período em estudo, a maçonaria acreditava no poder das idéias – em particular, as científicas – como meio de "ilustrar" a Nação,[29] fossem seus componentes liberais radicais, moderados ou conservadores. Tratava-se, então, de uma parcela da elite intelectual que julgava ser tarefa sua difundir "luzes" que dissipassem a escuridão da "ignorância". A fraternidade, e não a igualdade, era o lema central da instituição. Essa era também a postura da maçonaria brasileira como um todo, independentemente dos vínculos políticos de suas facções.

Entretanto, não era uma organização somente filantrópica: possuía igualmente um caráter político, pois seus membros tinham um projeto de sociedade e atuavam para executá-lo.[30]

---

29 É preciso esclarecer que, desde fins do século XVIII – período da introdução dos ideais maçônicos por estudantes brasileiros que retornavam de Coimbra, influenciados pela Ilustração portuguesa, a qual lhes dava suporte para o questionamento do "pacto colonial" – até o período de que se trata aqui, a maçonaria nunca foi um grupo monolítico, mas segmentado em razão dos contextos político nacional e regional aos quais se vinculava. Para mais pormenores sobre sua evolução ao longo do tempo e sobre os conflitos internos motivados por questões políticas, ver: Barata, 1999.

30 Essa característica pode ser depreendida do artigo de A. F. Amaral, editado pelo Círculo dos Beneditinos em 1873: "A maçonaria é mais alguma coisa do que uma companhia de socorro mútuo: é uma instituição filantrópica no sentido mais lato da palavra. [...] Compreendeu, pois, a Maçonaria, criada para proteger a humanidade e dar-lhe pleno desenvolvimento, que a missão era dupla, como dupla é a natureza do homem. Para realizá-la cumpria-lhe, portanto, não só dar pão aos famintos, vestir os nus e abrigar os que não tivessem teto, como também procurar dar toda expansão às faculdades morais do homem – a inteligência, o livre-arbítrio –, dons sagrados que o elevem acima da natureza criada, e o tornam elo visível entre ela e a divindade. [...] Mas cultivar a inteligência das massas, ensinar-lhes seus direitos, dizer ao ínfimo dos párias, ao último dos hilotas, aos mais degradados dos vilões, – tu és homem, e portanto és livre –, foi sempre coisa grave e perigosa: a ilustração e a liberdade das massas ferem e derrubam os interesses ilegítimos dos fortes e dos espertos". *Boletim do Grande Oriente Unido e Supremo Conselho do Brasil*, fev.-mar., 1873, p.135 apud Barata, 1999, p.69-70.

A fundação da Loja Perseverança III, de Sorocaba, ilustra as clivagens políticas da maçonaria brasileira, as quais vinham ocorrendo desde início dos anos 1860, época em que o poder da Ordem Maçônica encontrava-se dividido em dois grupos: o Grande Oriente do Brasil, da Rua dos Beneditinos, e o Grande Oriente do Brasil, da Rua do Lavradio. No primeiro, figurava como grão-mestre o político e jornalista Joaquim Saldanha Marinho e, no segundo, José Maria da Silva Paranhos, visconde do Rio Branco, um dos políticos do Partido Conservador mais atuantes do Segundo Reinado e que ocupou o cargo de grão-mestre durante uma década (1870-1880).[31] Estavam em campos opostos na política, o que veio a refletir na maneira de entenderem o papel da maçonaria. Essa divergência política entre o Círculo dos Beneditinos e o Círculo do Lavradio pode ser avaliada na crítica que este fez àquele:

> Sois falsos maçons, porque não estais constituídos regularmente, porque sois um partido de homens políticos, uma facção sediciosa contra a lei e contra a sociedade, contra as santas liberdades, como elas o são realmente e contra tudo que a razão, o bom senso, a prudência aconselham e acatam. [...] Suas sessões são estéreis; suas congregações são o domínio de idéias subversivas; suas conversações são desprovidas de amor à ordem e denunciadamente agitadas de questões profanas ambiciosas.[32]

---

31 Saldanha Marinho, com suas idéias republicanas e anticlericais, tornar-se-ia, no decorrer da década de 1870, o símbolo do republicanismo para os partidos republicanos e para uma geração de acadêmicos da Faculdade de Direito de São Paulo, que se identificava com as críticas ao regime imperial. O Visconde do Rio Branco integrava o quadro da política imperial e galgou todos os degraus da carreira política clássica do Império. Em seu governo (1871-1875), conforme sublinha José Murilo de Carvalho: "colocou como objetivo explícito [...] esvaziar o programa liberal pela implementação de suas principais reformas. Resultando daí uma fragilidade básica do sistema político imperial: os liberais não conseguiam implementar as medidas que sua ala reformista propunha; ao passo que os conservadores as implementavam, mas à custa da unidade política." Carvalho, 1996, p.206.

32 *Boletim do Grande Oriente do Brasil ao Vale do Lavradio*, jan. 1873, a. 2, n.1, p.11 apud Barata, 1999, p.71.

A censura feita pelo grupo do Lavradio deixa entrever que o Círculo dos Beneditinos estava ligado ao movimento político de oposição ao Império, aos ideais republicanos; daí ter sido tachado de "subversivo" por seus adversários. Esse vínculo fortaleceu-se com a crise política instaurada em 1868, quando do episódio da dissolução do gabinete liberal de Zacarias de Góes pelo Poder Moderador.[33] O mencionado incidente repercutiu no Partido Liberal de São Paulo, levando à cisão entre os liberais e à criação do Club Radical Paulistano, no qual teve um papel importante a figura de Luiz Gama, ativista dos ideais abolicionistas e membro da Loja Maçônica América de São Paulo.[34]

Justamente em 1868 alguns membros da Loja Maçônica Constância, de Sorocaba, reuniram-se na casa de José Leite Penteado para tratar da formação de uma nova loja. Na ocasião, Penteado assim falou:

> Amigos e irmãos. Estamos aqui reunidos para discutirmos da conveniência ou não de nos separarmos da augusta e respeitável loja capitular Constância, dêste vale. É assunto dos mais sérios porquanto embora timbremos em dizer que a nossa atitude não é de oposição a essa loja, poucos nisso hão de crer, procurando explorar ao máximo a atitude que iremos tomar, se se positivar a idéia da fundação d'outra loja neste vale.
>
> Com Ubaldino estive na loja América. Conversamos com os irmãos de lá, especialmente com o estudante Rui Barbosa, quartanista de direito, ardoroso e combativo.
>
> Todos estão animados do firme propósito de pugnar pela cada vez maior campanha de libertação dos escravos, de que faz tema principal a maçonaria brasileira, paralelamente ao da proclamação da república. (Irmão, 1999, p.47)

Durante a reunião, várias vozes manifestaram-se a favor do divórcio em relação à Constância. Ubaldino do Amaral ressaltou

---

33 Para uma visão panorâmica do período que precedeu a crise de 1868, ver: Holanda, 1972, Tomo 2, v.3.
34 Sobre a atuação de Luiz Gama no cenário paulista da segunda metade do século XIX, ver: Azevedo, 1997.

que o binômio "liberdade e educação" deveria ser o lema adotado na nova loja, especialmente a "libertação de crianças, filhas de cativos", embora, a seu ver, essa causa possivelmente fizesse voltar contra seus defensores as "forças interessadas na manutenção do *status quo*" (idem, p.48). Na verdade, esse era o ponto nodal, pois nem todos os maçons proprietários de escravos eram favoráveis à emancipação lenta e gradual da escravidão, reivindicação que se inseria na proposta emancipadora da nova loja maçônica de Sorocaba.[35]

Muito mais do que evidenciar os esforços dos maçons da Loja Perseverança III que vindicavam a libertação de escravos e o ensino noturno – questões destacadas pelo projeto da Loja América de 1870 – importa, neste trabalho, salientar que mantinham relações com o universo político da capital da Província. A aproximação com a Loja América permite afirmar que eram liberais; se não radicais, ao menos defensores de posições reformistas.

José Leite Penteado, Ubaldino do Amaral e Vicente Eufrásio, os mentores da loja Perseverança III, haviam enveredado pelo republi-

---

35 Por não haver consenso entre os maçons, mesmo entre aqueles que eram membros do Círculo do Vale dos Beneditinos, quanto à questão da escravidão, dois anos depois, em 1870, a loja maçônica *América* de São Paulo – eixo das discussões dos maçons ligados ao Vale dos Beneditinos – criou um projeto-lei redigido por Rui Barbosa, a ser enviado ao Grande Oriente Brasileiro do Vale dos Beneditinos, a fim de tentar estabelecer regras para a maçonaria. Dentre os vários artigos desse projeto, importa salientar aqui os artigos 1°, 3° e 5°: "Artigo 1° - Sendo verdade inconcussa que a emancipação do elemento servil e a educação popular são hoje as duas grandes idéias que agitam o espírito público e de que depende essencialmente o futuro da nação, a Maçonaria brasileira declara-se solenemente obrigada a manter e propagar estes dois princípios, não só pelos recursos intelectuais da imprensa, da tribuna e do ensino, como também por todos os meios materiais atinentes a apressar a realização destas idéias entre nós".
"Artigo 3° - Todas as Lojas Maçônicas sujeitas ao Grande Oriente Brasileiro, assim presentes como futuras, ficam obrigadas a abrir no orçamento de suas despesas uma verba especial reservada ao alforriamento de crianças escravas."
"Artigo 5° - Nenhum indivíduo poderá mais obter o título e os privilégios de legítimo maçom sem que primeiramente, antes de receber a iniciação, declare livres todas as crianças do sexo feminino que daí em diante lhe passam provir de escrava sua." Apud Azevedo, 1997, p.69-70.

canismo antes do Manifesto Republicano de 1870, ao proclamarem que a luta da maçonaria era pela "libertação de escravos" e pela "proclamação da República".³⁶ Logo, há subsídios para afirmar que, assim como na maçonaria em geral, na de Sorocaba também havia um projeto político de sociedade, só que voltado para a "desestabilização" do regime monárquico. A forma de governo republicana representava, para os maçons sorocabanos, uma oportunidade de romper com o centralismo monárquico e, acima de tudo, de equacionar os problemas relativos às liberdades individuais.

Todavia, essa atitude não significava que fossem tão radicais no que se referia à questão servil quanto no que tocava à oposição ao regime político. As ações em prol da libertação de escravos, na maçonaria de Sorocaba, seguiam uma linha muito mais emancipacionista (isto é, adepta do processo gradual de extinção do trabalho escravo), do que propriamente abolicionista (ou seja, a favor da abolição imediata, incondicional, sem indenização). Essa característica dos maçons sorocabanos evidencia os limites de sua proposta referente à questão escravista. Em outras palavras, a condição – comum a vários desses maçons – de proprietários de escravos impunha cautela a suas ações.³⁷ Apesar dessa restrição, mostravam-se homens preocupados com a propagação de ideários civilizatórios. Além das medidas atinentes à escravidão, os nomes de alguns deles figuraram na criação e administração do Gabinete de Leitura de Sorocaba – sociedade

---

36 O Partido Republicano de Sorocaba foi fundado em 1881, sob a direção de Olivério Pilar, quase uma década depois da formação do Partido Republicano Paulista (1873). Mesmo levando em conta que o PRP elegeu como estratégia de fortalecimento a organização interna do partido por meio da formação de núcleos republicanos pela província de São Paulo, a fundação do Partido Republicano de Sorocaba não se explica somente por essa política adotada pelo PRP, mas também pelo fato de que, nessa localidade, o ideário republicano já fazia parte do cenário político, especialmente pela atuação da maçonaria.

37 Sobre as discussões efetuadas na segunda metade do século XIX em torno da escravidão pelas várias tendências políticas e regionais, ver: Carvalho, 1996, p.203. Nessa análise, o autor dá destaque ao reformismo do Estado monárquico, como a criação da Lei do Ventre Livre, de 1871, ocasião em que o próprio Imperador foi acusado de subverter a ordem, tendo sido a lei chamada de "Loucura dinástica, sacrilégio histórico, suicídio nacional".

promotora da ilustração³⁸ –, bem como na criação da Companhia Sorocabana em 1870.³⁹ Para Martins, o surgimento de "casas de leitura" no interior da província:

> prenunciava o progresso local, confirmado em seguida pela chegada da ferrovia ao núcleo que de "boca do sertão" passava a "fim de linha", introduzindo o cortejo de vogas de uma sociedade que se queria civilizada. [...] resultavam da iniciativa do grupo letrado da cidade, agentes sociais comprometidos com o ideário liberal, na sua maioria bacharéis da São Francisco afetos aos quadros da magistratura, membros ativos do Partido Republicano, arautos da campanha abolicionista, elementos da maçonaria local, abraçando projetos de saber secularizado, preocupados com a educação popular dentro do lema: Educar para Libertar.⁴⁰

Foi com esse grupo de homens que defendiam medidas "progressistas" que Júlio Ribeiro se identificou e se relacionou em Sorocaba, nos dois momentos em que atuou na imprensa da cidade. Tanto no período durante o qual trabalhou nos jornais *Sorocabano* e *Sorocaba*

---

38 O Gabinete de Leitura de Sorocaba foi criado em 1867: "A Maylasky e a outros maçons se deve a fundação do Gabinete de Leitura Sorocabano. A ele e à plêiade de homens que reuniu em torno de si, ocupando o primeiro lugar Olivério Pilar e mais ao Ubaldino do Amaral, ao capitão Júlio Lopes de Oliveira, ao tte. cel. Antonio Augusto de Pádua Fleury, ao Wanderico, agregando-se-lhes, futuramente outros maçons não menos ilustres, como Manoel José da Fonseca, se deve esse feito. [...] Em 1871, eram diretores Maylasky, Ubaldino do Amaral, Pádua Fleury, Elias Galdino, Sá Fleury". Cf. Irmão, 1999, p.73.

39 Novamente figuram Ubaldino do Amaral e Matheus Maylasky entre os propugnadores da Companhia Sorocabana. Cf. Gaspar & Almeida, 1938. v.1. "A criação da Companhia Sorocabana é trabalho nitidamente maçônico e é fruto da divergência surgida em Itu, quando Maylasky propôs que a Ituana se prolongasse até Sorocaba. [...] Dessa divergência nasceu a Companhia Sorocabana em 1870." Ribeiro trabalhou como porta-voz dos interesses dessa companhia no jornal *Gazeta Commercial*, assunto de que se tratará adiante.

40 Martins, 18 nov. 1989, p.5. O artigo é resultado de pesquisas realizadas pela autora em "casas de leitura" de algumas localidades do interior da província de São Paulo. Nesse texto, Martins dá destaque especial ao "Gabinete de Leitura" de Sorocaba.

(de 1871 a 1872), como na época em que dirigia a *Gazeta Commercial* (de 1874 a 1875), demonstrou que identificava e apoiava as causas e temas que faziam parte da atividade política dos maçons de Sorocaba, entre os quais ele mesmo se incluía. Embora fossem quase todos católicos, os membros da loja Perseverança III mostravam-se solidários aos presbiterianos, sempre que os direitos dos protestantes da cidade eram feridos. Afinal, eram homens que se consideravam afinados com os propósitos do progresso e que julgavam válida a identificação da idéia de civilização com a liberdade religiosa e o direito dos cidadãos de professarem outros credos. Ainda que não constituíssem maioria, muitos maçons eram protestantes, como o autor ora em estudo.

Ribeiro deu prosseguimento às críticas à Igreja católica durante sua atuação na imprensa sorocabana, tanto de maneira localizada – ou seja, dialogando com as posturas do clero da região –, como de forma mais ampla, isto é, ao fazer reflexão mais elaborada sobre o significado histórico da presença do clero no Brasil (como a dos jesuítas em São Paulo), realizada em seu romance histórico *Padre Belchior de Pontes*.

Um exemplo da intervenção localizada de Ribeiro em prol dos direitos dos protestantes de Sorocaba foi sua iniciativa de requerer à Câmara Municipal que pessoas não católicas pudessem enterrar seus mortos nos cemitérios existentes na cidade:

> Os abaixo assignados veem à presença de VV. SS. pedir que lhes sejam concedidas 20 braças de terra no fundo do cemitério municipal, com a mesma largura deste, para o fim de ahi fazer-se um cemitério de protestantes, onde, além dos cadaveres d'estes, os suplicantes se propõem mandar enterrar os das pessoas pobres, os recemnascidos não baptisados, e todos os restos mortais que n'aquele não puderem ser recebidos, em observancia das determinações da igreja catholica romana, ou por outro qualquer motivo. VV. SS. não deixarão de reconhecer que é justa a pretensão; não só porque em muitas e importantes cidades do paiz eguaes concessões tem sido feitas aos sectarios de religiões diferentes da do Estado, como porque a tolerancia devesse recusar a faculdade de possuirem um logar onde sepultar os corpos de seus irmãos. Confiados

na illustração de VV. SS. que sabem respeitar a liberdade de consciência e na tolerancia com que as instituições patrias garantem a religião, de que são fiéis, os abaixo assignados ousam esperar a concessão requerida. (Irmão, [s.d.], p.70.)

À época desse requerimento, Ribeiro era editor e redator-chefe de *O Sorocabano*, o que permite dizer que sua intervenção se fez não somente como protestante, mas também como figura pública. Além do apoio dos protestantes, a proposta de secularização do cemitério recebeu o respaldo dos homens que compunham a Loja Maçônica Perseverança III,[41] pois a causa patrocinada por Ribeiro baseava-se na tolerância e na fraternidade, concepções que vinham ao encontro do ideário ilustrado desses maçons. A questão não se referia somente aos direitos dos protestantes, mas de todos os que não se encaixavam nos preceitos da Igreja católica que garantiam o direito de sepultamento em cemitério – campo sagrado reservado aos católicos, segundo esses mesmos preceitos. Logo, pode-se dizer que a "missão" visualizada por Ribeiro na religião, como já se assinalou, se explicita nesse tipo de intervenção política, ou seja, não se restringe ao campo religioso, ao contrário: amplia-se exatamente a partir dele, designando ao escritor uma posição social no domínio das letras: a de contestador do repertório da tradição clerical brasileira.

Quanto ao pedido de secularização parcial dos cemitérios, foi aprovado pela instância municipal de Sorocaba, acompanhando, aliás, a esfera da política central, que, em 1870, já havia expedido uma ordem ministerial segundo a qual todos os cemitérios criados a partir dessa data deveriam reservar um espaço para se enterrarem mortos de outros credos. No entanto, isso não agradou ao clérigo

---

41 Na mesma direção, o maçom Justiniano Marçal de Souza questionou a lisura nos critérios usados pela Igreja para avaliar o direito ao sepultamento no cemitério católico. Usando exemplos de pessoas que tinham cometido suicídio e recebido tratamentos diferenciados, Marçal indagou por que se negara sepultura "ao corpo da escrava do sr. Moreira, que se suicidara, quando se deu ao corpo de Alfredo Frolich, que se achara nas mesmas condições?" *O Sorocabano*, 10 set. 1872 apud Irmão, idem, p.72.

local, que declarou não ser reconhecido pela Igreja católica o direito assegurado pelo mencionado aviso ministerial, pois isso significava, no entender do vigário paroquial, a profanação do cemitério.

Em réplica à negativa da Igreja, Ribeiro assim escreveu em *O Sorocabano*: "Nós que já uma vez, pregador do deserto, indignamos pela dispersão das cinzas, não podemos por certo lamentar menos que os protestantes sejam enterrados no campo, ou nas estradas, como tem acontecido" (idem, p.71). Suas palavras inserem-se num quadro mais amplo de crítica ao discurso conservador ultramontano defendido pela Igreja católica,[42] que se baseava na oposição às concepções liberais, das quais os maçons e protestantes eram vistos como proliferadores – daí terem sido o alvo das invectivas de muitos clérigos católicos contra o perigo que, segundo estes, representavam à segurança da Igreja e do Estado.[43]

Um exemplo desses ataques foi a criação, na Igreja católica, de uma espécie de narrativa mítica de conspiração maçônica, a qual teria a proteção do protestantismo:

> Este nome fantástico de franco-maçonaria vem-lhes, segundo parece, da Escócia. Depois que o Papa Clemente V e o rei da França Felipe, o Belo, aboliram com justíssima razão, no princípio do século XIV, a Ordem dos templários muitos destes infames fugiram para a Escócia, e ali se constituíram em sociedade secreta, votando ódio implacável e eterna vingança ao Papado e à Realeza. Para melhor disfarçar suas tramas, afiliaram-se a corporações de pedreiros, tomaram suas insígnias e gíria, e espalharam-se

---

42 Cf. Barata, 1999, p.102. "O ultramontanismo [...] foi um termo usado desde o século XI para descrever os cristãos que defendiam o ponto de vista dos papas. No entanto, no século XIX, ultramontanismo passou a significar uma série de conceitos e atitudes do lado conservador da Igreja Católica e sua reação ao pensamento liberal. Esta reação católica se caracterizou pela reafirmação do escolasticismo, pelo restabelecimento da Companhia de Jesus e pela defesa de uma maior concentração do poder eclesiástico nas mãos do papado." A esse respeito, ver também: Vieira, 1980.

43 Segundo Alexandre Mansur Barata, o jornal *O Apóstolo*, editado no Rio de Janeiro entre 1871 e 1873, foi o principal veiculador das teses ultramontanas no Brasil. Ver especialmente o capítulo 3, no qual o autor examina o debate entre a maçonaria e a Igreja católica. Cf. Barata, 1999.

mais tarde por toda a Europa, protegidos pelo protestantismo (*O Apóstolo*, 8 jan. 1871, p.15 apud Barata, 1999, p.106).

Segundo a Igreja católica, os protestantes seriam colaboradores dos maçons desde a origem desses últimos. O mito de conspiração política dos membros da maçonaria com a cooperação dos protestantes no discurso da Igreja católica serviu, de forma una e universal, tanto para a desqualificação da organização interna da instituição maçônica quanto do protestantismo.

Cabe, aqui, indagar sobre o papel dos protestantes na maçonaria brasileira da segunda metade do século XIX. Os maçons, no Brasil, tiveram a cooperação de republicanos e protestantes, na defesa dos princípios liberais para a estruturação de uma sociedade mais livre, fundada na crença na liberdade humana, e, especialmente, em sua luta contra o ultramontanismo da Igreja católica, tido como o baluarte do conservadorismo, ou seja, como um importante obstáculo ao trabalho de reforma sociopolítica das instituições do período. No caso do protestantismo, como aponta David Gueiros Vieira, embora seus adeptos estivessem inteirados de muitas das decisões da maçonaria brasileira, a colaboração efetiva fez-se por intermédio do fornecimento de literatura anticatólica aos escritores maçônicos.[44]

Também no caso da intervenção de Júlio Ribeiro – vale lembrar, protestante e maçom – em prol da secularização do cemitério, nota-se que a cooperação era mútua entre protestantes e maçons, pois o assunto era defendido não só pelos protestantes, mas também pelos grupos de contestação à ordem clerical, entre os quais se incluía a maçonaria. Pode-se dizer, assim, que se tratava de um tema que ia além dos interesses de protestantes e maçons, uma vez que fazia parte das discussões mais amplas do panorama político brasileiro. Nesse aspecto, a Loja Perseverança III, ao se manifestar favoravelmente à secularização do cemitério de Sorocaba, expressou também sua posição política frente à Igreja católica,

---

44 A esse respeito, ver: Vieira, 1980, p.278-280.

postando-se como grupo de pressão política e demonstrando que correspondia à atitude mais ampla do Círculo dos Beneditinos, à qual era vinculada.[45]

O tema da liberdade religiosa, imbricado na crítica ao clero ultramontano, foi discutido amplamente pela elite ilustrada brasileira entre as décadas de 1870 e 1880, tanto no Parlamento, quanto na imprensa e na maçonaria. Na província de São Paulo, essa crítica conjugava-se à defesa da forma de governo republicano, que era visto como uma forma de desligar o poder temporal do espiritual – entrave ao desenvolvimento das idéias liberais clássicas e, portanto, ao progresso de uma nação. Ademais, nesse momento São Paulo se via alijada das decisões do poder central, o que tornava a crítica à Igreja, a qual era um dos pilares da tradição monárquica, também uma manifestação de recusa ao regime imperial.

Por esses motivos, a presença dos jesuítas no Brasil – elemento do repertório da tradição colonial, incorporado pela política imperial – foi vista como sinônimo do obscurantismo católico e, portanto, um dos pontos mais atacados pelos opositores do ultramontanismo da Igreja romana. Exemplar desse sentimento antijesuítico é o artigo publicado pelo jornal *A Mocidade*, de Campinas. O texto atribui o atraso do Brasil à presença dos jesuítas na colonização da América portuguesa e, ainda, responsabiliza essa ordem religiosa – que infestaria toda a Igreja e disseminaria superstições e crendices – pelo atraso da sociedade brasileira em fins da centúria:

---

45 É oportuno, aliás, lembrar que o grão-mestre dos Beneditinos, Saldanha Marinho, com seus artigos publicados em jornais do Rio de Janeiro, entre 1873 e 1876, sob o pseudônimo de "Ganganeli" – nome do papa Clemente XIV (1705-1774), que havia dissolvido a Ordem dos Jesuítas – deixou explícitas as posturas da maçonaria do Círculo dos Beneditinos no que referia à Igreja católica e defendeu a separação da Igreja e do Estado e a liberdade de consciência. Assim, pode-se dizer que os maçons não se restringiram à imprensa maçônica, pois fizeram uso da chamada "grande imprensa" como veículo de divulgação de suas idéias, de combate intransigente ao "jesuitismo" e de defesa da liberdade de consciência. Esses artigos, que haviam sido publicados no *Jornal do Comércio*, foram posteriormente reunidos na obra *A Igreja e o Estado*, em quatro volumes.

> Recordação pavorosa do passado, nome odioso no presente, raça proscrita da civilização; símbolo do retrocesso, apóstolo do mal, trevas, injustiças, barbaria!, eis a definição da celebérrima e execranda instituição de Loyola. [...] Os Jesuítas, dizemos, umas aves negras que ainda esvoaçam aí pelas sombras da sacristia, e por dentro dos confessionários, a devassarem o seio das famílias e explorarem a crença, são os reféns do destino postos a descrição do progresso, para que ele lhes sele as faces com o ferrete da ignomínia social [...] A sociedade ilustrada, conhecedora dos fins que levam em vista, repele-os; mas não basta, é preciso convencer o povo menos ilustrado da necessidade de expeli-los, como um elemento tendente a dificultar a marcha de todo o progresso, quer material, quer moral.[46]

Foi nesse contexto que Júlio Ribeiro escreveu uma narrativa abertamente contrária à Igreja católica – *Padre Belchior de Pontes: romance histórico*, publicado em parte, originalmente, em folhetim, na *Gazeta Commercial*, de Sorocaba, dirigido pelo escritor, entre 1874 e 1875.[47] A trama, de fundo histórico, é encenada na São Paulo colonial e inicia-se com o amor entre dois adolescentes: Belchior, português de sangue mestiço e plebeu de poucas posses, e Branca Castanho Taques, fidalga de "sangue puro". O contraste de posições sociais já anuncia as dificuldades para a consumação daquele amor, que irá, em definitivo, ser impedido pelo ingresso de Belchior na Companhia de Jesus, a qual lhe incute a idéia de que ele era um predestinado à missão jesuítica.

---

46   *A Mocidade*, Campinas, 14 jun. 1874; 14 fev. 1875. Esse jornal era de propriedade de Antonio Duarte de Moraes Sarmento (editor) e dos redatores Henrique de Barcelos e José Gonçalves Pinheiro. Foi fundado em 1874, sendo seu nome modificado para *A Atualidade*, em 1875. Com a terceira mudança de nome para *Diário de Campinas*, seus proprietários inovaram a imprensa campineira ao inaugurarem o primeiro jornal de circulação diária da cidade.

47   O folhetim foi iniciado em 18 de novembro de 1874 e interrompido em 29 de outubro de 1875, data em que Ribeiro também deixou a *Gazeta Commercial*. No ano seguinte (1876), *Padre Belchior de Pontes* foi editado em dois volumes pela tipografia do jornal *Gazeta de Campinas*, a qual tinha como proprietário e editor Francisco Quirino dos Santos. O romance, além de ser dedicado à mãe, Maria Francisca Ribeiro, foi também dedicado a figuras ligadas ao referido jornal: Abílio Marques e Pedro Franzem, que, à época, ocupavam o cargo de gerente da *Gazeta de Campinas*. Tratar-se-á, no capítulo seguinte, das relações de Ribeiro com a elite intelectual republicana em Campinas.

Isso com o fito de impedir seu casamento com Branca, pois, uma vez obrigado pelo celibato a renunciar aos desejos humanos, especialmente aos carnais, deixaria o caminho livre para Branca casar-se com um membro da família Rodrigues. Assim, os jesuítas, na verdade, tinham interesse em unir as duas principais famílias paulistas – Taques e Rodrigues – como forma de evitar desavenças entre elas e de incitar a revolta contra a Metrópole (a Guerra dos Emboabas). Com esse plano político, traçou-se o destino de Belchior, que foi usado como joguete pelos religiosos. Quando, mais tarde, Belchior, já ordenado padre, descobre a manobra que o separou de Branca, denuncia a tramóia a Amador Bueno, assim referindo-se à Companhia de Jesus:

> Onde se agitam questões de vida ou de morte para a humanidade, onde se embatem os interêsses das gentes, onde tumultuam as paixões dos povos procura, procura bem, que oculto na sombra, sumido nas trevas deparar-te-á o vulto sinistro dos jesuítas. [...] vê-los-ás em Lisboa, instigando Pedro II contra Filipe V, vê-los-ás em Piratininga, elegendo rei a teu parente; vê-los-ás no Rio das Mortes, açulando os emboabas contra ti. Por toda parte, em todo lugar, na Etiópia e no Paraguai, em Pekin e em São Vicente, na corte dos reis, nas alcôvas das rameiras, nos comícios dos povos, no púlpito, na escola, no confissionário, no seio do lar, sôbre as ondas do oceano, em desertos áridos, no âmago dos sertões, no coração das florestas encontrarás sempre o padre de Jesus, risonho e insidioso, flexível e traiçoeiro. (Ribeiro, [s.d.], p.145)

Essa presença silenciosa, no entanto onipresente, da Companhia de Jesus constitui-se na matriz do romance ribeiriano. Os diversos outros elementos que compõem a trama histórica do livro, como o conflito entre paulistas e a Metrópole na disputa pelo ouro descoberto em Minas Gerais (de onde brota outro tema presente na narrativa, o da consolidação de um sentimento de nacionalidade entre os paulistas), sem falar no próprio motivo desencadeador da narrativa – o romance irrealizável entre Belchior e Branca –, estão todos subjugados a este tema mais amplo que é o da crítica à Igreja católica, sintetizada na Companhia de Jesus.

As críticas de Ribeiro dirigidas à Companhia de Jesus em *Padre Belchior de Pontes* foram vistas por Manuel Bandeira como sintomáticas do credo abraçado pelo autor no momento de elaboração do romance: "sendo o autor católico de criação, a leitura da Bíblia fizera-o presbiteriano, como a razão mais tarde o faria ateu. E era protestante ao tempo em que escreveu Padre Belchior de Pontes, daí as objurgatórias à Companhia de Jesus". (Ribeiro, J. A., 1976, p.76). Não compartilhamos dessa opinião, pois, mesmo que Júlio Ribeiro tenha se identificado com o protestantismo de confissão presbiteriana, isso não explica inteiramente o anticlericalismo do escritor. De fato, o anticlericalismo fazia parte do conjunto de posições do grupo de contestadores da "geração de 1870".

Portanto, são as questões presentes na contemporaneidade de Ribeiro e, na mesma medida, sua experiência subjetiva, conforme se procura indicar aqui, que explicam suas intervenções textuais no panorama de discussão política da segunda metade do Oitocentos brasileiro. A despeito de o escritor ter participado da mobilização de seus coetâneos em favor de vários temas, entre eles o da liberdade religiosa, isso não significa que havia homogeneidade na maneira de pensar e de se expressar no universo da elite letrada paulista. No caso do autor de *Padre Belchior de Pontes*, o anticlericalismo formulado nesse romance e, mais de uma década depois, em *A carne*, extrapola as vias institucionais das críticas endereçadas à Igreja católica para alcançar a esfera invisível do poder do catolicismo no cerceamento da liberdade humana.

Em sua experiência em Sorocaba, marcada pelo convívio com maçons e presbiterianos, Júlio Ribeiro transitou num ambiente que, ao menos indiretamente, propiciou a criação do romance *Padre Belchior de Pontes*. Além disso, deve-se levar em conta que tinha condições objetivas para lançar-se a esse empreendimento literário, haja vista que, naquele momento (1874-1875), sua condição era a de editor e redator-chefe da *Gazeta Commercial*, o que lhe possibilitava preencher o rodapé do jornal com escritos de sua autoria e, assim, a oportunidade de divulgar seu "talento" como escritor – que por sua vez lhe renderia o reconhecimento da elite letrada de São Paulo. Dito de outra forma, isso abria as portas à sua integração na dinâmica político-cultural do pequeno mundo das letras paulistas – especialmente na roda dos republicanos de Campinas, que, aliás, eram os mesmos da capital da província. Junto a maçons e presbiterianos como ele, em Sorocaba,

Ribeiro pode, então, desenvolver sua prática política e, mais importante, demarcar seu *locus* de literato hábil em controvérsias. Assim a idéia que se fez dele, uma década depois de sua atuação em Sorocaba, como um polemista intransigente por sua dissidência em relação aos republicanos paulistas, deve-se muito mais à divulgação das polêmicas do que propriamente ao ato inaugural dessa marca.

Tanto é que, nos momentos em que se colocavam em dúvida seus ideais republicanos, Ribeiro (1908, p.131) recordava a seus interlocutores seus feitos em Sorocaba, dando destaque a sua atuação contestatória da ordem política vigente em *O Sorocabano*: " Em Sorocaba aggremiei o partido [republicano], e por quasi dous annos sustentei com sacrificios inauditos uma folha republicana, em cujas columnas, desde o dia 25 de janeiro de 1872, não se admittiram annuncios sobre escravos fugidos." Mesmo que essa declaração esteja num outro contexto do lugar social de onde se encontra, ou seja, de dissidente da elite partidária, ela encerra uma representação que o próprio Ribeiro fazia de sua atuação em Sorocaba: a de republicano abolicionista radical, que reivindica para si um espaço singular. A atitude de não publicar "anúncios sobre escravos fugidos" aponta para a convicção do escritor quanto às crenças políticas que professava. Não obstante, essa postura antiescravista também era adotada pelo grupo de maçons da Perseverança III, de Sorocaba, por intermédio de medidas emancipacionistas que se concretizavam nas alforrias concedidas a escravos menores. A diferença, talvez, esteja no fato de que a ação de Ribeiro era uma iniciativa na condição de homem público, isto é, diretor e redator do jornal *O Sorocabano*, pois suas atitudes poderiam comprometer seu empreendimento jornalístico.

Em suma, Sorocaba constituiu um trecho importante do caminho percorrido por Júlio Ribeiro na construção de sua carreira como homem de letras – isto é, jornalista, professor, escritor e filólogo –, pois foi aí que vários fios se entreteceram para a composição das tramas individual e social do escritor: o protestantismo, a maçonaria e a formação de uma família. Com suas posições políticas, intelectuais e pessoais, Ribeiro revelou-se um intérprete do Brasil, pois realizou, em seus escritos na imprensa, um diagnóstico do atraso do Brasil, apontando caminhos que considerava indispensáveis para se alcançar o progresso do País.

De "mercenário" a paladino da causa da civilização nos trópicos

Em *O Sorocabano*, *O Sorocaba* e na *Gazeta Commercial*, Ribeiro foi um defensor ferrenho dos propósitos da Companhia Sorocabana – empreendedora da linha férrea naquela cidade –, dando seqüência à defesa que Ubaldino do Amaral já havia ensaiado como colaborador do primeiro jornal citado.[48] A Companhia Sorocabana foi alvo de diversas críticas na imprensa regional, veiculadas n'*O Ypanema* e no *Esperança*, jornais de Sorocaba e de Itu, respectivamente. Em uma delas, *O Ypanema* anunciava que a situação financeira da Companhia Sorocabana era alarmante. A esse respeito, Ribeiro teceu o seguinte comentário: "Os oposicionistas da Companhia Sorocabana encastelados na *falta de confiança por parte do governo* apregoam aos quatro ventos que nada poderá salvar a situação que eles se obstinam em crer ameaçadora e até tempestuosa" (Ribeiro, 15 set. 1872 apud Irmão, [s.d], p.78) [grifo do autor]. Com o objetivo de tranqüilizar os acionistas da Companhia, Ribeiro prossegue sua defesa, descrevendo a "real" situação financeira da empresa:

> [...] o próprio governo, que mandara inspecionar as contas, autorizando, sem discussão, a segunda e terceira chamadas de capital. O Estado da linha é próspero: 500 a 600 trabalhadores já manejam o alvião e a picareta, já removem terras, já arredam os obstaculos; centenas de contos de réis se

---

48 O jornal *O Sorocabano* já estava em atividade quando Ribeiro passou a ser seu editor e redator em abril de 1871. No ano anterior, desavenças políticas, relativas à concessão de uma estrada de ferro para Sorocaba, com a vizinha cidade de Itu (que negou tal pedido), ocasionaram a defesa do prolongamento dos trilhos de Itu a Sorocaba nas páginas de *O Sorocabano*, com destaque para o bacharel e maçom Ubaldino do Amaral, que entrou em discussão calorosa com o jornal *A Esperança*, de Itu. O episódio levou os sorocabanos a criarem a própria companhia ferroviária: A Sorocabana (1870). Por essa atitude foram chamados de bairristas pelo *A Esperança*. Ao que Ubaldino do Amaral assim respondeu: "A mais incompreensível, porém, das acusações é de bairrismo mal-entendido, de egoísmo. Sorocaba aplaudiu a idéia de Itu; mas desejou-a completa, tendo por ponto terminal o Ipanema, com proveito desta cidade, é certo, mas também com proveito de Itapetininga, de Tatuí, de Botucatu etc., e mais que tudo, com imensa vantagem da fábrica de ferro, que não é questão de bairros, senão importantíssimo interesse nacional". Apud Irmão, op. cit, p.68.

acham na Europa para a compra de material; centenas de contos de réis se acham ainda nos cofres da companhia. (idem)

A ênfase dada às boas condições financeiras da Companhia perante o público e, especialmente, os acionistas – os quais, na ótica de Ribeiro, deveriam realmente depositar "confiança" no empreendimento –, dá margem a se pensar que a situação da empresa inspirava cuidados ou, então, que as críticas veiculadas nos jornais podiam provocar o desinteresse dos acionistas pela iniciativa e, conseqüentemente, a instabilidade financeira da Companhia. Porém, interessa-nos aqui muito mais refletir sobre o motivo do interesse na defesa da Companhia Sorocabana manifestado por Ribeiro e outros representantes do grupo ligado à maçonaria de Sorocaba do que traçar o histórico desse empreendimento, que levaria a um outro tipo de trabalho.

Para além dos possíveis interesses particulares que poderia haver nesse empreendimento, a ferrovia simbolizava, na época, o progresso material de uma sociedade. Para os liberais reformadores, o progresso ligava-se à técnica e à ciência.[49] Eis por que os maçons de Sorocaba abraçaram a causa de uma linha férrea para a cidade, pois isso estava em consonância com seus ideais reformadores. Na defesa da Companhia

---

49 Conforme Richard Graham, uma das razões pela qual Herbert Spencer exerceu tanta atração sobre os brasileiros foi o interesse que esse evolucionista demonstrou pelas estradas de ferro, vendo-as como parte importante do sistema orgânico de uma sociedade moderna. Graham, 1973, em especial o capítulo 9, p.241-260. No entanto, é preciso registrar que, embora esse evolucionista social seja tão citado na imprensa republicana, Ana Luiza Martins, em sua pesquisa nos catálogos dos gabinetes de leitura do interior da província, não encontrou referências a Herbert Spencer. Afirma a autora: "na expectativa do 'bando de idéias novas' anunciado por Sílvio Romero a partir de 1868, eram previstos autores e títulos da vanguarda européia, de ordinário citados à exaustão pela imprensa republicana. [...] Supunha-se [...] a presença do Positivismo de Auguste Comte ou do evolucionismo de Herbert Spencer. [...] Estes teóricos [...] não constavam das estantes dos Gabinetes de Leitura paulista, fundos que resultavam do fornecimento da atualizada Casa Garraux ou doados pelos ilustres bacharéis do Largo de São Francisco." Cf. op. cit., p.6. As teorias cientificistas, na maioria das vezes, eram apropriadas de outras leituras. Essa prática não anula, contudo, o interesse e o fascínio que exerciam sobre a geração de 1870, especialmente em sua defesa de um novo projeto político, baseado no progresso social.

Sorocabana empreendida por Ribeiro ainda no mesmo artigo, é evidente a ligação que ele estabelece entre progresso e ferrovia: "a boa causa, a causa da civilização e do progresso há de triunfar e o sibilo da locomotiva será o hino da vitória sobre o estacionarismo e a rotina".[50]

Passados quase dois anos da publicação do mencionado artigo em *O Sorocaba*, Ribeiro retomaria o tema na imprensa sorocabana.[51] Com uma diferença: num jornal criado com o objetivo de defender a Companhia Sorocabana e seu dirigente na época, o imigrante Luís Mateus Maylasky.[52] Além de fazer parte da Loja Maçônica Perseverança III, Maylasky estava à frente de diversas iniciativas empreendedoras na região, o que ocasionava conflitos políticos e, em decorrência, a veiculação de críticas pelas imprensas local e vizinha quanto a sua gestão. O dirigente da Sorocabana viu como solução para a defesa de sua imagem e de seu empreendimento a criação de um jornal no qual pudesse tornar públicos os feitos da Companhia e os bons resultados de seu trabalho.

---

50 Ribeiro, 15 set. 1872 apud Irmão, op. cit, p.79. A crença na ciência e no progresso fez parte do pensamento de Ribeiro e expressou-se, especialmente, em seu romance *A carne*, no qual o tema da ferrovia aparece enfatizado na carta de Barbosa a Lenita, numa longa descrição da estrada de ferro Santos–Jundiaí que louva a iniciativa inglesa.

51 Ribeiro, desgostoso da ira provocada por sua atividade de jornalista em Sorocaba, mudou-se para a capital da província no início de 1873, mas retornou a essa cidade em meados de 1874.

52 De origem húngara, emigrou para Sorocaba em 1865, num momento em que a economia da cidade passava por um declínio no comércio de muares, o qual havia sido a mola-mestra de sua economia, dando lugar à lavoura de algodão. Empregou-se, assim, numa empresa descaroçadora de algodão pertencente a Roberto Dias Batista. A partir daí, sua trajetória é fulgurante. Em 1866, ingressa no comércio de algodão, o que motiva a fundação de um jornal para a difusão dessa cultura: *O Araçoiaba*. Dois anos mais tarde, funda a "Sociedade Progresso de Sorocaba", que tinha como objetivo instalar na cidade uma grande fábrica de tecidos. Várias tentativas foram feitas, sem êxito. Esteve entre os fundadores da Loja Perseverança III e foi o fundador da Companhia Sorocabana, cuja meta era construir uma estrada de ferro entre São Paulo e a Fábrica de Ferro do Ipanema, a fim de beneficiar o empreendimento do algodão e a fábrica de ferro de Ipanema. Cf. Bonadio, 1994, p.59-61. A trajetória de Matheus Maylasky denota que era um homem com idéias e práticas progressistas, as quais vinham ao encontro do projeto reformista da elite sorocabana.

Com esse propósito, surgiu a *Gazeta Commercial*, projeto jornalístico financiando por Maylasky, que convidou Júlio Ribeiro para ser seu editor. Na época, o escritor enfrentava dificuldades para impor-se no meio jornalístico da província de São Paulo. Provavelmente, não titubeou em aceitar o convite e não se empolgou apenas com a oportunidade de um emprego garantido, mas também com o próprio projeto, que punha à disposição o capital necessário à fundação de um jornal de estrutura moderna. A tarefa de iniciar o jornal ficou a seu cargo: voltou a Sorocaba para fiscalizar a montagem da impressora – por ser uma "maquina parisiense" –, e também foi à Corte, "onde fez um escolhido sortimento de tipos, vinhetas, emblemas, *traits de plume*, papel, tinta, ouro, prata etc. na antiga e acreditada casa dos srs. Bouchaud e Albertie".[53] Enfim, tratava-se de uma estrutura material avançada para os padrões do jornalismo do interior da província e possibilitou que o jornal patrocinado por Maylasky tivesse a primeira tipografia movida a vapor de Sorocaba. À dianteira dessa estrutura entusiasmante para a tarefa jornalística, eis Júlio Ribeiro novamente em cena na imprensa sorocabana, dessa vez com a finalidade de defender a Companhia e seu diretor. Esse propósito já estava declarado no programa que o jornal se propunha a cumprir:

> Tornar mais conhecido e melhor avaliado este torrão; de patentear a fertilidade do seu solo, a amenidade do seu clima, a riqueza das suas minas, de atrair para ele as visitas da imigração, não refugaremos ao trabalho, por espinhoso que seja: procuraremos, quanto em nós couber, fomentar o seu engrandecimento, animar a sua lavoura, facilitar as suas transações; a sua prometedora linha ferrea, já em vésperas de ser entregue ao tráfego, merecer-nos-á cuidado especial, desvelando-nos em promover o seu prolongamento aos municípios vizinhos, cujo interesses tornam-se comuns com os deste.[54]

Isso, porém, não significa que a pecha de "mercenário" outorgada ao escritor pelo *Ypanema* justifique a crítica a sua atuação comprometida com a Companhia Sorocabana. Afinal, em razão dessa opor-

---

53 Excerto que integra o 1° número da *Gazeta Commercial*, lançado em 7 de outubro de 1874 apud Irmão, [s.d.], p.9.
54 Idem, p.99-100 [grifo meu].

tunidade, ainda que na condição de propagandista da companhia de ferro de Sorocaba, Ribeiro pôde pôr em ação suas crenças na defesa das idéias liberais como fundamentos para o progresso do Brasil. Ribeiro via a iniciativa privada como uma das formas de liberar a província de São Paulo da dependência exclusiva do apoio do governo central em seu rumo à "civilização". Em outros termos, a defesa que iria mover coadunava-se com sua maneira de pensar um projeto de Nação.

No trecho reproduzido a seguir, a ação dos paulistas, consubstanciada na iniciativa dos sorocabanos, é tratada de maneira a ressaltar a mudança na paisagem operada pelos trilhos da estrada que "desbrava os sertões", "corta os morros" e desenha um novo cenário – o da prosperidade. Observe-se que, na concepção ribeiriana, os paulistas de fins de século são vistos como uma versão moderna dos bandeirantes:

> E o meio principal que tem sido posto em prática para a realização deste *desideratum* é a exigência dos paulistas quanto ao serviço de viação pública: não adormecemos embalados por doce e cega confiança no governo, apelaram eles para a iniciativa particular, e recompensa do seu titânico esforço, as gargantas de serras ínvias, as alpestres fraguras de sertões bravios repercutem com os silvos da locomotiva que, devassando as entranhas da terra nos túneis, atravessando morros em cortes, saltando grotas em viadutos, transpondo rios em pontes, vai por toda parte derramando vida nova, luzes, civilização, riqueza, prosperidade. (*Gazeta Commercial*, 20 jan. 1875 apud Irmão, op. cit., p.162)

No enaltecimento da iniciativa particular no empreendimento ferroviário de Sorocaba, vê-se, sem sombra de dúvida, a concretização do propósito pelo qual se criou a *Gazeta Commercial*. Considera-se, no entanto, que sublinhar somente esse aspecto da atuação de Ribeiro no citado jornal é uma atitude que subestima as intervenções do escritor, que também se posicionou ativamente em relação a outras questões cruciais para o progresso, como o desenvolvimento dos setores da saúde, agricultura, instrução, imprensa, entre outros.

Empreendeu, pois, Júlio Ribeiro uma interpretação do Brasil, ainda que pontual e associada aos propósitos da Companhia Sorocabana. Na *Gazeta Commercial*, Ribeiro publicou, por exemplo, uma série de artigos sobre os "males" que atingiam a lavoura e viu essa sua intervenção como uma prática a serviço do avanço da agricultura. Na abertura dessa seqüência de artigos, ele apresenta seu objetivo, que era tornar mais

> [...] conhecido os defeitos da nossa lavoura, apontar os remédios aos males que a corroem, eis uma tarefa gloriosa que não temos a pretensão de levar a cabo, mas que todavia tentaremos [...] em artigos subsequentes [...] estudar a natureza de nosso solo ou a *geocospia*; tratar das substâncias fertilizantes, ou da *cropologia*; rever o sistema de trabalhos aplicáveis ao terreno ou *geoponia*; desenvolver os princípios da multiplicação dos vegetais ou *fitoscopia*; fazer um apanhado das regras elementares que presidem à colheita, à manipulação e conservação dos produtos da lavoura ou *frugologia*.[55]

O uso de termos técnicos da agricultura denota a busca de auxílio num repertório científico que funcionasse como "remédio aos males" do atraso nessa esfera.[56] Tratava-se, na verdade, de uma visão da ciência como aliada do projeto de reforma social. E, nesse sentido, Ribeiro apresentou-se como um crítico dos hábitos seculares que vigoravam na agricultura, como a "destruição inqualificável das matas", em que, a seu ver, "com raríssimas excepções, somos rotineiros e fazemos o que vimos fazer nossos avós" (apud Irmão, [s.d], p.119). A causa primeira desse hábito condenável, no entanto, foi atribuída por ele à nossa história colonial:

> Nossos metropolitanos, ao apoderarem-se das vastas sesmarias do sertão que hoje habitamos, faziam extensas derrubadas para comprovar materialmente a sua posse; o fogo as devorava, e uma messe abundosa por dois ou

---

55 *Gazeta Commercial*, 1874 apud Irmão, [s.d.], p.119 [itálico do autor]. Não constam o dia e mês da publicação desse artigo. De acordo com Irmão, essa série de artigos iniciou-se em 28 de outubro de 1874.

56 O repertório científico é recorrente em *A carne*, pleno de metáforas organicistas e químicas. Essa característica, aliás, foi vista pela crítica literária como um dos atributos negativos do romance. No entanto, esse repertório não foi usado gratuitamente, mas para combater a retórica romântica, trazendo novos modelos e temas, como o da mulher culta, representada por Lenita.

três anos recompensava-os desse trabalho em que não se encontravam dificuldades; esgotados os sais fertilizantes de *sodium* e de *potassium* produzidos pela incineração, tornava-se maninho o terreno e eles, em vez de arroteá-lo, procuravam obter novas datas e faziam novos estragos. (idem)

Esse arcaísmo, herdado dos métodos coloniais de lavoura, não era compatível com o conceito de civilização que os grupos reformistas propunham. Nas interferências textuais de Ribeiro em favor da secularização social e política, pode-se aventar que a crítica às práticas agrícolas não incidia somente no passado colonial imobilizado, mas também no modo de pensar e agir das sociedades aristocráticas, que simbolizavam o regime imperial.

Na opinião do escritor, a principal arma de combate às práticas coloniais estava em "lançarmos mão de recursos que a ciência indica". Para isso, eram necessários investimentos na instrução, com a criação de "escolas regionais" e "institutos agronômicos", que formariam profissionais capacitados para o desenvolvimento agrícola do País, além de evitarem uma tragédia, que, segundo ele, já se anunciava:

> Não fantasiamos negruras; elas existem já, por vezes temos ouvido depreciar-se a fertilidade atual do nosso município; [...] temos ouvido apelar para as matas ainda restantes de Botucatú como sendo a produção do sul da província. E a imprevidência chega a não refletir que em prazo mais ou menos longo também se esgotarão. (idem, p.120)

Afinal, o contexto agrícola, marcado pelo desmatamento e pela queimada, exigia dele a intervenção como homem "afinado" com as teorias científicas modernas.

Essa atitude foi reafirmada por ocasião dos primeiros indícios da varíola em São Roque.[57] A epidemia da doença, que nos anos 1860

---

57 Em fins de 1874, Ribeiro ocupou-se de alertar a população a respeito da varíola: "Essa terrível epidemia que desde o século X é com justa causa temida, que nos últimos três anos tem percorrido o mundo todo, que assolou há pouco a nossa capital, está grassando em S. Roque, povoação que dista desta seis léguas apenas. Urge tomar providências sérias, providências sensatas, providências providentes, se assim permite a expressão". Apud Irmão, [s.d.], p.115.

tinha vitimado centenas de pessoas na província de São Paulo, vinha preocupando a população e as autoridades públicas. Júlio Ribeiro, como jornalista, colocou seu conhecimento a serviço da causa pública e defendeu a vacina como a "providência [...] lógica apontada pela ciência, confirmada pela prática". " Não aproveitar dos meios que a Divina Providência apraz descobrir ao homem" seria cometer "mais do que um crime": "um sacrilégio". Negar a ciência significava negar os recursos que a modernidade punha à disposição, o que equivalia, na visão ribeiriana, à recusa da civilização.

Ribeiro não ficou somente na indicação da vacina como o meio mais eficaz de evitar a disseminação da varíola. Discorreu sobre seus efeitos, sua composição, o local em que deveria ser aplicada e o procedimento em caso de inflamação tópica. Nesse último caso, por exemplo, recomendava o uso de "cataplasmas de fécula ou de miolo de pão com leite". Foi, portanto, com base num conjunto de idéias científicas que procurou esclarecer os sorocabanos a respeito da vacina, a qual, por "preconceito", poderia ser recusada pela população: "Cremos ter prestado um bom serviço consignando aqui o que nos grandes mestres temos lido: uma só família que aproveite de nosso trabalho, despindo-se [de] desarrazoados preconceitos e vacinando-se inteligentemente, nos compensará da fadiga".

Assim como os males apontados por Ribeiro na agricultura, a ignorância e o preconceito com relação à vacina representavam a herança negativa da colonização no Brasil. Tanto num caso como noutro, as crendices populares e religiosas impediam o desenvolvimento socioeconômico do Brasil. Crenças e práticas anacrônicas deveriam ser combatidas com o ideário liberal-científico, que era acionado de acordo com o contexto. A despeito de essas leituras pontuais e conjunturais de Ribeiro na *Gazeta Commercial* não as enfocarem diretamente, as grandes questões políticas eram um desdobramento do conjunto de problemas que a geração reformista de 1870 atribuía ao processo colonial. Para os republicanos de São Paulo, o mais negativo desses problemas e responsável pela resistência dos traços coloniais nos trópicos brasileiros residia exatamente na transposição do regime político da Metrópole para a Colônia: a

Monarquia.[58] Portanto, na atuação em Sorocaba, além das questões políticas e polêmicas em que se envolveu na defesa da Companhia Sorocabana, Júlio Ribeiro foi um intérprete dos problemas de seu tempo, os quais submetia a uma avaliação sincrônica *vis-à-vis* do mundo que o cercava: o passado colonial explicava, em parte, o atraso, porém não era o fator decisivo, porque, no entendimento de Ribeiro, a "evolução" sociopolítica dependia da ação dos homens. Por isso sua prática foi a de colocar à disposição do público seu conhecimento da ciência e a de portar-se, assim, como um paladino das causas da civilização em terras brasileiras.

O homem de letras entre o céu e o inferno

Em sua experiência na imprensa sorocabana durante quase meia década, Júlio Ribeiro obteve vários êxitos, mas também passou por muitos percalços, os quais fizeram com que refletisse sobre a carreira do homem de letras no Brasil. A partir dessa experiência pessoal em Sorocaba, ele formulou leituras sobre a imprensa, o *locus* principal de sua atuação.

O que levou Ribeiro a sair de Sorocaba? E, num curto intervalo de tempo, a retornar a essa cidade? Em texto publicado n'*O Sorocaba*, ele dá indícios de que sua saída do município esteve ligada ao encerramento de suas atividades de jornalista n'*O Sorocabano* – fato motivado, por sua vez, por questões políticas:

> [...] dois anos quase gastamos as forças na arena do jornalismo político: frutos amargos como as mandrágoras da Palestina foram o único resultado de nossos esforços. Abstemo-nos, pois, de trilhar por mais tempo essa vereda

---

58 Cf. Alonso, op. cit, p.240: "A releitura do processo de colonização encaminhou uma reinterpretação dos processos de formação do Estado e da Nação brasileiros e das estruturas socioeconômicas e hierarquias políticas herdadas.[...] Os grupos [da geração 1870] identificaram o processo de colonização como a causa primeira a partir da qual um complexo emaranhado de problemas se desdobraria. Há variações conforme a dimensão privilegiada". No que se refere aos republicanos paulistas " a situação de colônia teria imposto à nação a forma de governo da metrópole decadente. Esta transposição seria indébita. A monarquia seria, então, o cerne negativo da herança colonial".

escabrosa que nos ensanguentou os pés. Não poderíamos nunca. Como advogar os interesses de um partido da coroa? Pregar idéias democráticas, atrair sobre nós as iras dos que se alternam no poder, fazer toda sorte de sacrifícios, e ver depois os companheiros de ontem, os homens que se inscreveram como coordenadores do poder pessoal, a forjarem calúnias para se defender da pecha de republicanos, a tomarem assento como partidaristas do terno nas mesas eleitorais é demais para nós que somos simplesmente um homem, que não temos a força divina do mártir do Calvário.[59]

Por ser a atividade jornalística – como já mencionado – socialmente ligada à política, conflitos políticos adquiriam dimensões pessoais, as quais eram definidoras na carreira de um letrado. O texto supra citado de Ribeiro demonstra sua desilusão com a política local, especialmente por ter sido chamado de porta-voz dos "interesses de um partido da coroa"; logo ele, que se via como defensor das "idéias democráticas" e "republicanas". O que estava em questão, na verdade, era a desconfiança quanto a seu caráter e suas crenças políticas. Isso bastou para que deixasse O Sorocabano e fizesse desse acontecimento um "ato público" de defesa de seu caráter, de modo a sublinhar o sofrimento causado pela atividade de jornalista naquele curto tempo à frente do jornal – que, conforme ele sugere, não lhe proporcionou qualquer saldo positivo. E pode-se dizer ainda que, ao autoproclamar-se um "homem comum", sem a "força divina do mártir do calvário" para dar continuidade a seu trabalho na imprensa sorocabana, Ribeiro avocou exatamente a imagem negada: a de um sofredor por sustentar "idéias democráticas", ou seja, a de um mártir! A auto-representação do escritor como um "homem de dores", logo no início de sua carreira, será uma imagem recorrente em sua escrita, fazendo-se presente no decorrer de sua atuação como homem de imprensa.

Antes de mudar-se de Sorocaba, Ribeiro atravessou um momento de incertezas e instabilidade profissionais. Sem emprego, oferece-se,

---

59 O Sorocaba, Sorocaba, 20 set. 1871 apud Irmão, [s.d.], p.73-74 [grifo meu]. Como já mencionado, O Sorocabano encerrou suas atividades em final de agosto de 1871, passando a se chamar O Soroca, no qual Ribeiro figurou como redator até 20 de setembro desse ano, data do artigo citado.

por meio de anúncio que faz publicar n'*O Sorocaba*, como professor particular, em sua residência, de instrução superior e primária, com classes de latim, francês, inglês, geografia e primeiras letras, inclusive o sistema métrico decimal. Informa também o valor das aulas e o horário: "Preço: 5$000 por mês, para as línguas e 3$000 para as primeiras letras. As aulas funcionarão das 9 horas da manhã a 1 da tarde" (Irmão, 1999, p.121). Foi diante dessa circunstância de sua vida que Júlio Ribeiro passou a refletir sobre a atividade do homem de letras no Brasil da segunda metade do Oitocentos.

Nesse mesmo jornal, na seção *Variedades*, lembrou a miséria em que morreram Tasso, Milton, Camões, Cervantes, Ariosto, Lesage, La Fontaine, Diderot e tantos outros grandes vultos das letras. Ao eleger os grandes representantes da cultura ocidental como exemplo de que a carreira letrada não propiciava lucros econômicos, Ribeiro expressou sua condição de homem de imprensa desiludido. Afirma, por exemplo: "Quem se sentir com vocação para as letras e por elas quizer ganhar a vida é melhor se atirar a um poço!" (idem)

Realmente, as oportunidades para o homem de letras que ficava à margem dos quadros da elite imperial eram reduzidas. Essa situação foi constatada e teorizada por um coetâneo de Ribeiro: Joaquim Nabuco – membro da elite política monárquica, porém com posições reformistas. Nabuco (2000, p.128) apontou a escravidão como a essência do atraso do Brasil, sobretudo do que chama de "atavismo social" do País, que, a seu ver, provocava a falta de oportunidades profissionais para os desprovidos de proteção e os que tinham como único bem a inteligência:

> [...] o país está fechado em todas as direções; que muitas avenidas que poderiam oferecer um meio de vida a homens de talento, mas sem qualidades mercantis, como a literatura, a ciência, a imprensa, o magistério, não passam ainda de vielas.

Enquanto, em *O Abolicionismo*, Nabuco teorizou sobre os motivos da falta de oportunidades para o homem de letras no Brasil a partir de um estudo mais sistemático do significado da escravidão, Júlio Ribeiro focalizou os mesmos problemas de maneira diluída. As causas das dificul-

ERUDIÇÃO E CIÊNCIA 77

dades de inserção no mundo das letras são sempre tratadas em momentos específicos de sua tentativa de acesso ao universo das letras paulistas. Dito de outra forma, sua reflexão sobre a imprensa, cola-se às questões conjunturais e, com freqüência, deixa-se marcar pelas circunstâncias pessoais. Essa característica um tanto enviesada da reflexão de Ribeiro não impede de vê-lo como um intérprete da condição do letrado no País; ao contrário, constitui uma amostra do universo das letras da segunda metade do século XIX. As desavenças políticas motivaram a primeira saída de Júlio Ribeiro de Sorocaba. No início de 1873, mudou-se com a família para a cidade de São Paulo,[60] onde permaneceu pouco tempo, pois retomou as lides jornalísticas em Sorocaba em fins de 1874, a fim de dirigir o jornal *Gazeta Commercial*, de Maylasky. Portanto, pode-se dizer que tanto sua saída como seu retorno a Sorocaba se deram em meio a questões políticas locais. Com uma diferença: quando de seu retorno a Sorocaba, Ribeiro já havia experimentado dificuldades para inserir-se no meio jornalístico da capital da província, já que ainda não era um nome conhecido no universo das letras, o que o levou a exercer outras atividades, como a de fabricante de remédios caseiros. Nesse contexto, o convite de Maylasky representava uma maneira de retornar à atividade jornalística.

Ao assumir a redação e direção da *Gazeta Commercial* (7 out. 1875 apud Irmão, op. cit., p.98), Júlio Ribeiro assim se pronunciou:

> Como o loto da fábula, a imprensa embriaga, seduz, dementa aquele que uma vez escreveu, a não ser dotado de um coração gélido e excepcionalmente positivista, escreverá enquanto um sopro de vida lhe fizer correr nas artérias uma gota de sangue.

Temos aqui a justificativa de Ribeiro do porquê de seu retorno ao cenário da imprensa sorocabana – afinal, em sua despedida das lides n'*O Sorocaba* ele havia anunciado seu abandono da atividade jornalísti-

---

60 Em nota publicada no jornal *O Sorocaba*, assim Júlio Ribeiro se despediu do município: "Maria Francisca Ribeiro, Sophia Ribeiro e Júlio Ribeiro, não podendo despedirem-se pessoalmente de todos que honraram com sua amizade, o fazem por este meio, aguardando na capital da província as ordens que se dignarem dar-lhes. Sorocaba, 27 de Janeiro de 1873." *O Sorocaba*, 1 fev. 1873 apud Irmão, op. cit., p.98.

ca nessa cidade de maneira definitiva. Para quem havia expressado, um ano antes, sua desilusão quanto à imprensa, a mudança de opinião – e a referência a um elo quase que visceral com a atividade jornalística – poderia ser vista como paradoxal. Isso não vale, porém, para esse contexto, em que as relações sociopessoais consistiam em instâncias fundamentais na trajetória de um homem de letras. Daí a mudança de opinião e a atitude de agarrar-se às oportunidades profissionais que surgissem serem essenciais para a obtenção de recursos sociais e econômicos. Sobretudo para aqueles que tinham pretensões ao círculo letrado, a imprensa afigurava-se um espaço que poderia render um inestimável reconhecimento simbólico.

A despeito de constar do prólogo da primeira edição de *Padre Belchior de Pontes* – e ter sido reproduzida nas edições subseqüentes – a afirmação de que não tinha pretensão alguma ao publicar esse romance-folhetim, Júlio Ribeiro ([s.d.], p.5) conta que começou

> a escrevê-lo em Sorocaba, sem plano assente, sem seguir escola, sem pretensão de especie alguma, só e só para encher o espaço de um periodico que aí redigi. Suas linhas, traçadas em retalhos de papel, ora sobre o "mármore" do prélo, ora sobre as "gales" da "composição" foram-se convolvendo, emaranhando, avultando sem metodo, como os fios de uma meada que tentam dobar mãos ainda inexperientes.

Isso não está em conformidade com as inquietações que manifestou em Sorocaba a respeito do universo letrado, especialmente a condição do homem de imprensa no Brasil; parece muito mais fazer parte da criação de um imaginário relativo à elaboração do romance do que corresponder propriamente a suas intenções reais. Quando afirma não ter seguido "método", nem "escola", enfim, não ter pretensão alguma, parece estar desejando que confiram a sua obra um caráter de genialidade. Essa suposição fica ainda mais plausível, se for levado em conta que o prólogo à primeira edição suprimiu parte da declaração original de Ribeiro ao anunciar o romance na *Gazeta Commercial*: "Contudo seria inverdade afirmar que nos é indiferente o acolhimento dos competentes: folgaríamos de que lhe reconhecessem algum mérito, vanglória inata a todo homem e muitíssimo desculpável" (Cf. Irmão, [s.d.], p.122).

O reconhecimento simbólico pela atividade na imprensa estava em dependência não só do mérito pessoal, mas também da rede de relações da qual o jornalista-escritor dispusesse para acionar quando fosse necessário. Essa dimensão torna-se ainda mais importante, na medida em que a condição de Ribeiro era de marginalização social e econômica frente ao *status quo* imperial. Tomando-se em consideração que, nesse momento de sua atuação em Sorocaba, Ribeiro ainda não se havia estabelecido como um nome no cenário das letras paulistas (isto é, não possuía capital simbólico suficiente do qual pudesse lançar mão a seu favor), é possível afirmar que essa situação o colocava em desvantagem na concorrência por um cargo, fosse na imprensa, fosse no magistério, atividades que não requeriam o diploma de bacharel.[61] Dito de outro modo, estava, ainda que de maneiras distintas, duplamente marginalizado. Essa condição reduzia as possibilidades de trabalho, mas eventualmente poderia ser usada favoravelmente, desde que se soubesse tirar proveito da situação para alcançar êxito no universo letrado.

A situação do autor aqui em estudo teria repercutido favoravelmente no percurso que trilhou em Sorocaba como homem de letras? Responder a essa questão requer ponderações. Afinal, foi em Sorocaba, com suas intervenções na imprensa, que ele angariou elementos para avaliar o que significava ser um homem de letras no Brasil, e isso lhe permitiu, ao mesmo tempo, uma percepção mais acurada de sua condição de marginalizado.

Convém levar em conta que essa percepção – surgida em meio às provocações de que foi alvo na defesa que empreendeu de Maylasky – esteve presente nas hipóteses que formou sobre a situação da imprensa no Brasil. Usando como parâmetro de análise o periódico *Novo Mundo: Periódico Ilustrado do Progresso da Edade*, editado em Nova Iorque por um brasileiro, José Carlos Rodrigues, e lido pela elite letrada brasileira oitocentista, Ribeiro chega a esta conclusão:

---

61 É preciso, no entanto, esclarecer que as oportunidades de emprego também não eram tão animadoras entre os bacharéis, pois o número crescente desses profissionais no mercado gerava "o problema do excesso de bacharéis [...] fenômeno repetidas vezes mencionado na época da busca desesperada do emprego público por esses letrados sem ocupação, o que iria reforçar também o caráter clientelístico da burocracia imperial." Cf. Carvalho, J. M., 1996, p.77.

Tristes reflexões sobre o estado da imprensa entre nós sugeriu-nos a leitura do último número do *Novo Mundo*. Seu redator é de fato brasileiro; a língua de que se serve é a nossa; o país a cujos interesses se dedica é a terra de Santa Cruz: o modo, porém de pensar, a atividade com que trabalha, o zelo que desenvolve, o critério com que examina, a franqueza que expende, o espírito que o agita pertence tudo à indole do povo americano em cujo grêmio foi beber alento o sr. J. C. Rodrigues.[62]

Não foi por acaso, portanto, que Júlio Ribeiro elegeu os Estados Unidos como modelo de sociedade,[63] cujo princípio do *self-made man* lhe daria, a seu ver, oportunidades de crescimento. A condição de marginalizado num país como o Brasil, em sua opinião, tolhia o desenvolvimento da capacidade intelectual, porque aqui essa aptidão esbarrava nos valores de hierarquias sociais arraigados na cultura. Baseando-se na compreensão de sua condição de homem de letras no Brasil, Ribeiro conjeturou sobre o futuro do editor do *Novo Mundo*, se estivesse no Brasil:

> Se este senhor tivesse permanecido no Brasil entre nós, se se tivesse deixado intoxicar pela malária que nos atormenta laborioso e ativo como é, teria procurado de certo uma esfera de ação em que se expandisse o seu gênio: encontrando somente desânimo, decepções, injustiças e até irrisão, atiraria enojado a pena, abismar-se-ia na inatividade, como pássaro que, fugido de um navio, percorre as solidões do oceano, e não achando raminho em que pouse, aderna as azas, colhe o vôo, e entrega-se às águas que o engolem. [...] De tempos em tempos escreveria talvez um requerimento, disputaria uma cadeira na assembléia, e envelheceria capitão ou major da guarda nacional (*Gazeta Commercial*, Sorocaba, 2 jan. 1875 apud Irmão, [s.d.], p.179-180).

No entanto, não foi o que ocorreu com J. C. Rodrigues, e o motivo era simples: porque se havia transferido para os Estados Unidos:

---

62 *Gazeta Commercial*, Sorocaba, 2 jan. 1875 apud Irmão, [s.d.], p.179.
63 Segundo José Murilo de Carvalho, os modelos de República existentes na Europa e na América, serviram de referência constante para os brasileiros. O repertório político norte-americano foi eleito especialmente pelos republicanos paulistas. Carvalho, 1990.

[...] o vigor dessa raça ativa despertou-o da indolência; a consideração que aí merece o trabalho despiu-o de preconceitos: o exemplo alheio deu-lhe consciência do que valia, a animação alentou-lhe os brios e o resultado foi esse periódico modelo, esse elo que procura unir as duas nacionalidades, esse istmo moral que tenta consolidar-se entre os dois continentes (idem, grifo meu).

Essa solução foi cogitada por Ribeiro. Em 13 de setembro de 1875, o escritor foi elevado ao grau 30 em sessão da Loja Maçônica Perseverança III. A promoção, segundo a alegação de Vicente Eufrásio: "visa[va] atender a uma necessidade, visto como o referido irmão Júlio Ribeiro vai se retirar da cidade, indo residir, talvez, em algum país estrangeiro" (Irmão, 1999, p.170). Entretanto, Ribeiro não saiu do Brasil, como o fez J. C. Rodrigues. Os anseios e frustrações sentidos por ocasião de sua experiência em Sorocaba – e que marcam fortemente seus textos jornalísticos produzidos nessa época – levaram o escritor a tomar consciência de sua condição no espaço social onde se situava. Assim, tomando como base sua própria vivência, emitiu desoladoras opiniões sobre a imprensa no Brasil:

> Ingrata e cheia de urzes é em nosso país a trilha do publicista: além das dificuldades com que luta pelo elevado preço do material tipográfico, além da escassez de artistas que o ajudem, além dos esforços que surgem de todos os lados ao bom desempenho de sua missão, pouco, pouquíssimo, quase nulo é o favor que lhe dispensa o público. [...] o jornalista torna-se alvo de ódios pois se lhe atribuem todas quantas publicações se fazem nas colunas de sua folha. [64]

---

64   *A Gazeta Commercial*, Sorocaba, 2 jan. 1875 apud Irmão, [s.d.], p.180. Opinião diversa expressou a *Gazeta de Campinas* sobre a imprensa na província de São Paulo: "Por que a província de São Paulo tanto se distingue entre as outras? A resposta é muito simples, e o fato explica-se perfeitamente. É em São Paulo onde mais se lê. As maravilhas presenciadas nesse glorioso torrão são filhas da difusão das luzes, que é aí muito mais considerável do que nos outros pontos do império. [...] a imprensa desta província corresponde quase, em número, à de todo o império. Nos seus jornais escrevem elegantes escritores sustentando as mais difíceis e delicadas teses, e a circulação destes periódicos é realmente admirável, atendendo-se ao resto do império". *Gazeta de Campinas*, 19 jan. 1877 apud Moraes, 1981, p.16.

No entanto, foi com essa experiência que ele se projetou no universo letrado paulista: a publicação de seu romance *Padre Belchior de Pontes* na *Gazeta Commercial* rendeu-lhe a aceitação da crítica pelos principais jornais de São Paulo.[65] Martim Francisco Junior, por exemplo, endereçou-lhe uma longa carta, ainda quando o romance estava sendo publicado em folhetim. Essa carta foi reproduzida na *Gazeta Commercial* em 1° de junho de 1875. A seguir, é transcrito um trecho da mencionada correspondência:

> Júlio Ribeiro
>
> Devo-te uma desillusão proveitosa; é um pouco tarde para o pagamento da dívida, mas antes tarde do que nunca. Enganei-me julgando que o fogo fátuo da vida política houvesse deslumbrado as vicissitudes da mocidade, que a effervescência das discussões relativas aos problemas sociais tivessem escravizado todos os talentos de minha terra. O teu romance – Padre Belchior de Pontes [...] nobilitou-te, e a fidalguia do talento, diversa da fidalguia da raça, traz um onus invejável quando bem desempenhado, obriga ao estudo, corrige os enganos e prepara o trilho que conduz à glória. O teu livro collocou-te nesse trilho. Quando chegares ao termo da jornada, concede a esmola de uma recordação a aquelle que estará a muito longe de ti, ao teu sincero admirador.[66]

Para além do destaque ao mérito literário do romance de Júlio Ribeiro, deve-se indicar que, um ano antes de remeter a citada carta, isto é, quando era estudante do 4° ano da Faculdade de Direito de São Paulo, Martim Francisco havia escrito *Os precursores da Independência* (1874). Nessa obra, o autor identificou na resistência dos paulistas aos jesuítas uma antecipação do movimento de independência. Ribeiro e Martim Francisco tratavam, portanto, de temas congêneres: ambos destacavam a superioridade paulista, que mais tarde, tanto num quanto noutro, iria

---

65 Verificar os comentários da imprensa sobre o romance no quarto capítulo deste trabalho, p.224 (nota 23).
66 Carta reproduzida pelo jornal *Folha da Manhã*, São Paulo, 3 nov. 1940, p.2. (Suplemento comemorativo do cinqüentenário da morte de Júlio Ribeiro). Arquivo Jolumá Brito.

desembocar na defesa do separatismo em fins da década de 1880.[67] Por essa razão, talvez, é que Martins Francisco Júnior julgou que Ribeiro estava no caminho que o "conduziria à glória" nas letras pátrias. Num contexto de idas e vindas pela imprensa sorocabana, e ainda marcado por contendas na política local, é importante indagar: o que significou para Júlio Ribeiro a emissão de opiniões que exaltavam seu romance de estréia? Se o autor dizia que até na "queda do cedro que tomba há alguma coisa de grandioso, [...] a glória da queda", imagine-se, então, o que não afirmaria, ou ao menos pensaria, se esse cedro estivesse em pé? Além da glória pessoal, essa consagração proporcionou-lhe um capital simbólico que lhe abriria oportunidades de trabalho, pois foi a partir da chancela à sua atuação como jornalista e romancista que Ribeiro se inseriu na dinâmica político-cultural de Campinas

---

67 A esse respeito ver: Aducci, 2000.

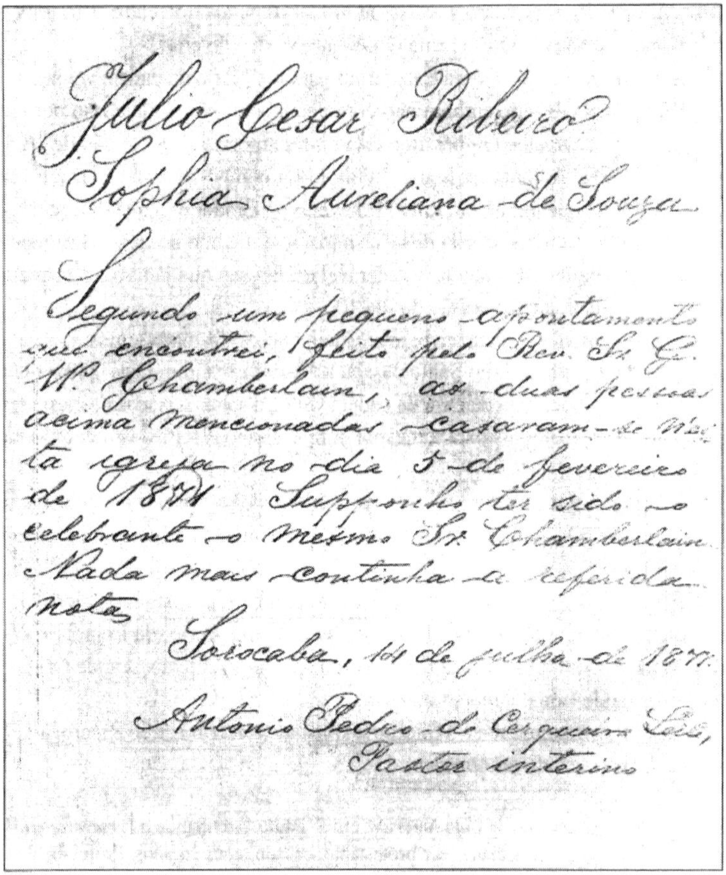

84 CÉLIA REGINA DA SILVEIRA

Figura 2 Declaração do registro de casamento de Júlio Ribeiro e Sophia Aureliana de Souza (In A. Irmão, *A Perseverança III e Sorocaba*, p.104)

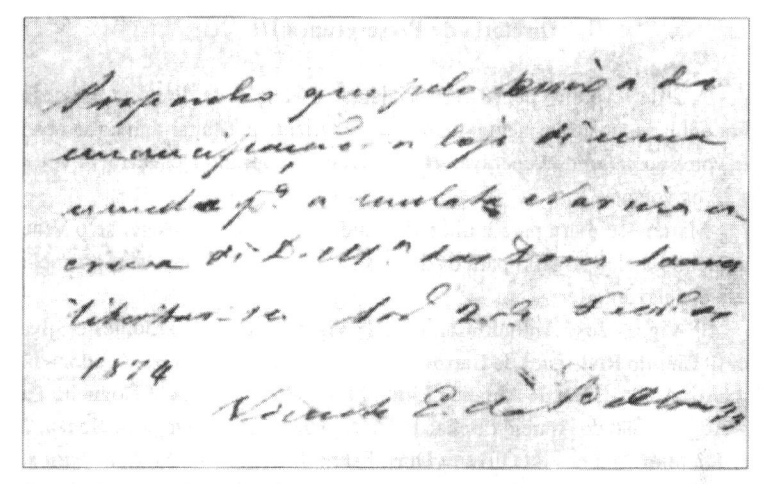

Figura 3 Propostas de auxílios dos maçons para a libertação de escravos (idem, p.98, 158)

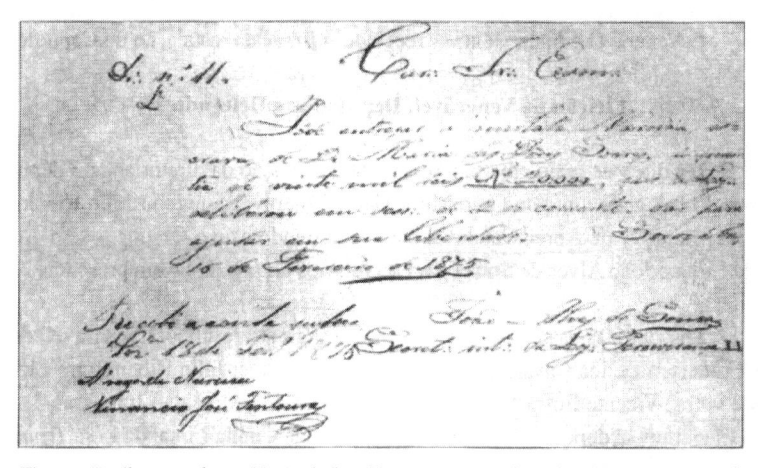

Figura 4 Recibo passado por Venâncio José Fontoura, a rogo da mulata Narciza, escrava de Maria das Dores Soares, de quantia destinada a auxiliar a sua libertação (idem, p.98, 158)

Carta de Martim Francisco a Julio Ribeiro

A "Gazeta Comercial", de [...]rocaba, estampou no dia 1.o [...] junho de 1875 a carta de [M]artim Francisco a Julio Ri[bei]ro, que abaixo reproduzi[m]os

"Julio Ribeiro,

Devo-te uma desillusão pro[...]dtosa; é um pouco tarde pa[ra] o pagamento da divida, mas [an]tes tarde do que nunca.

Enganei-me julgando que o [fo]go fátuo da vida politica [ti]vesse deslumbrado as vis[ta]s da mocidade, que a effer[ve]scência das discussões rela[tiva]s aos problemas sociais ti[ves]se escravizado todos os ta[lentos] de minha terra. O teu [...] — Padre Belchior de Pon[tes] — disse-me que os velos da [...]ria pátria ainda attrahem [...]eiros, que ainda existe [que]m medite em face dos mo[num]entos do passado. Offere[ço-t]e, pois, o meu agradeci[men]to, a confissão do meu er[ro] e os meus parabens.

[O] primeiro volume do ro[man]ce que publicaste é o [...]o termo entre o ensaio e a [rea]lidade; é a tentativa fe[liz] e em grande parte conse[guida], da iniciação do roman[ce] histórico em terra brasi[leira]. Eis o mais justo elogio [que] pode ser-te feito, e a teus [...]s de escriptor.

[Lo]uvo-te a escolha do as[sum]pto, a independência das [...]s, a cor local dos quadros [e, o] que é raro, a fidelidade [dos] acontecimentos históricos. [Re]unindo esses predicados em [tua] estréa, venceste um dos [...]ores escolhos do oceano li[terá]rio, conseguiste os foros de [rom]ancista histórico, o que [equ]ivalhe a ser historiador-[phil]osopho.

[D]elineaste o teu romance so[bre] uma pagina d'outro'ra que [dev]e ser julgada como a pri[mei]ra manifestação do caracter [pau]listano. A lucta entre je[sui]tas e mamelucos, em 1640, [...]o exordio das acções heroi[cas] que nobilitaram as velhas [gera]ções de meus coprovincia[no]s durante os séculos XVII e [X]VIII; a perspicacia do es[cri]ptor ahi encontrará materia [pa]ra o entrecho de mais de [u]m romance, bem como a in[tel]ligencia do philosopho obser[va]rá mais de uma dúvida que incite à meditação e ao estudo.

Leste, estudaste e apreciaste os factos. Escreveste, conduzindo a penna com o enthusiasmo que provocam os dramas sublimes do passado. A critica, estou certo, ha de notar defeitos e elogiar acertos do teu livro; ainda bem que os primeiros são quasi invisiveis e os segundos incontestaveis. Cumpre-me, porem, prevenir desde já uma injustiça de que serás victima; hão de accusar-te de parcial na maneira porque julgaste a instituição de Loyola.

Ha hoje, desculpa o trocadilho, duas modas em moda: ou se é ultramontano, e n'este caso se acredita que o sol parou no valle de Garbaon, e que o burro de Balaão tinha o dom da palavra, ou resvala-se no abysmo da descrença e cahe-se na esterilidade do atheismo. Poucos homens comprehendem que no meio-termo está collocada a religião da verdade; bem poucos se contentam com aquelles principios eternos que alguem já denominou — dogmas naturaes que a intelligencia recebe sem relutancia e tenta investigar sem temor: um ente supremo, uma vida futura, uma aspiração constante, fatal e invencivel — o progresso. O teu livro revelou-me que occupas um lugar nesse número limitadissimo, e eis o motivo porque te achas no caso de julgar imparcialmente as affirmativas e negativas de ambas as escholas antagonicas.

Aos que te accimarem de severo para com os actos de que discordas, responderás, citando-lhes as palavras do mestre: "se a imparcialidade consiste na abnegação perfeita da sensibilidade, na ausência de prevenções, de preferências, de gostos... nunca existiu historiador perfeitamente imparcial".

E quem alcançará vacillar diante dos dous combatentes? De um lado o povo que abdica da indifferença do desprezo e assume a calma da coragem, de outro a grande collecção de milagreiros de sotaina, enriquecendo à custa do confessionário e do serviço dos indigenas, tentando, na phrase do poeta...

pescar almas,
com um anzol: a cruz!

Esta é a impressão que grava no espirito a epocha de 1640. Nem se diga que os jesuitas teem o direito de reclamar uma indemnização das offensas que a história lhes atira. Os ambiciosos que faziam consistir a felicidade no poder, e o poder no despotismo, que enganavam as crianças para que ellas trocassem os brincos da familia pelas trevas do claustro, que, desenhando o painel da duvida, prepararam a noite da incredulidade no seio do christianismo, esses homens que commetteram tantos crimes devem, hoje que a humanidade está mais instruida, arrepender-se de havel-os praticado inutilmente.

A consciência humana é como o vapor: quem dispõe-se a opprimi-la ha de esperar a explosão. Assim aconteceu em 1640 e assim acontecerá sempre.

Apreciei de sobejo o modo pelo qual descreves a sociedade que aconselhava o homicidio traiçoeiro para inutilizar o proscripto, e o parricidio como uma legitima defesa quando os filhos fossem catholicos e os pais livres pensadores. Mas... voltemos ao teu romance.

Começas por idyllio. Fallam duas crianças que se adoram, porem não se amam ainda; sentem, uma pela outra, um pouco mais do que sympathia e um pouco menos de que amor. Impressionou-me a naturalidade da scena. Branca é a candura, Belchior é o caracter especial, agreste e altivo como a natureza que o cerca; Jacyntho Torres photographa a attenção traiçoeira do interessado que almeja separar duas almas que se unem, é o jesuita entre a innocência da mulher e a paixão nobre do homem... o inferno entre dous paraisos!

Os capitulos seguintes, a proporção que desenvolve o enredo do romance, consagram uma verdade histórica: a existência do partido mameluco. Ha quem a conteste dizendo que os adversários da theocracia tinham falta de um chefe que organizasse os ataques e dirigisse as defesas. Semelhante asserção, sobre preferir a forma ao fundo e o homem à idéa, desconhece que a história completa-se com o julgamento da posteridade. Faltou um chefe? supponhamos que assim fosse; faltaram batalhadores e um pensamento que lhes servisse de norma de acção? a história responde pela negativa.

Quando pintas a cerimonia da promoção do padre Rodrigues a um grau superior, attribues aos jesuitas um erro que Volney não duvidou sustentar. O temor, o medo, o espanto diante dos espectaculos da natureza poderiam ser a origem das crenças religiosas para Volney, que era o fogo da imaginação, e não para o jesuita que era a gelidez do calculo.

O *illuminado*, desvendendo o segredo que o cercava e apossando-se da chefia da ordem, fez-me recordar Miguel Tamborini, aquelle personagem que a penna de Rebello da [Sil]va celebrizou na — Mocidade de D. João V. Não ha idei[...]dade entre dous heróes; conheço isso. Erras, se pensas que te increpo de um plagiato, ao contrário elogio-te pela leitura de bons modelos.

Vai longa esta carta, e como o fim de tudo no mundo é ter um fim, vou terminar fazendo-te uma observação e um pedido.

A tua estréa nobilitou-te, e a fidalguia do talento, diversa da fidalguia da raça, traz um onus invejavel quando bem desempenhado: obriga ao estudo, corrige os enganos e prepara o trilho que conduz à glória. O teu livro collocou-te nesse trilho. Quando chegares ao termo da jornada, concede a esmola de uma recordação a aquelle que estará muito longe de ti, ao teu sincero admirador.

Martim Francisco Junior.

S. Paulo — 1875, maio.

Figura 5 Carta de Martim Francisco Júnior. Arquivo Jolumá Brito, Centro de Memória da Unicamp (CMU)

2
INTERVENÇÕES E POLÊMICAS: ENTRE OS INSULTOS DIFAMATÓRIOS E A ILUSTRAÇÃO

Ativista da cultura republicana

Em 1876, a *Gazeta de Campinas* noticiava: "O colégio Internacional acaba de fazer aquisição de mais um professor na pessoa do Sr. Julio Ribeiro, que há pouco foi redator da *Gazeta Commercial*, de Sorocaba" (apud Albino, 1996, p.91.). E o *Diário de Campinas* referiu-se à contratação nos seguintes termos: "obteve o concurso do sr. Julio Ribeiro, conhecido como um dos primeiros latinistas do império e como apreciado litterato, preenchendo assim o sensível vacuo deixado pelo sr. dr. Pestana." (idem)[1] Além desse colégio, entre 1876 e 1882 – período em que residiu em Campinas –, Ribeiro atuou também em outros importantes estabelecimentos de ensino da cidade de Campinas, como o Culto à Ciência e o Florence.[2]

Os dois principais jornais de Campinas apresentaram Júlio Ribeiro ao público como jornalista, romancista e latinista. Esses

---

1   Em 1875, Rangel Pestana deixou o Internacional para fundar seu próprio estabelecimento de ensino – Colégio Pestana – na capital da província, destinado à educação de meninas e que teve curta duração (1875-1879). Cf. Ribeiro, A. I. M., 1996, p.96.
2   Conforme assinala Maria Ines Miranda Ribeiro, Júlio Ribeiro, já no ano de sua chegada a Campinas, atuou como professor de gramática portuguesa nos colégios Internacional, Culto à Ciência e Florence. Cf. idem.

atributos foram importantes para sua contratação pelos colégios mencionados; no entanto, no que se refere ao Internacional, outro fator também concorreu para sua admissão: sua confissão religiosa, o presbiterianismo. O Colégio Internacional, além de admitir um professor que se adequava às propostas inovadoras que pretendia desenvolver, julgava positivo possuir em seu quadro um docente protestante: ainda que a linha do instituto fosse a da liberdade religiosa, isso não eliminava as pretensões proselitistas dos reverendos Morton e Lane.³

No famoso Culto à Ciência, além dos méritos intelectuais de Ribeiro, o fato de ele ser republicano e maçom veio ao encontro do ideário político do grupo idealizador dessa escola, cujo quadro de professores era inteiramente constituído por republicanos e maçons, favoráveis ao ensino secular e científico.⁴ A livre iniciativa no campo educacional insere-se na discussão mais ampla de defesa das teorias liberais no Brasil, como as da liberdade religiosa, da imigração e do incentivo aos negócios privados, abraçada pela elite republicana paulista.⁵

---

3   A esse propósito, ver: Albino, 1996, p.89-90, e Moraes, 1981, p.93. Esses autores salientam a face inovadora não só do colégio Internacional, destinado a ambos os sexos, mas também do Florence, exclusivo para meninas, os quais, com o apoio da imprensa e dos setores dominantes da sociedade local, conseguiram realizar um plano de estudos não limitado aos preparatórios para as academias do Império, ou seja, com um sistema parcelado e limitado aos estudos das disciplinas preparatórias, que era o caso da maioria dos estabelecimentos de ensino particular do período.

4   A criação do Colégio Culto à Ciência foi idealizada por uma associação homônima, que, segundo Moraes "era composta por fazendeiros, comerciantes, militares e "intelectuais" da época, que se afirmavam positivistas, maçons e republicanos". A existência do colégio como instituição particular "inicia-se com o aparecimento da idéia em 1869 e prolonga-se até seu desaparecimento em 1892". Moraes, 1981, p.i, ii. Nesse estudo, a autora mostra como as aspirações políticas do grupo de republicanos de Campinas foram transplantadas para a educação.

5   A fundação do Culto à Ciência denota o interesse do grupo de republicanos em firmar o poder da iniciativa privada em relação ao poder do Estado. Essa foi a tônica do discurso proferido por Campos Sales na inauguração do Colégio (*Gazeta de Campinas*, 15 jan. 1874) e marcou diversos outros artigos e editoriais do periódico referido. Em 1884, Alberto Sales, em discurso de comemoração aos dez anos do Instituto, reforça a idéia de que a fundação do colégio Culto à Ciência atendia aos

O saber científico e laico foi a linha adotada pelo colégio, privilegiando a ciência em detrimento da formação "literária e bacharelesca" do modelo de ensino imperial, especialmente do colégio Pedro II. Tanto é que se instalou um gabinete de física, montado por João Kopke, com aparelhos trazidos dos Estados Unidos (Moraes, 1981, p.190). Ao valorizar o saber científico e laico, o Culto à Ciência discrepava do espírito academicista imperial, mostrando-se preocupado com a formação prática de seus alunos, consoante os anseios empresariais dos fazendeiros de café da região, os quais visualizavam nas descobertas científicas a possibilidade de maior produtividade. Ao mesmo tempo, essa formação ia ao encontro das necessidades de atender ao progresso material da província (Alonso, 2002, p.150). Aliado a esse propósito, o ensino secular e científico era visto como libertador das superstições do homem; enfim, a vanguarda republicana atribuía-lhe um papel redentor no combate às instituições imperiais.[6]

Quem eram esses republicanos de Campinas ligados ao Culto à Ciência como mantenedores e professores do colégio? Era o mesmo grupo que sustentava os jornais a *Gazeta de Campinas* (1873) e *A*

---

objetivos políticos do grupo no fortalecimento da iniciativa particular: "Essa força social, que atualmente se denomina iniciativa individual e que tantos comentários tem exercido de todos, pelos admiráveis prodígios que tem ultimamente operado, [...] pelo desenvolvimento espontâneo do espírito de associação, em um poderoso elemento de progresso, que tende necessariamente a fins políticos de suma importância. Na mesma proporção em que se aumenta a influência da associação, estreita-se a esfera de ação do Estado e acentua-se melhor a linha indicativa de sua legítima competência: [...] que consiste na aplicação única do direito." *Gazeta de Campinas*, Campinas, 12 jan. 1884 apud Moraes, 1981, p.40 [grifo meu].

6   Essa postura diante da ciência vigorou entre os republicanos europeus. Lia Sá Paulo Ribeiro considerou que o republicanismo português foi, em última análise, um "cientismo" e, por isso, empenhado em popularizar a ciência, na crença de que ela "permitiria demonstrar as capacidades do homem para entender racionalmente o mundo e de, assim, se emancipar de todas as superstições, libertando-o das concepções teológicas e metafísicas, mesmo na aclaração das grandes questões insolúveis. Isto é, a ciência estaria a possibilitar que o homem associasse o seu destino ao sentido evolutivo da natureza e progressivo da humanidade." Ribeiro, L.S.P. v.24, 2003, p.296.

Província de São Paulo (1875). Entre alguns dos nomes que lecionaram no colégio, figuram os dos irmãos Campos e Alberto Sales, Rangel Pestana, Américo Brasiliense, Henrique de Barcellos, um dos fundadores do *Diário de Campinas* (1874) – periódico abolicionista e republicano que, ao contrário da *Gazeta* e d'*A Província*, não tinha vinculação partidária.[7] Em 1876, Ribeiro juntou-se a esse escol de professores. Alguns deles, assim como o escritor, lecionaram nos dois outros colégios mencionados, além de todos terem se dedicado ao jornalismo. Esses homens letrados foram os atores da dinâmica cultural da urbe campineira, empenhados na divulgação do republicanismo. Embora fossem todos republicanos, havia dissonâncias entre eles. Dos citados, destacam-se Henrique de Barcellos e Júlio Ribeiro em suas atuações na década de 1870. Com relação ao segundo, as diferenças seriam evidenciadas na década de 1880, momento em que Ribeiro fez de suas divergências com o PRP uma causa para o combate.

Além de Ribeiro ter sido contemporâneo de Henrique de Barcellos no Culto à Ciência, existe uma outra semelhança entre eles: a origem social. Ambos provinham de famílias de estratos sociais inferiores e do mundo do trabalho manual. Barcellos era de origem portuguesa e, no Brasil, exerceu a função de caixeiro numa loja de ferragens em Campinas; Ribeiro era filho de uma professora primária que recorreu aos trabalhos manuais para a educação do filho – como se verá no capítulo 3. Ambos não tinham formação superior, não cursaram Direito ou Medicina, cursos que se ofereciam no Brasil do período. Não obstante a origem social, quando tomada isoladamente, não ser um fator explicativo de suas dissensões em relação ao regime, acredita-se, que associada a outras dimensões de sua trajetória, constitui um elemento importante, que não se pode descartar simplesmente pela possibilidade de suscitar explicações deterministas. Enfim, estabelecer o nexo entre o contexto de origem auxilia na compreensão de tomada de posição no campo letrado.

No *Diário de Campinas*, periódico de feição abolicionista e republicana, Barcelos encetou polêmicas, na segunda metade de década

---

7 Para mais detalhes sobre a atuação desses republicanos como professores no Culto à Ciência, consultar: Moraes, 1981.

de 1870, com os redatores da *Gazeta*, mais especificamente, com Francisco Quirino dos Santos, Manuel Ferraz de Campos Sales, Jorge de Miranda, Carlos Ferreira e Abílio Marques, denunciados pelo *Diário* como mentores de um modelo de república "aristocrático", que excluía o "povo", os trabalhadores, das decisões sobre os negócios públicos.[8] No entanto, apesar das nuanças existentes entre os republicanos, havia um ponto em comum que os unia: a contestação da ordem estabelecida. Os republicanos paulistas, especialmente a elite republicana – entenda-se por isso: as personalidades integrantes da "oligarquia" que formavam a vida partidária – a despeito de pertencerem aos setores privilegiados da sociedade paulista e de possuírem recursos econômicos, eram marginalizados politicamente em relação ao domínio saquarema. Júlio Ribeiro estava à margem tanto da economia quanto da política no interior da ordem imperial. A proximidade em relação aos republicanos, portanto, se dava em termos de marginalização política. Essa condição tornava os republicanos mais propensos a acolher em seu grupo elementos de origem social inferior. Ribeiro foi incluído no grupo, o que lhe possibilitou travar relações socioculturais e pessoais com a elite republicana campineira nos anos em que atuou na cidade. No entanto, ele destoava de alguns traços que caracterizavam o grupo de republicanos paulistas, concentrados em Campinas: origem social e experiência escolar comuns.

Entre os republicanos paulistas, especialmente as lideranças do PRP, verifica-se que, além da socialização resultante da passagem pela Faculdade de Direito de São Paulo, as relações de parentesco de sangue ou configuradas pelos casamentos atuaram na estruturação do grupo:

> Além dos laços de sangue que uniam os irmãos Alberto e Campos Sales, Jorge de Miranda e Francisco Glicério, como o pai e filho João e

---

8   *Diário de Campinas*, 13 fev.1879 apud Galzerani, 1988, p.135. Para mais informações a respeito da atuação de Henrique de Barcellos, ver: idem, p.128-153.

Jorge Tibiriçá, havia uma estratégia endogenista de casamentos entre os paulistas. Rangel Pestana casou-se com a irmã de José Quirino dos Santos; Jorge Tibiriçá e Campos Sales casaram-se com primas, solidificando assim o patrimônio familiar. Havia as figuras destoantes de dois tipógrafos, José Maria Lisboa, português de origem, e Francisco Glicério, preceptor dos Sales. Ambos juntaram-se ao grupo por sua profissão, no momento da fundação de seus periódicos (Alonso, 2002, p.150).[9]

Ribeiro não se incluía em nenhuma daquelas relações. Não passou pelos bancos da faculdade de Direito, e os laços matrimoniais de seu primeiro casamento não lhe proporcionaram relações diretas com o grupo de republicanos; esses vínculos tiveram importância, sim, nas ligações com o protestantismo.[10] É importante indagar: de que maneira o autor em estudo passou a atuar no espaço de oportunidades de trabalho criado pelo grupo de republicanos, ou seja, de que forma veio a fazer parte do seleto grupo de professores do Culto à Ciência? Poder-se-ia aventar a hipótese do exíguo número de pessoas preparadas para o magistério. Salvador de Mendonça, ao retornar a São Paulo em 1867, a fim de concluir o curso de Direito, deixou-nos seu testemunho a respeito das oportunidades para o magistério, especialmente para a cadeira de latim:

> Ao chegar a São Paulo fui morar no Largo da Santa Efigênia para ficar próximo do colégio Júlio Galvão, em que havia ajustado, por 150$000 mensais, três horas de aulas diárias, que, de mais a mais, eram sempre as mesmas aulas de Latim, que parecia estarem sempre, por tôda parte, à minha espera. Dentro em pouco, essa reputação de latinista, para a qual só concorria o acidente de haver ensinado a matéria durante vários

---

9   Ver também: Ferreira, 2002, p.35.
10 Seu segundo casamento, em 1881, com Belisária de Camargo Campos Amaral, de ilustre e tradicional família de Capivari, proporcionou laços de parentesco com Francisco Glicério, de quem sua mulher era prima. No entanto, esse enlace não foi a ponte de aproximação com os republicanos de Campinas, haja vista que, nessa cidade, sua atuação iniciou-se em 1876. Cf. quando residiu em Campinas [s.n.t.]. Arquivo Jolumá Brito.

anos – talvez por falta de professôres dela – trouxe-me tantos explicandos que já não me chegava o tempo para êles.[11]

Essa situação descrita por Mendonça, sem dúvida, era favorável para aqueles que aspiravam à docência no magistério. Entretanto, no caso em questão não operou de maneira definidora, pois o Culto à Ciência era um projeto político da elite republicana. Embora os mentores do colégio alardeassem que o mérito fosse o critério para a contratação de professores – uma das formas de impor a distinção com relação às instituições imperiais –, a crença política professada não deixava de ser relevante, haja vista que o corpo docente era majoritariamente composto de republicanos e maçons. Para a admissão de Ribeiro no Culto à Ciência, acredita-se que não bastaram somente seus méritos intelectuais, ou seja, seu trabalho como jornalista em Sorocaba, a chancela de romancista e, principalmente, a fama de especialista em gramática portuguesa (disciplina para a qual foi contratado). Esses atributos intelectuais adquiriram importância, porque vieram acompanhados do fato de Ribeiro ser republicano e maçom. Era, por conseguinte, uma situação adequada, em que se aliava a capacidade intelectual ao credo político professado. Ainda mais, porque o grupo de republicanos atribuía ao professor uma missão social ímpar na sociedade: a de formação de cidadãos. Não obstante o tema da instrução tenha sido uma

---

11 Apud Mendonça, 1960, p.55. Logo em seguida, Salvador de Mendonça foi convidado a dirigir o jornal oficial *Ipiranga*, que lhe rendeu animosidades com o grupo de acadêmicos no qual Nabuco sobressaía por sua atividade de jornalista da folha acadêmica *A Tribuna Liberal*, em razão das desavenças com o presidente da Província na época, José Tavares Bastos, que foi substituído por Saldanha Marinho. Além de estar à frente do *Ipiranga*, Salvador de Mendonça foi também secretário particular do novo presidente. Concluído o curso de Direito, retornou ao Rio de Janeiro, onde inicialmente advogou no escritório de Saldanha Marinho. A estreita relação iniciada em São Paulo só veio a intensificar-se com as conferências realizadas na Corte, a fim de sondar a opinião pública, levando à criação do Partido Republicano em 1870. Foi um dos autores do Manifesto Republicano, particularmente do artigo "Verdade Democrática". Envolveu-se na criação do jornal *A República*, que dirigiu e com o qual colaborou; deixou-o, porém, em razão de divergências com Bocaiúva, para quem a mencionada folha deveria ser independente do partido.

das plataformas de discussão da propaganda republicana nas décadas de 1870 e 1880, envolvendo uma ampla gama de questões, seleciono certos aspectos para a interlocução com o objeto de estudo. Em especial, o lugar que ocupava o professor no projeto republicano.

A *Gazeta de Campinas*, na pena de Francisco Quirino dos Santos, assim se pronunciou sobre o ensino: "O ensino civil não pode estar sujeito e nem ser dependente de uma religião. O ensino civil tende a formar cidadãos e não deve nem pode invadir os recessos do foro íntimo impondo-se às crenças e opiniões individuais" (apud Moraes, 1981, p.245). O periódico reproduz, em seguida, artigo extraído do *Jornal do Comércio* de Lisboa que abre com a indagação: "Convirá confiar de preferência ao clero a instrução da mocidade?" Depois de argumentar a respeito da superficialidade do ensino religioso, afirma que o caminho para a "renovação social" reside num ensino ministrado por "professores seculares, livres pensadores, eis aí [...] o que é preciso escolher para formar almas novas." Também quanto aos princípios morais, não viu a necessidade do clero, pois o "bom mestre secular deve sabê-lo incutir nos seus discípulos" (idem, p.245-246).[12]

A pena de Francisco Quirino dos Santos ilustra a importância que a instrução ocupou no debate mais amplo de laicização da política, promovido pelo grupo de republicanos da *Gazeta*. Ao professor foi reservada uma função social – a de formação de cidadãos. Nesse aspecto, embora fossem distintas, as atividades de jornalista e professor acabavam tendo algo em comum para os republicanos: a crença na possibilidade de formar cidadãos políticos, colaboradores na oposição ao regime monárquico e na formação de quadros políticos do novo

---

12 O ensino laico foi amplamente defendido pelos republicanos portugueses coevos ao movimento republicano brasileiro. Teve, aliás, repercussão nas posições partidárias dos paulistas, sobretudo a versão evolucionista, científica e positivista, que cria na inevitabilidade da República. De acordo com Lia Sá Paulo Ribeiro, os republicanos portugueses atribuíam ao professor uma missão especial para a execução de seu projeto: "Caber-lhes-ia a missão de constituírem o 'sacerdócio' laico da 'igreja cívica do povo' – a Escola –, pois deveriam ser não só agentes veiculadores de conhecimentos, mas também mestres de moralidade cívica; o que quer dizer que via no instrutor e na escola os sucessores (e os sucedâneos) do padre e da Igreja". Cf. Ribeiro, L. S. P., 2003, p.295-6.

regime republicano que se pretendia instaurar. E alguns professores eram, ainda, jornalistas. Por isso, a ação do professor não se restringia à sala de aula, mas integrava-se nas discussões político-sociais e culturais do universo social. Era, portanto, detentora de uma representatividade no âmbito social campineiro, o que significava um lugar privilegiado na formação de opinião pública. É com relação a esse aspecto que defendo a idéia de que a crença política de Ribeiro se constituiu num fator importante para sua inclusão no Culto à Ciência.

A partir de 1870, o tema da instrução foi um dos motes políticos dos republicanos em oposição ao governo imperial. Além de patrocinar o Culto à Ciência a fim de atender aos filhos dos proprietários da região, os republicanos ampliaram sua ação com um projeto de "educação popular". A Loja Maçônica Independência (fundada em 1867) criou a "Sociedade Promotora da Instrução", a qual promovia cursos noturnos para homens livres e escravos. O próprio Venerável da Loja Maçônica, Francisco Quirino dos Santos, em editorial publicado na *Gazeta de Campinas* referiu-se ao papel que o grupo de republicanos cumpria com o trabalho da "educação popular". Considerando-o uma espécie de missão salvacionista, afirmou o seguinte:

> [...] a maçonaria prova com a evidência dos fatos que ela é uma inimiga sim, uma inimiga de guerra e de morte não para combater o bem, mas para erguê-lo sempre, devotando todas as suas forças, toda a sua coragem pela difusão da luz e pelo abatimento do obscurantismo; inimiga para erguer-se contra as trevas e contra os preconceitos condenados pelo século e pela ciência (apud Moraes, 1981, p.106).

Eis aí a idéia dos "princípios gerais" que nortearam a ação partidária dos homens ligados à maçonaria – o que significava difundir luzes para dissipar a ignorância, cumprindo, assim, o mito da civilização. A "instrução" e a "democracia" eram os dois grandes pilares representativos do discurso de legitimação partidária dos republicanos, que elegeram um inimigo – o Imperador, visto como o opressor da grande maioria da população, à qual vedava o acesso à instrução e, por conseguinte, à construção de uma nacionalidade independente, ou seja, de um "povo-nação" (Bresciane, 1976, p.215, 224).[13] A instrução, no discurso dos republicanos, tem uma função pragmática: politizar a relação do povo com o Estado. É vista como caminho seguro, porém lento. Por isso, a emancipação do povo, como salienta Bresciani, "transfigura-se na virtualidade da democracia projetada para o futuro indeterminado" (idem, p.389). Não obstante, na própria fala da elite republicana, ela se diferencia

[...] radicalmente da elite monárquica por recusar o privilégio do nascimento ou da bajulação (única alternativa aos mal nascidos) e por reconhecer como direito de fato o privilégio do conhecimento que põe nas mãos dos homens as condições de manejar o mundo no sentido do progresso. Trata-se de um privilégio democratizante na medida em que o acesso ao conhecimento deve ser posto ao alcance de todos (idem, p.389).

A educação, portanto, figurou como o novo critério de distinção social no projeto reformista dos republicanos, em substituição ao modelo imperial de cidadania baseado no estamento.[14] Era vista como a espinha dorsal do projeto de civilização, fundamentado no repertório científico. Por esse motivo, a ação dos republicanos com respeito à instrução, em especial a "educação popular", recebeu destaque especial nos editoriais da imprensa de Campinas, especialmente na *Gazeta*, veículo explícito da propaganda republicana. Ao propugnarem a expansão da cidadania

---

13 É importante registrar que esse é um dos primeiros estudos, se não o primeiro, a tratar do republicanismo paulista, tendo como parâmetro o lugar social de onde se tecem as críticas às instituições vigentes.

14 O termo "estamental" usado para definir a sociedade imperial é empregado no sentido de que o exercício pleno das prerrogativas de cidadania ativa restringia-se ao pequeno circuito dos proprietários. Cf. Alonso, 2002, p.63. "A sociedade imperial distinguia [...] qualitativamente seus integrantes. Separava seus cidadãos políticos, oriundos dos estamentos senhoriais dominantes (os grandes proprietários de terras e escravos) e intermediários (pequenos proprietários, o funcionalismo público, os comerciantes, toda a sorte de letrados), encarnação da 'opinião pública', do 'povo'. Esta última noção designava o conjunto da população de homens livres pobres e libertos. O sistema representativo retirava sua legitimidade da 'opinião pública', do conjunto de proprietários. O 'povo' não ficava excluído. Sua representação política se fazia através do *pater família*".

e, por conseguinte, do campo de oportunidades para os homens livres, o projeto republicano arvorava-se em promotor da democratização – vista na época como sinônimo de República –, a qual deveria, porém, estar sob sua tutela. No que tange ao colégio Culto à Ciência, *locus* de aprendizagem dos filhos da elite ligada às atividades cafeeiras, embora não fosse voltado para a doutrinação política explícita, o próprio modelo de inspiração laico-científica indica uma clara objeção aos valores e às práticas da ordem imperial.

O repertório político-intelectual de Ribeiro possibilitou-lhe tecer redes sociais que facultaram a ele oportunidades de trabalho no novo espaço produzido pelos republicanos para externar críticas ao regime político[15]. Nesse sentido, pode-se lançar a idéia de que ele simbolizava, exemplarmente, o novo parâmetro de ascensão social, propalado no discurso republicano: o conhecimento individual. Esse conhecimento era visto como arma justa e legítima de elevação, bem aos moldes do darwinismo social, em que os mais bem preparados têm mais chance de alcançar êxitos na sociedade. A defesa dessa idéia foi uma das principais estratégias de oposição às práticas de patronagem do Império. Todavia, era também um expediente presente no microcosmo republicano, no qual as relações sociopolíticas e pessoais representavam critérios para a alocação em posições que fossem da alçada dos republicanos locais.

Em Campinas, as portas foram abertas para Júlio Ribeiro. Na condição de professor e de um homem dedicado às letras, ele foi um agente da dinâmica político-cultural da cidade, fortalecendo sua ligação com figuras expressivas da divulgação do republicanismo e das letras pátrias na Província: Francisco Quirino dos Santos, Francisco Glicério, Gaspar da Silva, Abílio Marques, Pedro Franzen, Henrique de Barcelos, entre outras. Tratava-se de uma inserção cultural não dissociada da política.

---

15 Vedados no Parlamento, os republicanos encontraram na imprensa o espaço alternativo para dar visibilidade à mobilização contra o regime imperial. Segundo Alonso: "As associações e os jornais geraram um espaço público que extrapolava as dimensões da sociedade política imperial. Foram o *locus* independente do Estado e das instituições saquaremas no qual a manifestação coletiva das interpretações do Brasil e da pauta de demandas e reformas brandidas pela geração de 1870 pôde vir à luz". Idem, p.283.

Ribeiro promoveu conferências e escreveu peças teatrais que os alunos poderiam apresentar em ocasiões comemorativas, como a do aniversário de dezessete anos do Colégio Florence em 1880, e que eram acompanhadas de *soireés* literárias e artísticas. Uma dessas peças, *A corda*, foi comentada pelo editorial da *Gazeta* como "mimosa composição, cheia de belíssimos conceitos e de profunda moral retratando a vida no collégio, onde há um ou outro espírito não diremos de maldades propriamente, mas de travessias (sic)." (apud Ribeiro, 1996, p.76). Nessas festividades, a que assistiam ilustres senhoras e senhores campineiros, davam-se os exames das alunas da instituição.[16] Ribeiro foi, ainda, um dos incentivadores da criação da primeira revista literária impressa de Campinas, a *Revista Literária* do Internacional, editada pelos alunos.[17] Em 1877, juntamente com Gaspar da Silva, projetou a *Enciclopédia Instrutiva*, baseada na obra *Educação Popular* (publicada em Lisboa) e que foi editada pela livraria Internacional (do colégio Internacional). Além disso, colaborou nos jornais da cidade, como a *Gazeta* e o *Diário* e no *Almanach Litterario de São Paulo*, de José Maria Lisboa.

No que toca às atividades culturais desenvolvidas nas escolas, houve intervenções, ainda que de pequena dimensão, a fim de concretizar aquilo que buscavam imprimir por meio da laicidade do ensino: espírito de coletividade. A escola ocupava na ação e no discurso republicanos um espaço da integração. Daí a importância do

---

16 O método de avaliação era moderno para a época, pois os exames de análise gramatical e tradução eram feitos levando-se em conta o desempenho das alunas nessas apresentações. Cf. idem, p.75. Tendo em vista esse perfil de avaliação, cabe lembrar que Ribeiro era professor de gramática portuguesa no colégio Florence. Ainda conforme essa autora, o Florence dava mais liberdade aos professores, se comparado ao colégio Culto à Ciência, cujos programas de ensino eram propostos pela diretoria, o que limitava a autonomia do professor. Sobre essa questão, ver também: Moraes, 1981, p.256.
17 Sobre essa revista, tem-se o comentário do *Diário de Campinas*, Campinas, 23 mar. 1876: "Recebemos a Revista Literária do Colégio Internacional, publicação iniciada pelos alunos daquele colégio. São seus redatores em chefes os senhores: A. Bitencourt e Heliodoro Costa. Além da introdução devido á pena do sr. dr. Rangel Pestana, traz diversos artigos sobre literatura, os quais revela-se prometedora vocação dos autores para as lidas da imprensa. Agradecemos e saudamos a aparição da revista, desejando-lhe muita prosperidade e brilhantismo". Apud Albino, 1996, p.91-2.

desenvolvimento das práticas que envolvessem professores, alunos, programas e valores, consubstanciados numa nova idéia de política, que preparasse para a cidadania e para a escolha livre do voto. Em suma, uma nova paidéia. Deste modo, as práticas educacionais voltadas para a instrução popular e a escola formal representavam o lugar privilegiado para ensaiar-se a "sociabilização do Estado" na fase de propaganda republicana (Ribeiro, L. S. P., 2003, p.284).

As ações de Ribeiro como professor em Campinas indicam que ele desempenhou um papel de dinamizador cultural antimonárquico, pautado pelas idéias da ciência e por métodos modernos. Esse desempenho, entretanto, não é visto somente como decorrência de seus vínculos políticos na cidade; explica-se por suas crenças políticas. Após a dissidência com o grupo, o escritor prosseguiu em defesa da laicização do ensino. Nessa direção, pode-se apontar a criação de um colégio em Capivari, sua atuação como professor na Escola Normal de São Paulo e no curso anexo à Faculdade de Direito de São Paulo, sem falar na representação que erigiu da educação feminina em *A carne* (1888), no qual Lenita, a protagonista do romance, dotada de um esmerado e farto repertório científico/ilustrado, simboliza a emancipação feminina numa sociedade gerida pelos valores patriarcais. Essa emancipação não se referia somente aos direitos civis das mulheres, que eram o foco dos propagandistas republicanos, mas adentrava a questões de *foro* íntimo, como a liberdade da prática sexual antes do enlace matrimonial. O sexo, portanto, é inserido na discussão da emancipação feminina. Essa atitude denota uma posição radical do autor face aos valores finisseculares, que chocaria não só monarquistas, mas também republicanos que defendiam a laicização social.

Em 1882, fundou a sua própria escola em Capivari, o Colégio Júlio Ribeiro, que propagava o uso do método "João de Deus": "o illustrado escritor snr. Julio Ribeiro acaba de fundar colégio na cidade de Capivari, um estabelecimento de ensino para o sexo masculino. Leitura pelo Método João de Deus – alunos internos e externos" (*A Província de São Paulo*, 1882). O método, que recebeu o nome de seu criador, o escritor português João de Deus, era tido como moderno, eficiente e, sobretudo, não enfadonho, por não exigir a prática do "decorar",[18] usada como método de memorização do ensino jesuítico. Foi divulgado tanto pelos republicanos portugueses quanto pelos republicanos brasileiros.[19] Em sua oposição ao ensino religioso, Ribeiro foi além do método divulgado: "Sem Deus e sem rei" foram as palavras inscritas na pedra fundamental do colégio.[20] Ao que tudo indica, esse foi o lema da escola, o qual aponta para a intenção de chegar até as últimas conseqüências em seu combate aos valores clericais – os quais, quase uma década depois, irrompem em *A carne*. Além de condenar o monarca e a Igreja, ele expunha publicamente um posicionamento ateu, que ultrapassava os limites dos defensores da laicidade do ensino.[21]

Retomando o significado de sua experiência em Campinas, considera-se que as relações político-sociais estabelecidas nesse universo foram importantes para torná-lo conhecido no campo letrado local. No período em que morou nessa cidade, foi freqüente a publicação de noticiários sobre sua atuação na dinâmica cultural campineira.

Em novembro de 1876, conforme elogioso noticiário da *Gazeta de Campinas*, o escritor proferiu, conferência no *Ateneu Literário Campinense*, na qual defendeu a hipótese da presença dos fenícios no Brasil:

---

18   Para detalhes sobre o método, consultar: Moraes, 1981, p.97-8, em que a autora reproduz artigos do jornal *O Cruzeiro*, do Rio de Janeiro, transcritos na *Gazeta de Campinas* em 28 de agosto de 1878.
19   Segundo Lia Sá Paulo Ribeiro: "[Os republicanos] esforçavam-se por divulgar o método João de Deus, através da Cartilha Maternal, considerada por Manuel Laranjeira como uma 'forma de ensinar a ler sem violentar o espírito, nem desmoralizar a inteligência de quem aprende; de ensinar a ler facilmente, espontaneamente, naturalmente, nem enfastiando, antes deleitando o espírito'" Cf. Ribeiro, L. S. P., 2003, p.295.
20   Cf. Motta, *Folha da Manhã*, São Paulo, 15 abr. 1945.
21   Embora os republicanos de Campinas professassem sua contrariedade com relação ao ensino comandado por religiosos, não dispensavam seus serviços no plano espiritual. Por ocasião da inauguração do novo prédio do Culto à Ciência houve um cerimonial católico: "o vigário da paróquia de Santa Cruz [...] padre Francisco de Abreu Sampaio, procedeu com todas as cerimônias do ritual católico, ao benzimento do novo edifício, percorrendo todas as salas" (Moraes, 1981, p.34).

ERUDIÇÃO E CIÊNCIA 101

[...] o nosso distinto colaborador Julio Ribeiro, um dos mais notaveis professores do colégio internacional e de superior talento provado no jornalismo e na literatura do paiz desde muito ganhou foros entre os nossos melhores escritores, deu uma excelente conferencia no ateneu literário que celebra suas sessoes nas salas do clube semanal de cultura e versou sobre o importante assunto os Phenicios no Brazil, desenvolveu admiravelmente e teve suspensa a seus lábios a multidão do auditório que não cessava de extasiar-se diante dos seus conhecimentos variados e da sua palavra facil e elegante."

Essa conferência a que alude o editorial da *Gazeta de Campinas – Os Phenicios no Brasil* – foi publicada em 1877 (Ribeiro, v.2, p.135-43) pela revista do *Almanach Litterario de São Paulo*. Nessa ocasião, novamente vieram a público comentários da imprensa. O artigo recebeu um espaço na secção "Letras e Artes" d'*A Província de São Paulo* (1887):

Julio Ribeiro dá a sua opinião [...] na questão suscitada por uma inscrição descoberta na Paraíba, decifrada pelo Dr. Ladislau Netto, há cerca de três anos, e cuja autenticidade foi jocosamente contestada pelo redator do "Novo Mundo". Julio Ribeiro, confrontando as palavras da inscrição com trechos bíblicos, descobre entre eles perfeita concordância de data, nomes, tempo da navegação, usos e costumes a que se referem ambos os monumentos. Demais, recorda que na "Crônica da Companhia de Jesus", pelo padre Simão de Vasconcelos, há uma passagem que dá testemunho da existência de certas letras esculpidas na pedra, na altura da cidade de Paraíba. Conclui de tais investigações que parece que os phenicios estiveram realmente no Brasil.

O assunto empolgou Júlio Ribeiro. Em abril de 1882, o *Diário de Campinas* noticiou que o escritor pretendia completar seus estudos sobre o homem pré-histórico, principalmente na província de São Paulo, para mais tarde publicar um trabalho de antropologia. Provido de conhecimentos sobre a história geral das civilizações, objetivava entrelaçá-la com a busca das origens remotas da nacionalidade brasileira. Com esse entusiasmo, publicou uma nota na qual pedia auxílio para sua causa científica. Os leitores interessados deveriam enviar-lhe objetos feitos de pedra lascada e polida, ossos, conchas, etc. – "simples bibelots em maos de pessoas que não se interessam são de grande valia nas maos de cientistas. Rua das flores, 2 – Campinas".

Em Campinas, Ribeiro deu visibilidade a suas atuações: passou a freqüentar as páginas dos principais jornais da província de São Paulo, ficando conhecido no ambiente letrado paulista. Esse reconhecimento advindo de sua inserção na dinâmica das letras locais foi fundamental para sua consagração como filólogo. Abriu-lhe também espaço para conseguir fundos para a publicação do grande projeto de sua vida: a *Grammatica Portugueza*. Em carta ao redator do *Diário de Campinas* (1881), Júlio Ribeiro, antes de solicitar a colaboração da elite campineira, argumentou sobre a envergadura e a originalidade de seu trabalho:

> Desde que comecei a tomar gosto pela leitura, desde a minha puericia, senti a necessidade de um livro que me auxiliasse na compreensão dos autores portuguezes, que me ajudassem na aprendizagem no uso de minha lingua [...] os fazedores de compendios quase me radicaram na crença de que grammatica e linguagem eram duas coisas divorciadas, heterogeneas, antagonicas. Sem saber o que fazia, naturalmente, instintivamente tomei caminho direito; [...] o plano para a confecção da grammatica converteu-se em realidade – o livro está pronto. Elaborado com vagar, durante o curso de mais de quinze anos, fundado esclusivamente em fatos linguisticos, etc. é ele o que de melhor o de mais completo em materia de grammatica portugueza.

O seu projeto estava, pois, concluído; faltavam-lhe, porém, recursos financeiros para publicar seus resultados:

> [...] para publicar o meu livro preciso da coadjuvação dos brasileiros, portuguezes de todos que servem o mais robusto dos idiomas latinos, procurando assinaturas para levar avante o meu intento. <u>Se tivesse recursos proprios para publica-lo teria feito, não tenho tais recursos.</u> Cada assinatura custa cinco mil reis. Aceito a titulo de subsidio qualquer quantia com que quizerem concorrer pessoas abastadas.
> Depois do que Julio Ribeiro escreveu, limitamos a pedir ao leitor que tome uma assinatura desta nova obra (idem).

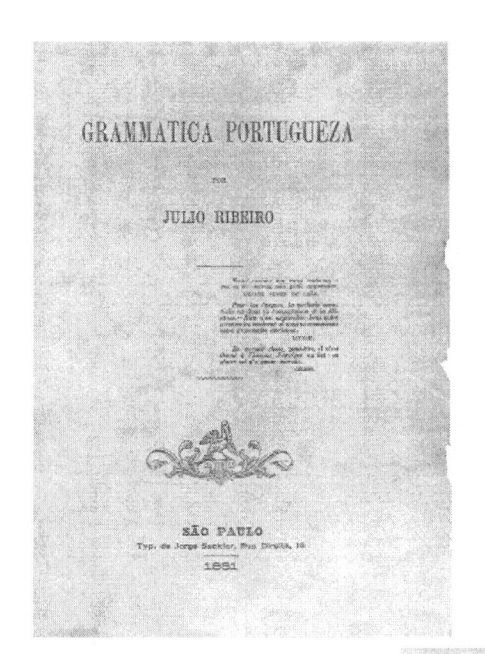

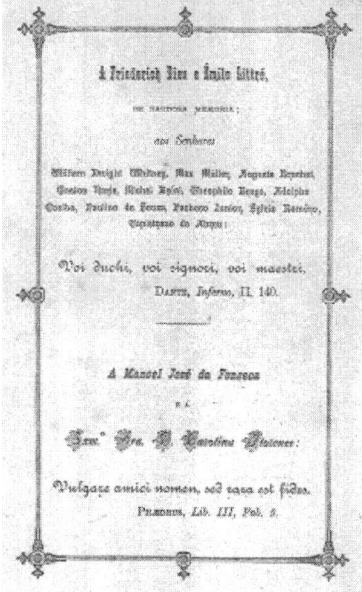

Figura 6 Primeiras folhas da primeira edição da Grammatica Portugueza de Ribeiro. Acervo Biblioteca do Instituto de Estudos da Linguagem (IEL), Unicamp

Figura 7 Primeiras folhas da primeira edição da Grammatica Portugueza de Ribeiro. Acervo Biblioteca do Instituto de Estudos da Linguagem (IEL), Unicamp

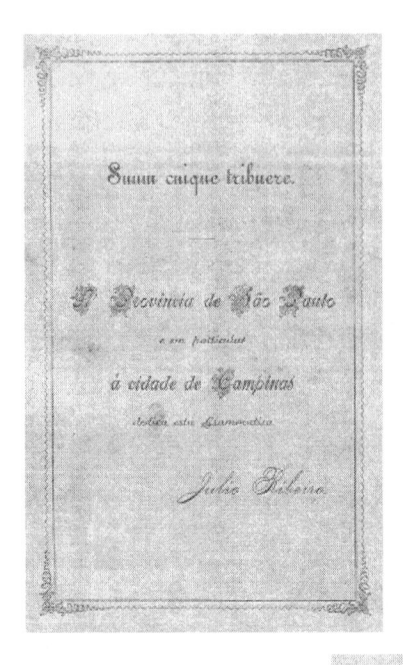

O escritor alcançou seu intento. Em 1881, sua *Grammatica Portugueza* foi publicada pela Typografia Jorge Seckler, de São Paulo. De acordo com a dedicatória, pode-se presumir que obteve o auxílio financeiro da elite campineira: "A Província de São Paulo e em particular á cidade de Campinas dedica esta grammatica – Julio Ribeiro." Nessa dedicatória abrangente, havia também a referência a duas figuras importantes na dinâmica cultural da cidade: Manoel José da Fonseca e Carolina Florence: ambos ligados à educação (Ribeiro, 1881). O Visconde de Indaiatuba, rico fazendeiro de Campinas, a despeito de não figurar na dedicatória de Ribeiro, foi providencial em sua ajuda financeira.[22] Pode-se dizer que o grupo de republicanos lhe abriu possibilidades de trabalho, a partir das quais ele encetou relações sociais com um círculo mais amplo da elite campineira e que lhe rendeu condições objetivas para a publicação de seu livro.

Com essa publicação, Ribeiro ficou consagrado como grande filólogo do Império. Sua *Grammatica Portugueza* teve boa acolhida entre os especialistas, tanto nacionais como estrangeiros, os quais participaram da valoração da obra como distintiva. Foi adotada no 4°, 5° e 7° anos do Colégio Pedro II e na Escola Normal de São Paulo. O que explica, talvez, o lançamento de uma segunda edição em 1884. No prefácio dessa última, o autor dirige-se ao leitor da seguinte maneira: "Apresento ao público esta segunda edição, escudando-o com os louvores de tres homens venerandos, Ruy Barbosa, o conselheiro Viale, André Lefèvre."[23]

Ruy Barbosa, na condição de relator da *Comissão de Instrucção pública*, apresentou seu parecer sobre a *Grammatica Portugueza* de Júlio Ribeiro (1884, p.iv) à Câmara dos Deputados em setembro de 1882:

> Louvores ao nosso distincto philologo, o Sr. Julio Ribeiro, pela intelligência com que comprehendeu e traduziu esta nova direcção (a de Whitney) dos estudos grammaticais. Grammatica, diz ele, ´é a exposição methodica dos factos da linguagem.

---

22 Vide afirmação de Ribeiro na página p.128 do presente texto.
23 O trecho em questão, como os que vierem a seguir, foram transcritos da segunda edição, editada pela Casa Eclectica de São Paulo. Esse exemplar, de 1884, bem como o de 1881 foram consultados na seção de obras raras da Biblioteca do Instituto de Estudos da Linguagem (IEL) da Universidade Estadual de Campinas (Unicamp).

Era envaidecedor um comentário vindo de Ruy Barbosa, que era considerado um mestre das palavras e autor dos discursos mais bem formulados do Parlamento. E o fato de ser o compêndio de gramática adotado pelo Colégio Pedro II dava a Ribeiro representatividade no universo das letras pátrias. Para avolumar essa representatividade simbólica, Ribeiro transcreveu uma longa carta recebida do gramático francês André Lefèvre, tido como uma sumidade na área:

> Paris, 26 janvier, 1882
> Monsieur et cher confrére.
>
> Je n´ai pas voulu vous remecier sans vous avoir lu, ou plutôt sans m´être quelque peu familiarisé, á l´aide de votre grammaire même, avec les formes et l´organisme de la langue portugaise. [...] L´intime fraternité de ces belles langues romaines, loin de nuire á leur originalité respective, en faite seulement comme un de ces choeurs harmonieux oú la varieté des timbres et de voix accentue L´unite fondamentale de la métodie. Pourquoi, cher monsieur, me sens-je plus voisin de vous á travers l´Atlantique que le l´Anglais ou de l´Allemand, à paine separés de Paris por une journée de chemim de fer? C´este à la science du langage de repondre à cette question, trop nègliée des hommes d´etat á courte vue. [...] Agrèez, cher monsieur Julio Ribeiro, l´assurance de mês sentiments de confraternité.(idem)

Em síntese, é possível afirmar que, durante quase uma década (1876-1884), período que vai da chegada de Ribeiro a Campinas à publicação dos comentários elogiosos a respeito de sua gramática, o escritor viveu um momento de ascensão social e de reconhecimento no universo letrado paulista por intermédio das belas letras, cumprindo o ideal civilizatório. Entretanto, ele iria se embrenhar por outra vereda, a da polêmica, com os companheiros de outrora. E, ainda, elegeu para seu combate personagens representativos do Partido Republicano Paulista: Campos Sales e Prudente de Morais. Daí em diante, demarcou um lugar social para expressar seus pontos de vista: o de crítico do PRP, que desenvolveria com afinco como diretor de jornais na capital da Província com *A Procellaria* (1877) e *O Rebate* (1888).

Em 1885, por ocasião da acirrada polêmica entre Ribeiro e os republicanos de *A Província de São Paulo*, Henrique de Barcellos (in

Ribeiro, 1908, p.11) solidarizou-se com o colega da época do Culto à Ciência e do jornal o *Diário de Campinas*. Considerava sensato que, antes de "tomar da penna, elle [verificasse] si ainda disp[unha] da mesma certeira pontaria antiga". Se dela estivesse provido, prossegue Barcellos, os "*curiangos* não lhe escapa[riam]". Sugere ainda que a batalha seria dura e que, por isso, o amigo precisaria ser aguerrido: "Resta que pelo exercício contínuo do revólver, a sua mão não estremeça ao mandar uma bala ao primeiro que sentir as susceptibilidades revolvidas e a sua importancia contestada".[24]

O prazer de "Satan"

> *Não existe gládio mais formidável do que a pena.*
> Sílvio Romero, 1889.

> *A imprensa é o pelourinho sem sentença.*
> Carlos de Laet, 1902.

Em fevereiro de 1885, iniciou-se a publicação de uma série de artigos de Júlio Ribeiro denominada Cartas Sertanejas, em *O Diário Mercantil* de São Paulo.[25] A contar desse mês até julho, dez cartas vieram a lume. Na primeira carta, o autor ocupou-se em apresentar ao leitor do jornal suas posições e os assuntos sobre os quais versaria nos artigos subseqüentes. Apregoando independência e, ao mesmo tempo, ilustração, referiu-se, em poucas palavras, aos temas: "Não

---

24 Esse artigo foi originalmente publicado no *Correio de Campinas*, jornal fundado por Barcellos em 1879, e figurou, juntamente com o artigo de Valentim de Magalhães, "Julio Ribeiro", de *A Semana*, como apresentação para a publicação d'*As Cartas Sertanejas*.

25 De acordo com Brito Broca: "Em 1877, o jornal mais literário de São Paulo já não possuía ligação com o ambiente acadêmico: era o Jornal do 'Diário Mercantil', de Gaspar da Silva, onde colaboravam Júlio Ribeiro, Senna Freitas, Bilac, Teófilo Dias, Augusto de Lima e muitos outros, sem falar na copiosa colaboração de escritores portugueses." Cf. Broca, [s.d.], p.226. Ver, também do mesmo autor, 1991, p.92-115, que dá destaque à ligação de Júlio Ribeiro com o *Diário Mercantil* e o ambiente literário da cidade de São Paulo.

tenho programa, não tenho assumpto determinado. Tractarei um dia de litteratura, outro de politica, outro de sciencia, outro... daquilo a que me levar o meu estado de espirito" (Ribeiro, 1908, p.14). O realce mesmo, nesse artigo, foi dado às posições que adotaria na execução de seu empreendimento jornalístico. Esclarecia ele que *O Diário Mercantil* "não [era] solidário [...] nas opiniões a manifestar, nos juízos a emitir" (idem, p.13). Isso lhe dava, segundo Ribeiro, a liberdade de escrever sem restrições: "Se me aprouver, irei até o paradoxo, chegarei até ao absurdo" (idem, p.14). Anunciava, assim, uma atitude aguerrida.

E quem seria o alvo dos ataques? O articulista deixava isso em suspenso. Estratégia para estimular a curiosidade do leitor? Afinal, antecipou ao público: "em muitos particulares vou desagradar a muita gente; sei que se há de desencadear contra mim muito odio pequenino... não me importo" (idem, p.14). Declarava, portanto, sua disposição de entrar na arena do universo letrado da província de São Paulo. Essa atitude denota, ao contrário do que o escritor afirmava, que ele tinha um programa, que seu objetivo estava traçado: provocar polêmicas. Para alcançar esse intento, apresentava-se como pensador livre, desvinculado de quaisquer interesses pessoais. Em virtude dessa condição, sua série de artigos iria subordinar-se inteiramente aos imperativos de sua vontade:

> Não me considero escravizado a cousa alguma: roçar de leve ou exhaurir um assumpto, repizar-me, interromper-me, responder ou não responder a contestações, tudo fica ao grado de minha phantasia, de minha alta recriação. Escrevo para satisfazer a minha propria actividade, e não para agradar ao publico. Si achar quem pense como eu penso, muito bem: terei companheiro. Si não ficarei só. Não há nisso mal: de ha muito habituei-me a não contar com os favores da opinião, e a procurar em mim proprio a approvação de meus actos. (idem, p.14)

Essa obstinação pela independência em relação às opiniões alheias, num quadro social marcado pelas trocas de favores e benesses, adquire o significado de subversão da ordem, ainda que as ações do autor não fossem totalmente marcadas pela insurgência. Tratava-se, na verdade, de uma autoproclamação de suficiência e liberdade como formas de impor-se no debate que se delinearia pouco depois.²⁶ O fecho da primeira carta tem o seguinte teor: "Agora uma declaração preliminar, quiçá desnecessária: não tenho religião e não tenho partido. Sou atheu e sou republicano intransigente" (idem, p.15, grifo meu).²⁷ Se algo é bastante questionável nessa declaração é a desnecessidade da referência ao ateísmo e republicanismo de seu autor. De fato, além de reforçar sua atitude de insubordinação frente às instituições e partidos como linha mestra que orientaria sua atuação n'As Cartas Sertanejas, essa afirmação indica o desejo de chocar o pequeno mundo letrado da província de São Paulo.

Diante do exposto, pode-se dizer que o personalismo avultou como traço característico na apresentação de suas Cartas Sertanejas – dando mostras, aliás, do padrão que prevaleceria daí em diante. Ribeiro deu relevo à exposição de sua individualidade, empregando uma linguagem de defesa, antes mesmo de um possível ataque. O que reitera a idéia de que veio a combate. Mas quem seria tomado por alvo? Na carta seguinte, já identificaria sua mira: o PRP (Partido Republicano Paulista).

O contra-ataque viria na pena do republicano Alberto Sales, que se mostraria um adversário decidido a derribar a figura de Júlio Ribeiro

---

26 Com relação a isso, José de Alencar, na apresentação do jornal *O Protesto*, fundado em 1877 no Rio de Janeiro, dirigiu-se à opinião pública de maneira semelhante à de Ribeiro: "Em vez de apresentar-se como órgão da opinião, título que o uso tem referido aos jornais, este, se jornal é, propõe o inverso ao arrostar a opinião. Não pensa em requestar o público; antes carece de abstrair dele e esquecê-lo, a fim de seguir desassombrado seu caminho, sem que o deslumbrem as fascinações de popularidade. [...] O Protesto, como o diz o seu nome, não é uma propaganda, mas um desabafo; não é uma agressão; pode ser quando muito uma resistência. [...] Outra singularidade desta publicação é não ter programa. Não promete cousa alguma; não faz profissão de fé, nem dá arras de sua justiça e imparcialidade." *O Protesto*, n.1, p.1-2 apud Garmes, 1998, p.137-9 [grifo meu]. Importa destacar que, a despeito de terem professado ideários políticos distintos e, mesmo, contrários, Júlio Ribeiro e José de Alencar convergiam exatamente quanto à convicção que tinham de ser rejeitados, embora por motivos diferentes. Daí se terem autoproclamado livres para o exercício do jornalismo.

27 O mesmo fervor com que se colocou diante do catolicismo e do presbiterianismo estaria presente em sua atitude atéia e materialista.

no jornal *A Província de São Paulo*.²⁸ O combate iria se travar por meio de ataques individuais, mesclados à pregação político-social, e nesse aspecto não fugia do traço característico das polêmicas encetadas pela intelectualidade brasileira de fins do século XIX: o personalismo.²⁹

O que teria escrito Ribeiro em sua segunda carta, que provocou a ira dos perrepistas d'A Província? Discorreu ele a respeito da eleição de dois deputados republicanos paulistas para a Assembléia Geral em 1885: Campos Sales e Prudente de Morais. Tal acontecimento, de acordo com Ribeiro, provocou manifestações "espectaculosas de todo o genero, o successo convulsionou as plagas paulistanas, e foi repercutir na côrte" e escritos elogiosos pela imprensa do País: "em Portugal, por exemplo, quem lêr a noticias pomposas das folhas brazileiras [...] admirará a pujança do adolescente partido republicano paulista, pasmará ante a sapiencia de seu pessoal". Desse comentário, pode-se inferir que a eleição dos dois deputados tornara-se um marco da vitória do Partido Republicano Paulista, festejado pela imprensa republicana como emblema da efetiva participação de republicanos nas decisões políticas, tendo sido, por isso, transformado de imediato num acontecimento político que saudava os deputados bacharéis como "homens sábios" e "scientificamente preparados para todas as lutas de idéias" (idem, p.17).³⁰ Foi exatamente nesse ponto que Ribeiro se baseou para detratar os dois deputados, com a intenção de trazer uma

---

28 Entre 1884 e 1886, Alberto Sales assume a direção de *A Província de São Paulo*, figurando também como co-proprietário dessa folha.
29 Consultar Ventura, 1991. O autor analisa as diversas controvérsias do final do século XIX, com destaque para Sílvio Romero, o campeão de polêmicas, marcadas pelo personalismo, em que os ataques pessoais funcionavam como uma forma de enfatizar retoricamente sua individualidade e originalidade.
30 O autor referiu-se aos seguintes editoriais d'*A Província de São Paulo*. "Campos Salles reune em si todas as qualidades necessárias para o desempenho do honroso cargo que lhe póde ser confiado. Pensador iluminado, perfeito conhecedor das graves questões que se agitam no momento actual " (16 nov. 1884); "Como kharacter, como ilustração e como político, o dr. Prudente de Moraes é um dos candidatos mais dignos dos votos dos paulistas que desejam manter as glorias de seus antepassados" (27 nov. 1884); "Os talentos, as convicções e a educação scientifica dos illustres precursores da República, são garantia da difficil, mas gloriosa missão" (13 jan. 1885).

nota dissonante ao cenário festivo construído: "não há remédio sinão fazer alguem de desmancha-prazeres" (idem, p.18). E tomou a seu cargo essa tarefa.

Antes de qualquer coisa, afirmou que suas críticas não questionavam a honestidade dos dois parlamentares, porque, a seu ver, esse atributo não era "mérito, [mas] dever". Dirigiam-se, isso sim, às qualidades intelectuais de Campos Sales e Prudente de Moraes: "Serão os dois deputados homens notaveis por seus talentos provados, pela vastidão dos seus conhecimentos?" (idem, p.21). De maneira imperativa, em tom irônico, assim respondeu à indagação que ele mesmo fez:

> Seriamente, bem francamente, mas mesmo bem seriamente, não são. Ambos são conhecidos como bons advogados no fôro do interior da provincia, [...]. Nenhum deles escreveu jamais obra de folego ou mesmo passageira [...] a sua bagagem de escriptores limita-se a alguns artigos de fôro ou de política, esparsos nos jornaes da provincia (idem, p.22, grifo meu).

A condição de autor é vista como índice de capacidade intelectual – faculdade que Ribeiro não reconheceu nos citados parlamentares. Pode-se afirmar que essa crítica visava, ainda que indiretamente, ao auto-elogio: nesse momento, Júlio Ribeiro já era autor de um romance (Padre Belchior de Pontes) e de um compêndio da língua portuguesa (Grammatica Portugueza), ambos bem recebidos no campo letrado paulista, sobretudo seu tratado gramatical.

A despeito de não exercer a política em sentido estrito, Ribeiro considerava-se preparado intelectualmente para criticar os valores e as instituições vigentes. Tendo em vista que o brilho intelectual era visto por ele como condição sine qua non para o exercício da política, apresenta-se a seguinte questão: quais eram as qualidades intelectuais que habilitavam um homem à prática política? Possuir, ao mesmo tempo, conhecimentos científicos e estudos clássicos. A bagagem cultural de um político deveria abarcar todas as áreas desse repertório. Tratava-se, portanto, da "universalidade do conhecimento", tido por Ribeiro como a "base de reorganisação social" (idem, p.23). Eis como descreveu o homem cientificamente preparado para a política:

> [...] deve conhecer, ao menos elementarmente, as mathematicas, a physico-Khimica, a bio-physiologia, a pskhologia moral. Deve ter boas noções de arithmetica, de algebra, de geometria, de mekhanica, de cosmologia, de astronomia sideral e planetária, de geodesia, de geographia physica, de geologia, de mineralogia, de paleontologia, de botanica, de zoologia, de anatomia, de histologia, de pathologia, de psykhologia, de moral, de antropologia, de ethnologia, de linguistica, de história e geographia-historica, de industria, de arte, de litteratura, de sociologia, de legislação, de politica (idem, p.23).

Para reforçar sua exposição, Ribeiro apropriou-se de idéias apresentadas por Almeida Garrett em seu livro Da educação, acrescentando-lhes que o homem

> [...] que se destina, ou que o destina o seu nascimento a uma vocação pública, não póde sem vergonha ignorar as bellas lettras e os classicos. Saiba elle mais mathematica do que Laplace, mais Khimica do que Lavoisier, mais botanica do que Jussieu, mais zoologia do que Linneu e Buffon, mais economia politica do que Smith e Say, mais philosophia de legislação do que Montesquieu e Betham: si elle não fôr o que os Ingleses chamam de a good Scholar, triste figura há de fazer fallando, ou seja na barra, na tribuna, no pulpito; tristissima escrevendo, seja qual fôr a materia, porque não há assumpto em que as graças do estylo e a correcção da phrase e belleza da dicção não sejam necessárias e indispensáveis (idem, p.24-5).

Nesse perfil de político, o domínio das ciências modernas figurava, assim, como critério para o bom desempenho político, mas não era o único. Era mister que se fizesse acompanhar de ilustração e da retórica. Ribeiro reiterava, em suma, o modelo de político da tradição imperial. Foi por esse motivo que considerou os dois deputados eleitos pelo PRP "abaixo de Nabuco, que está na Camara; de Ferreira Vianna e Ruy Barbosa, que lá deveriam estar" (idem, p.27). Entretanto, o laço entre retórica e política por ele enfatizado contrariava, em parte, o pensamento da geração de 1870 – na qual ele se insere – que enxergava na superação da eloqüência afetada o caminho para uma política moderna.³¹ Em vez de sublinhar essa possível contradição, assinalada pelo vínculo entre retórica e política, cabe considerar seu diálogo com a tradição político-cultural da primeira metade do século XIX – isto é, como substrato cultural da formação do pensamento intelectual brasileiro.

A associação entre preparo intelectual e exercício político, a despeito de ter sido gestada num quadro de divergências políticas e pessoais de Ribeiro com os republicanos paulistas, constituiu um dos pontos em torno dos quais gravitava a discussão política no Brasil oitocentista. A valorização da imagem do político intelectual ocupou um lugar de destaque no período da Independência, pois as parcas condições de instrução, como a raridade e escassez de livros, outorgavam prestígio aos homens cultos no conjunto da sociedade, o que lhes permitia verem a si mesmos como os mais aptos para as tarefas de intervenção na vida pública.³² A ilustração, vista por Ribeiro como condição precípua para conduzirem-se os homens ao progresso, insere-se no contexto mais amplo da formação política do Brasil. É por esse motivo que não se consideram os embates eruditos uma mera competição de ornamento, mas um traço representativo do século XIX, que se manifestou de acordo com as peculiaridades do cenário político.

Logo após a Independência, como destaca Isabel Lustosa, um dos leitores do Correio do Rio de Janeiro indagava: "Devem aprender às

---

31 Tanto Sílvio Romero quanto Tobias Barreto criticaram a atividade política e os homens públicos brasileiros pelo atraso em relação ao progresso intelectual e científico. Sílvio Romero, por exemplo, nos *Ensaios de crítica parlamentar*, de 1883, considerou que a "superação do retoricismo na política e da esterilidade dos partidos só se daria, em suas palavras, por um mergulho "na corrente vivificante das idéias naturalistas e monistas, que vão transformando o novo mundo" Cf. Ventura, 1991, p.121-2.

32 Para Izabel Lustosa, "o processo de Independência acentuou esse caráter missionário: o intelectual considerado artista cede lugar ao intelectual considerado mentor da sociedade, voltado para a aplicação prática de suas idéias: a imprensa foi o meio privilegiado. Datam daí a valorização extrema da inteligência e as lendas que cercam personalidades como a de José Bonifácio, tido como dono de uma cultura extraordinária capaz de embasbacar o estrangeiro. Fama que também tinha Cairu, de quem mesmo os adversários mais empedernidos, antes de procederem a qualquer ataque, destacavam a incomum ilustração" Cf. Lustosa, 2000, p.33.

custas da Nação, como o barbeiro novo na barba do tolo?" (apud Lustosa, 2000, p. 23). Longe das disputas intelectuais, naquele momento a questão localizava-se na falta de experiência dos políticos brasileiros na condução da Nação. Para a autora:

> A pergunta e o rifão, como então se dizia, vinham a propósito do despreparo de alguns deputados que representavam o Brasil nas Cortes de Lisboa. Como poderiam fazer a Constituição aqueles que nunca haviam feito uma? Deveria o Brasil pagar o preço pela inexperiência de seus políticos? O leitor do *Correio* poderia estender sua questão a quase todos os políticos que dominavam a cena naquele instante. De D. Pedro aos pequenos eleitores das paróquias, passando pelos ministros e deputados, todos estavam aprendendo com a nação como o barbeiro novo na barba do tolo. (idem)

Passada a fase inicial de organização do Estado brasileiro – que contou com a instrumentalização de uma elite política formada na Universidade de Coimbra – em meados do século XIX, já se constatava a forte presença de funcionários públicos, sobretudo de magistrados, na política nacional.[33] Tal predomínio foi tópico de discussão na imprensa e no Parlamento, principalmente depois da Abdicação, ganhando ímpeto, na década de 1850, entre as categorias que se viam com reduzida força política na Câmara: advogados, médicos e fazendeiros, entre outras.[34] Os próprios magistrados reconheciam sua influência na política nacional e atribuíram-na à superioridade intelectual de que seriam

---

33 Sobre a importância da educação jurídica em Coimbra como base da organização político-administrativa do Brasil, com destaque para a homogeneidade ideológica e de treinamento na formação da elite política brasileira que esteve no comando da tarefa da construção do poder, ver: Carvalho, 1996.

34 O senador Silveira da Motta, professor de direito, indagou: "Sr. Presidente, a classe preponderante na nossa câmara temporária, qual é? É a classe legista.... Ora, pode-se dizer que uma câmara temporária representa fielmente os interesses de todas as classes da sociedade quando, consistimos em 113 membros, conta 82 legistas, e tem apenas 30 e tantos membros para representarem todas as outras classes da sociedade? Onde ficam, senhores, as representações das classes industriais, dos lavradores, dos capitalistas, dos negociantes, que têm interesses muito representáveis, e que a classe legista não representa?" Apud Carvalho, J. M, 1996, p.161.

possuidores. A fala de Euzébio de Queiróz, magistrado de prestígio e chefe conservador, é bastante expressiva em relação a isso: "Os magistrados, Sr. Presidente, tiram a influência que têm da sua inteligência e da natureza das suas funções: não a deduzem do poder legislativo" (apud Carvalho, J. M, 1996, p.161). Ao sublinhar a educação e o saber como características primordiais para a atividade política, o discurso de Euzébio estabeleceu nas discussões parlamentares de 1855

[...] os parâmetros para toda a discussão das incompatibilidades. Fazendeiros, em geral, sobretudo aqueles sem curso superior, reagiram à excessiva importância dada por Euzébio à educação. O Visconde de Albuquerque ridicularizou a exigência do conhecimento de retórica e filosofia para ser deputado, dizendo que isso bastava: "ser proprietário e ter confiança de seus concidadãos. Mais sabe o tolo no seu, do que o avisado alheio" (idem, p. 163, grifo meu).

Conquanto a associação entre preparo intelectual e desempenho político tenha assinalado as discussões durante todo o século XIX, aqui são destacados alguns desses momentos: os ocorridos em 1822, 1855 e 1885 (nos quais, por motivações específicas, essa associação foi tema de debates). No primeiro instante, a independência política exigia a formação de elites capazes de organizar o nascente Estado brasileiro – no entanto, à semelhança do "barbeiro novo na barba do tolo", os políticos iriam "aprender às custas da nação". Passada a fase de "acumulação do poder",[35] que durou até o final da primeira metade do século XIX, a questão voltava-se para as pressões com vistas à ampliação da participação política, como sugerida na fala do Visconde de Albuquerque. Em 1885, a exigência de erudição para a atividade política, apregoada pela pena de Júlio Ribeiro, além de se inscrever na tradição de valorização do intelectual no cenário político, veio demarcada pelo repertório científico, trazendo, assim, outra implicação: a do mérito intelectual como baliza de julgamento, daí o autor salientar, em sua segunda carta sertaneja, a idéia de competição pelo saber, bem aos moldes do evolucionismo darwinista: "neste viver de província que

---

35 Expressão empregada por Carvalho, op. cit, p.8.

engole, que devora, que digere a quem não tem uma força descommunal, feroz, indomavel para, por um pouco de saber, luctar a todas as horas contra todos e contra tudo" (Ribeiro, 1908, p.28).

Portanto, de um lado tem-se a exaltação da retórica, elemento característico da formação das elites políticas imperiais, sobretudo da primeira metade do século XIX; de outro, ao salientar o mérito e a competição como parâmetros de julgamento, Ribeiro colocou-se na contramão do modelo imperial. Nesse último aspecto, não se diferenciava dos republicanos paulistas aos quais endereçou suas críticas, pois foi exatamente por se sentirem marginalizados das decisões do poder central, que esses últimos se opuseram ao regime imperial, que não lhes dava autonomia política. As teorias do liberalismo científico foram tomadas como argumentos de oposição ao regime monárquico, assim avultando a idéia do mérito pessoal sobre a do patronato imperial num momento em que se apresentam a lenta superação do escravismo e a emergência da ordem social competitiva.

A exigência de homens eruditos, conhecedores das teorias científicas modernas e das belas letras para o foro da política ia além do ornato erudito nos discursos, pois, para a geração de contestadores da política imperial, dava subsídios para a legitimação de idéias e posições políticas. A crítica de Ribeiro ao despreparo político de Campos Sales e Prudente de Morais, mais do que se apresentar como uma questão "ornamental", confere um caráter pragmático e empírico ao pensamento – aliás, traço característico dos contestadores das décadas de 1870 e 1880: as teorias deveriam se adaptar ao País, sobretudo por serem consideradas as armas de combate ao *establishment*. A polêmica entre Júlio Ribeiro e Alberto Sales não se deu pela diferença teórica e ideológica entre os oponentes, embora eles procurassem ressaltar esse aspecto em detrimento das semelhanças. Para Roberto Ventura (1991, p.78), a predominância de caracteres comuns entre os polemistas de fins do século XIX explica-se pela

[...] relativa ausência de diferenciação teórica e ideológica até as primeiras décadas do século XX. As semelhanças eram, em geral, mais relevantes do que as supostas diferenças entre os adversários, que se lançavam aos ataques pessoais, como forma de enfatizar retoricamente sua individualidade e originalidade.

O próprio ato de desqualificar intelectual e politicamente Campos Sales e Prudente de Morais – figuras emblemáticas do republicanismo paulista – significava uma afronta não só à trajetória política dos deputados no Partido Republicano Paulista, mas também à condição de bacharel de ambos. A propósito, é oportuno sublinhar que Júlio Ribeiro (1908, p.27-9) tocou diretamente nesse ponto, atribuindo o despreparo intelectual ao fato de Campos Sales e Prudente de Morais – ambos pertencentes à mesma turma, a de 1859-1863 – serem

[...] filhos da *Academia de S. Paulo*, desse polypeiro de metaphisica e pedantismo insolente, onde os Kopkes, os Vieiras e os Leoncios constituem odiadas excepções, onde os castigos e *bombas* se suffoca a voz dos Werncks e dos Argymiros, onde se esteriliza a mocidade brazileira tão digna de melhor sorte. [...] Esperar delles o que não podem dar, attribuir-lhes illustração que não possuem, chamar-lhes *tribunos* e outros nomes que taes, embriagal-os com lisonjas, atrudil-os com ovações, é deital-os a perder de uma vez, é preparar fiasco pela certa.[36]

A crítica de Ribeiro não era uma novidade na época, pois vários alunos comungavam dessa opinião, a ponto de tornarem-se uma espécie de censores do ensino jurídico na Faculdade de Direito de São Paulo. O próprio Prudente de Morais, quintanista em 1863, em carta a seu irmão Manuel Moraes Barros, emitiu o seguinte julgamento dos professores: "Se dependesse de mim encurtar o resto do ano, já estava ele acabado e eu livre do Furtado e do cínico, massante e amolador Ramalho, e do obsceno e repugnante Antônio Carlos. Mas qual! Este suplício durará alguns meses" (apud Adorno, 1988, p.105). Esse quadro desalentador descrito por Morais propiciou o desenvolvimen-

---

36 Sobre os professores e o ensino na Faculdade de Direito de São Paulo, Venâncio Filho afirmou: "O ofício de professor era uma atividade auxiliar no quadro do trabalho profissional. A política, a magistratura, a advocacia, representavam para os professores, na maioria dos casos, a função principal. E aqueles que a ela só se dedicavam por vocação ou por desinteresse de outras atividades sofriam na própria carne a conseqüência de sua imprevidência". Apud Adorno, 1988, p.121.

to do periodismo acadêmico, a ante-sala do preparo para a política, entre os alunos da Academia de Direito de São Paulo.[37] Em outras palavras, a profissionalização do bacharel operou-se fora do contexto das relações didáticas entre alunos e professores, marcadas por um ecletismo intelectual. Nesse último aspecto, pode-se dizer que existem mais semelhanças do que diferenças entre Ribeiro e os republicanos citados, pois a formação intelectual do escritor aqui em estudo se deu pela experiência na imprensa e pelo ecletismo autodidata. No entanto, faltava-lhe aquilo que consagrava o intelectual no século XIX: o título de bacharel, indispensável no recrutamento da elite política.

As incursões de Ribeiro no ensino da Faculdade de Direito ensejou outros discursos. Lúcio de Mendonça, na seção livre do jornal *O Colombo* (MG), fez questão de salientar qual o lugar ocupado pelo autor em estudo por não ser bacharel, enviando-lhe o seguinte lembrete: era "*Sabio*", no entanto, "*a titulo negativo por não ser Bacharel.*" (apud Ribeiro, 1908, p.138)[38] Ribeiro havia tocado numa questão que saía da órbita à crítica aos republicanos, para adentrar no significado mais amplo que ocupava na cultura brasileira o "ser bacharel". Sublinhou que era muito compreensível a frase que lhe havia sido endereçada, porque ela expressava, de modo lapidar, "uma opinião profundamente arraigada" não só na cultura brasileira, mas no mundo latino como um todo. Realmente, teria razão Luciano de Mendonça, porque no "sabio a titulo positivo" dirige o País, mesmo sem conhecimentos gerais ou de jurisdição, pois se "de empenho em empenho, de protecção em protecção, tiver passado em dez exames e cinco actos, recebendo por fim uma *bordadella* symbolica, está bacharel apto, para tudo, SABIO A TITULO POSITIVO" (idem, p.144-5). Até, segundo ele para ser dirigente da "*trapizonga* social." Com isso, Ribeiro atacava o cerne do funcionamento da política bra-

---

37 Sérgio Miceli viu a experiência extracurricular entre os alunos das Arcadas como fundamental na profissionalização política do bacharel. Cf. Miceli, 2001.
38 Lúcio de Mendonça atuou como propagandista republicano na cidade de Campanha (MG): "a partir de 1879, graças ao notável propagandista nas páginas do Jornal *O Colombo*, ganhou mais objetividade. O seus pronunciamentos divergiam da posição 'evolucionista' [da propaganda republicana]." Cf. Pessoa, 1983, p.148.

sileira, na qual ser bacharel era uma condição precípua para compor os quadros da administração e burocracia do governo imperial.

Embora Ribeiro fizesse questão de afirmar que suas observações diziam respeito a representatividade do bacharel na época, sua fala estava vinculada à questão circunstancial da polêmica, pois seus adversários eram todos bacharéis. Por isso, depreciar a formação bacharelesca era enredar na trama de sua defesa e, ao mesmo tempo, do ataque aos adversários: "Quem sabe, sabe porque estudou e não porque é bacharel." Para juntar-se a ele e mostrar que havia muita "illustração verdadeira fóra do gremio das faculdades", ou seja, "sabio[s] a titulo negativo" inventariou nomes do passado e de coevos:

> Francisco Alvares, o Dupuytren paulistano, Feijó o grande estadista, Ottoni, o mathematico, o linguista, o agitador temeroso, o politico honesto que todos pranteiam, não foram formados; ainda hoje Ladisláu Netto, Capistrano de Abreu, Quintino Bocayuva, Joaquim Serra não têm diploma algum. O delicado e scintillante estylista Henrique de Barcellos, o vigoroso, o correctissimo Gaspar da Silva, Léo de Affonseca, Abilio Marques, Navarro de Andrade e tantos outros ornamentos do jornalismo paulista não são graduados em disciplina alguma (idem, p.162).[39]

---

39 Nessa mesma direção das críticas de Ribeiro, Hippolito da Silva, empenhado na campanha abolicionista, publicou a obra *Os latifundios*, na qual teceu críticas contundentes aos bacharéis: "Julgai que com dinheiro e livros de direito,/ Embora sem talento, hade qualquer sujeito,/ Que tenha horror ao livro, á sciencia e á vigilia/ tornar-se pelo estudo a gloria da familia! [...] Em que podem pensar essas alminhas brutas? Nos estudos? Jamais. Pensam em prostitutas,/ Em ceias, em Champagne e vinhos capitosos! E quando, a gracejar, dizem os crapulosos/ Que trabalho e honradez são termos obsoletos/ Sabem que ahi estais vós.../ Perdão! Que ahi estão os pretos, / Cujo labor lhes paga o grão e as torpezas, / E alguns annos depois de ausencia de despezas,/ Quando voltam ao lar e mostram o canudo/ [...] Que trazem? Ignorancia e servilismo/ Em summa/ ambição desmarcada e illustração nenhuma! Inúteis, vão viver com as espinhas curvas,/ cortejando o milhão, pescando em águas turvas/ Pusillanimes, vis baseando as esperanças/ n'um casamento rico com dotes, em heranças/ n'um emprego qualquer dos mais remunerados,/ Desses com o que o governo arranja os afilhados/ Para os indemnisar sem muitas avarezas/ De mil adulações, empenhos e baixezas" Apud Galzerani, 1998, p.142.

Ao mesmo tempo que respondia à crítica pontual de Luciano de Mendonça, Ribeiro buscava demarcar um lugar na polêmica diante da opinião pública: o de um homem que, a despeito de não possuir o título de bacharel, era provido do arsenal para o combate – o da letras e das ciências modernas. Em sua opinião, era tempo de a opinião pública reconhecer que: "assim como ha bacharéis sabios, há também sabios não bachareis, e indivíduos que, na phrase de Michelet, "são doutores aos quinze annos, e asnos toda a sua vida" (Ribeiro, 1908, p.163).

O fato de, em sua segunda carta, a crítica ao PRP ter sido "personalizada", com "ofensas" aos bacharéis e chefes do partido, veiculadas num dos principais jornais da capital da província, impunha um revide. A estratégia foi a mesma empregada por Júlio Ribeiro, isto é, recorreu-se às injúrias pessoais. O eixo argumentativo dos artigos de Sales não dava mostras contrárias à afirmação de Ribeiro de que os deputados não eram "scientificamente preparados" para debater as grandes questões que agitavam a sociedade moderna. Para Sales, era muito mais eficaz questionar a capacidade intelectual do oponente, mediante estratégias argumentativas que desacreditassem o preparo intelectual do autor de *Padre Belchior de Pontes* e da *Grammatica Portugueza*.[40] Com efeito, colocar em questão o mérito intelectual de Ribeiro consistiu numa forma de retirar a legitimidade de suas críticas.

Ribeiro arrogou o papel de "desmancha-prazeres" dos republicanos nas comemorações por ocasião da eleição de Campos Sales e Prudente de Morais. Esse papel também foi aceito por Alberto Sales, tendo, porém, outro alvo ao escrever sob o pseudônimo de *Democrito*: para ele, o deleite do escritor em turvar o triunfo de seus desafetos era o "prazer de Satan, que é o prazer de fazer o mal" (Sales, 1985).

---

40 O ataque à honra do adversário constitui uma estratégia para desqualificar a legitimidade do discurso do oponente. A esse respeito, Chaim Perelman afirma: "as considerações relativas ao *ethos* oratório, quer pelos seus propósitos e também a tentação de desqualificar o adversário mediante argumentos *ad personam* que atacam a sua honrabilidade e sua credibilidade; daí também os esforços do orador, no exórdio, para conseguir conciliar a indulgência e o respeito do seu auditório." Cf. Perelman, 1987, v.11, p.257.

Figura 8 Capa da primeira edição de As Cartas Sertanejas de Júlio Ribeiro. Acervo Biblioteca do Instituto de Estudos da Linguagem (IEL), Unicamp

O D'Alembert à brasileira

Dois dias após Júlio Ribeiro publicar a segunda *Carta Sertaneja* no *Diário Mercantil* de São Paulo, na seção livre d'*A Província de São Paulo* de 8 de março de 1885, iniciou-se a publicação de duas séries de artigos intituladas *Cartas a Julio Ribeiro* e *Bilhetes Postais*, cada uma das quais assinada sob os pseudônimos de *Democrito* e *Diderot*, respectivamente.[41] Entre 8 e 21 daquele mês, foram publicadas doze cartas e seis bilhetes, entremeados por artigos em defesa de *Democrito* e *Diderot*. Esses textos eram assinados por *Alceste* e *Voltaire*.

O uso de pseudônimos foi uma prática recorrente na imprensa do século XIX, pois o anonimato tornava ainda mais calorosos e apaixonados os debates,[42] e as referências a nomes emblemáticos de pensadores da Antiguidade e do Iluminismo davam-lhes o *status* da ilustração. Ademais, na escolha do pseudônimo poderiam estar contidas, implícita ou diretamente, as intenções do autor. Embora, naquele momento, o jargão político das Luzes fosse comum no pensamento político brasileiro, o

---

41 Sabe-se que os artigos assinados por *Democrito* foram da lavra de Alberto Sales, pois, no mesmo ano da polêmica, as cartas foram publicadas sob a forma de livro pela tipografia da *Província de São Paulo*. Sales, 1885. No presente texto, são usados os artigos publicados no jornal. Também foi consultado o exemplar da primeira edição (na seção de obras raras da Biblioteca Central da Universidade Estadual de Campinas - Unicamp), no qual se constatou que o autor acrescentou uma "Apresentação" para as cartas. Já a autoria dos *Bilhetes Postais*, assinados por *Diderot*, não pode ser indicada com segurança. É provável que tenham sido escritos por algum membro do Partido Republicano Paulista, ligado ao jornal, que, na época, constituía um dos principais veículos de propaganda político-ideológica do PRP.

42 Ao tratar da imprensa na época da Independência, Isabel Lustosa verificou que inicialmente foi assegurado o direito ao anonimato. De acordo com ela, esse direito, "uma das características da radical liberdade de imprensa do tempo, funcionará como um estimulante para a maior ousadia dos redatores. Sob pseudônimo, D. Pedro escreveria os agressivos artigos que publicou contra Soares Lisboa e Luís Augusto May, no *Espelho*." Contudo, a autora salienta que, em momentos de conturbação política, colocava-se em discussão a liberdade de imprensa: "Em virtude da agitação que se verificou no país em 1821, resolveu o governo proibir o anonimato, ao menos na tipografia oficial, [...] mas o anonimato permaneceria como uma situação de fato, limitando-se alguns autores, mas nem todos, a incluir suas iniciais no final dos artigos." Cf. Lustosa, 2000, p.32, 450-1.

revide dos republicanos sob os citados pseudônimos teve um propósito específico: atingir diretamente o centro das críticas de Ribeiro – que eram de teor político-intelectual. Afinal, haveria melhor companhia que a de *Demócrito*, *Diderot* e *Voltaire* para uma batalha intelectual?

Logo de início, Sales reservou um lugar para o detrator da capacidade intelectual dos republicanos Campos Sales e Prudente de Morais: o de "dictador científico". Para ele, esse lugar só pôde ser ocupado por Júlio Ribeiro, porque haviam feito o escritor crer que ele era uma "sumidade" nos assuntos intelectuais. No entanto, à semelhança de Ribeiro, também caberia a Sales (1885) portar-se como uma "nota dissonante":

> Bem sei que é uma temeridade da minha parte constituir me uma nota dissonante em meio desta grande orchesta do elogio mutuo que infelizmente já se acha perfeitamente organizada entre nós e que faz de v. s. uma espécie de dictador scientifico, que impõe a lei aos profanos em questões de arte, de litteratura de sciencia, de politica e de philosophia; mas que fazer? É minha alta recreação que tanto me obriga. [grifo meu]

Observe-se que Sales recorreu às expressões e argumentos que haviam sido usados por Ribeiro em suas críticas aos deputados. Esse recurso foi uma marca das respostas de Sales. Em todos os artigos de seu contra-ataque à segunda *Carta Sertaneja*, constata-se a apropriação da fala do oponente como arma central de depreciação, ou seja, as afirmações e críticas de Ribeiro eram-lhe devolvidas no mesmo tom. Tratava-se de deslocar o eixo da polêmica, de afastar da mira os republicanos e fixá-la na figura de Ribeiro. Nessa estratégia, além da substituição do alvo das críticas, é evidente a intenção de Sales de ironizar o discurso de Ribeiro.

O fulcro dos textos de Sales foi a desqualificação da capacidade intelectual de seu oponente. Tomando como ponto de partida o entendimento a respeito de ciência e erudição expresso por Ribeiro, Sales questionou a competência de seu adversário ao afirmar que este não sabia diferenciar ciência de erudição. Para mostrar a diferença entre uma e outra, recorreu a Herbert Spencer:

> Ciência e erudição, diz Spencer, não variam na mesma proporção. Ainda que sem dados não seja possível a generalisação, comtudo muitos dados

accumulados em excesso e indistinctamente são um obstaculo a generalisação. Quando os conhecimentos de um homem não estão em ordem, quanto maior fôr sua erudição tanto maior será a confusão de seu pensamento. Um individuo pode tornar se um verdadeiro Daniel Lambert de erudição e entretanto conservar se inteiramente imprestavel para os outros. (idem)

Para contradizer Ribeiro, Sales usou de expediente similar aos de seu adversário, isto é, o da citação de autores consagrados. Esse recurso, além de conferir legitimidade e autoridade a seus argumentos, também constituía uma forma de demonstrar erudição e conhecimento das novidades da ciência.[43] A polêmica, sobretudo, era um terreno propício a que comparecessem pensadores europeus e norte-americanos – cuja ilustre presença dava *status* de intelectual aos participantes dessas controvérsias eivadas de citações eruditas. Na disputa entre Ribeiro e Sales, com efeito, foi habitual a referência a um grande número de autores e obras estrangeiras, em forma de citações e epígrafes. Esse fato denota que levavam a sério a intenção de usar politicamente argumentos e conceitos tomados de empréstimo a teorias estrangeiras. Também torna compreensíveis o recurso a uma pluralidade de fontes e a freqüente ausência de unidade teórica entre os citados.[44]

A apropriação que Sales fez de Spencer não é fortuita, pois, além de tocar no ponto nodal da crítica de Ribeiro, buscava sublinhar o "desconhecimento" da ciência moderna por parte de seu rival, que a tinha tomado como bandeira. Importava, na verdade, colocar em

---

43 Embora os republicanos se opusessem à erudição e à oratória, como forma de negar a tradição política imperial, entre eles foi usual a prática da citação do repertório estrangeiro, privilegiando, contudo, o viés teórico da política científica. Sobre essa questão, Angela Alonso afirma que as obras eram "pródigas na citação de autores, obras, excertos de intelectuais europeus e discutiam as teorias políticas e sociológicas contemporâneas". Essa prática, na visão da autora, nada tinha de anárquica, como foi julgada, mas integrava uma discussão política empenhada. Cf. Alonso, 2002, p.165.

44 O conceito de repertório é tomado da definição de Charles Tilly: "Repertórios são criações culturais aprendidas, mas elas não descendem de uma filosofia abstrata ou ganham forma como resultados de propaganda política; eles emergem da luta [...] e designam [...] um conjunto limitado de esquemas que são apreendidos, compartilhados e postos em prática através de um processo relativamente deliberado de escolha." Tilly, v.17, n.2., p.234 apud Alonso, 2002, p.39.

questão o perfil de intelectual-político traçado por Ribeiro – no qual a universalidade dos conhecimentos era pré-requisito para a discussão dos problemas modernos –, bem como de contestar a habilidade intelectual do antagonista. Sales sugeriu que a erudição, em vez de clarificar os pensamentos de seu oponente, levava-o a cometer equívocos: "quando [sic] maior fôr sua erudição tanto maior será a confusão de seu pensamento." Por esse motivo, Sales afirmou que Ribeiro:

[...] confundiu lamentavelmente *erudição* com *sciencia e por isso, apezar de copiar o aphorismo de August Comte, desde que tentou concretizar o que aquelle philosopho chamou de educação universal*, falseou inteiramente o seu pensamento e fez consistir a funcção da moderna educação, não no preparo de homens da sciencia, mas no preparo de simples *eruditos*! Foi uma confusão, não há dúvida, mas que de certo v.s. cometeu propositalmente, para sua alta recreação. Queira, pois, desculpar me si também, para minha alta recreação, lhe opponho esta pequena rectificação.[45]

---

45 Sales, 8 mar.1885 [grifo do autor]. Na carta seguinte, do dia 10 de março, Sales retomou as idéias da carta anterior, questionando a noção de Ribeiro sobre a educação: não teria o adversário feito: "consistir o fim da educação no simples preparo de *eruditos*, em vez de verdadeiros *homens de sciencia?*" Embora o repertório científico estivesse presente em maior ou menor grau e em combinações diversas, não se pode esquecer que Alberto Sales havia estudado durante dois anos na Escola Politécnica de Nova Iorque – antes de ingressar na Faculdade de Direito de São Paulo – de onde voltou impregnado de leituras científicas. Ele, porém, não era o único: na elite paulista, era comum os filhos estudarem no exterior. Podem até ser citados alguns, entre os republicanos, como: Jorge de Tibiriçá, que havia cursado agronomia na Suíça; Pereira Barreto, que, embora não fosse paulista de nascimento, se formou em Medicina na Suíça; Antonio Francisco de Paula Souza, também graduado na Suíça, em engenharia. Cf. Morse, 1970, p.216-7. O conhecimento que Sales adquiriu em sua passagem pela Politécnica dos Estados Unidos foi acionado de maneira clara em uma de suas objeções a Ribeiro sobre o conhecimento científico: "Apezar de ter descido ao terreno concreto dos detalhes, passou v. s. em absoluto silencio sobre a *trigonometria, a geometria analytica e o calculo*, exigindo, entretanto, que o homem scientificamente preparado tenha noções de mechanica, de astronomia, de geodesia. [...] Sem o auxilio da trigonometria, por exemplo, como resolver o problema mais simples de geodesia? Sem a geometria analytica, como comprehenderem-se as propriedades da elipse da parabola, e, conseguintemente, como comprehenderem-se os phenomenos astronomicos? Sem o calculo, como estudar-se mechanica?" Sales, 10 mar.1885 [grifo do autor].

De que maneira Ribeiro responderia a essa difamação intelectual? Sua réplica teve o auxílio do *Dictionnaire de la Langue Française* de Littré para ensinar a Sales a diferença entre ciência e erudição. Até transcreveu, para isso, o seguinte trecho de Littré – uma "auctoridade insuspeita":

"Savant est le terme le plus général, désignant celui qui sait. Ainsi l'Académie des sciencies est composée de savants ainsi que L'Académie des Inscriptions et Belles Lettres, mas ces deux ordres de savants sibt bien differents: *les premiers* s'occupent de mathematiques, d'astronomie, de physique, de chimie, de biologie: *les autres* s'occupent des langues des peuples anciens, de leurs usages, de leurs monuments, etc., et on les nomme des *Erudits*". (Ribeiro, 1908, p.65-6)

A referência a Littré não é gratuita: além de exemplo de erudição e projeção política na França, ele foi o autor de maior impacto sobre o modo de pensar dos republicanos paulistas.[46] Talvez por esse motivo Ribeiro tenha realçado a "autoridade insuspeita" do autor que citou para combater seu adversário. Em seu livro *Política Republicana* (1882), Alberto Sales lançara mão de autores da política científica, com destaque para as posturas teóricas de Littré: a aplicação da teoria de Auguste Comte à política e à sociedade. O mencionado livro de Sales

---

46 "Maximilien-Paul-Emile Littré (1801-1881), médico, erudito em línguas e um dos mais importantes homens públicos da França *fin de siècle*, membro da Académie Française e senador vitalício a partir de 1875, bônus por seu apoio à triunfante III República. Tinha imensa reputação como enciclopedista: seu *Dictionnaire de la langue française*, vindo a lume em fascículos entre 1863 e 1877, concorria em vendas e prestígio com seu contemporâneo Larousse. [...] foi um dos diletos seguidores de Comte, com quem rompeu em 1852: não compartilhava a simpatia pelo governo recém-empossado de Luiz Napoleão, nem viu com bons olhos a reedição comteana de uma religião civil à moda de Saint-Simon. Como ativista republicano, Littré expressou suas opiniões políticas em *Conservation, révolution et positivisme* (1852) [...] nomeou seu grupo de 'positivistes intellectuels' - e não 'heterodoxos', apodo que o grupo rival lhes lançou. [...] A primeira notícia de Littré chegou aos brasileiros provavelmente da mesma maneira que a maioria dos livros e teorias estrangeiras: pela *Revue des Deux Mondes*. Aí Littré publicou freqüentemente nos anos 1850." Cf. Alonso, 2002, p.225-6.

filiava-se a esse método e propunha abertamente a elaboração de uma teoria para a ação do Partido Republicano, ao qual, a propósito, a obra foi dedicada.[47] Desse modo, pode-se dizer que no interior do debate entre Sales e Ribeiro, aparentemente uma disputa de conhecimento sublinhada pelo personalismo, havia uma discussão política, que se materializava no próprio arsenal científico-ilustrado evocado pelos contendores em suas objeções.

É importante ressaltar que o fato de a polêmica ter sido circunstancial e pessoal não lhe tira o caráter de intervenção política, pois a própria redação dos textos dos contendores revelava-se uma ação política. Por isso, o uso do repertório estrangeiro funcionava como instrumento de combate; não era empregado aleatoriamente, ou seja, não constituía um ornamento – conforme já se afirmou anteriormente. Primeiro, porque é nítido seu emprego associado à trajetória pessoal dos contendores, o que propiciava a troca de ironias; segundo, por mostrar nuanças entre dois republicanos, sobretudo no que se referia aos posicionamentos políticos frente à propaganda republicana.

A linha mestra dos republicanos paulistas alicerçava-se na política positiva de Littré, a qual estava associada ao "oportunismo" histórico – isto é, contemporizar com os fatos, o evolucionismo positivista. Essa postura foi a divisa da dissidência política de Ribeiro com o republicanos de São Paulo. O escritor não concordava com a espera por uma conjuntura favorável para a instauração do novo regime – como poderá ser visto adiante. Essa divergência política não ocupou lugar central nos artigos de Alberto Sales, que deu relevo ao plano pessoal na polêmica. Sales (n.10, 21 mar. 1885) atribuiu as críticas de Ribeiro exclusivamente ao ressentimento que o escritor supostamente nutria contra os chefes do republicanismo paulista:

> De cada periodo, de cada phrase, de cada palavra mesmo, resalta imenso despeito que o levou a escrever a segunda carta. [...] percebe-se [...] quasi se toca mesmo o odio, a raiva, o rancor, que v.s. vota hoje aos

---

47 Para uma análise mais detalhada da *Política Republicana* de Sales como crítica da política imperial, ver: idem, p.222-237.

seus antigos coreligionarios; e por maiores que sejam os seus esforços para explicar a sua deserção por meio da *intransigencia*, vê-se que no fundo de tudo isso está o despeito e só o despeito.

O que teria desencadeado essa pretensa mágoa acompanhada de vingança? O argumento de Sales (1885, p.4) girou em torno de questões profissionais: a perda de oportunidades que os republicanos lhe tinham assegurado.

Foi muito bom republicano, quando precisou dos membros d'esse partido para vender a sua grammatica e collocar-se no colégio Culto à Sciencia, como professor, com um ordenado de quatro contos annuais. Depois que, pelo seu proceder, alienou de si a confiança de seus antigos amigos e que ficou sem receita, começou a maquiar a desmoralisação do novo partido, atacando covardemente os seus chefes.

Sem negar a colaboração dos republicanos do círculo de Campinas na publicação e divulgação de sua *Grammatica Portugueza* (1881), Ribeiro relativizou essa contribuição, ressaltando outros nomes que haviam sido de fundamental importância em sua empreitada nas letras pátrias. Para ele, Alberto Sales – o "campeão da transigência", conforme o rotulou sua pena – cometera um grave erro de caráter ao acusá-lo de haver publicado sua *"Grammatica* com o *auxilio exclusivo* dos republicanos" (Ribeiro, 1908, p.176-7). E perguntava-se indignado: "Pois não terá mesmo pudor o homem?" (idem). Segundo o escritor, seus benfeitores seriam os abaixo citados; portanto, acusações como as de Sales seriam caluniosas:

> Só do venerando visconde de Indaiatuba, de saudosa memória, e do illustre mineiro, dr. Pereira Lima, recebi eu mais auxilios do que de todos os republicanos juntos.
> A adoravel senhora D. Carolina Florence, e o distinctissimo extrangeiro, Manoel José da Fonseca, subsidiaram-me largamente na publicação do meu trabalho.
> Basta.
> Todas as armas lhes servem – o insulto, a calumnia, a diffamação. (idem)

Pautados por elementos das relações político-pessoais anteriores, os dois contendores rebatiam as afirmações que lhes eram endereçadas. Contradizer o outro, em suma, era próprio da natureza da polêmica. E quase sempre de maneira insultuosa e difamatória. Ribeiro tinha razão ao dizer que seu adversário lançava mão do "insulto, calunnia e difamação" como armas. De fato, essas foram as marcas dos artigos de Sales, cuja agressividade fica patente no seguinte trecho de sua última carta: "Não me occupo de sua terceira carta porque o publico já reduzio-a seu verdadeiro valor. Permita-me um conselho: seja mais modesto, mais criterioso e estude mais" (n.10, 21 mar. 1885).

Júlio Ribeiro também usava estratégias análogas às de Sales; porém, em sua terceira carta, passou a discorrer sobre o comportamento do Partido Republicano Paulista diante de questões conjunturais do País. Esse aspecto, entretanto, foi ignorado por Sales.

Nas *Cartas a Julio Ribeiro* assinadas sob o codinome de *Democrito*, o tom das objeções é marcado pelo insulto; todavia, na maioria das vezes, a desmoralização do adversário é feita por meio de uma ironia refinada e, ainda, sob a égide dos bons ensinamentos, não chegando ao sarcasmo debochado e à caricatura verbal. Esse foi o traço distintivo dos *Bilhetes postais* assinados por *Diderot*. Neles, dirigia-se a Ribeiro, chamando-o de *"Doutissimo philologo"*, a fim de lhe dar os *"pesames"* por nunca ter visto "um escritor brasileiro [ter dado] queda tão desastrada como a que deste no dia em firmaste a segunda carta sertaneja" (Diderot, 11 mar. 1885). O critério científico do oponente é contestado de maneira provocativa: "Tens mais pedantismo que sciencia, mais petulância que mérito", (idem) sem demonstrar intenções de dar explicações teóricas como as que fizera *Democrito*. Ao contrário, o que se nota é o objetivo de ridicularizar francamente o rival, mediante o emprego de um humor ferino.

As críticas de Ribeiro aos deputados são vistas por *Diderot* como motivadas pelo capricho e pela inveja supostamente sentida pelo escritor por não ocupar o lugar dos parlamentares republicanos. *Diderot* relata jocosamente a maneira com que o autor de *A carne* teria recebido a notícia da vitória dos dois deputados: "lá no sertão onde resides [Júlio Ribeiro], quando soubeste da victoria de Campos

Salles e Prudente de Moraes, tal foi a tua raiva que mal não te seria applicado o masculo tercetto do assombrosso poeta italiano" (idem). Foi com os versos de Dante Alighieri que lançou toda a sua verve contra o oponente: "Quando ci scorre Cerbero, il gran vermo,/ Le bocche aperse, e mostrocei le sanne:/ Non avea membro que tenesse fermo."[48] Ao endereçar o terceto do bardo italiano a Júlio Ribeiro, a intenção de *Diderot* é transparente: enveredar para a senda dos insultos e da agressão pessoal pura e simples; além, é claro, de conquistar a simpatia do público, que certamente não ficava impassível a essa batalha de impropérios. Além de infamarem o adversário, esses eram também elementos importantes na adesão do auditório: acendiam os ânimos entre os contendores e suscitavam escritos em defesa da honra do vilipendiado pelas afrontas e/ou pelos escritos que davam credibilidade ao autor da difamação.

Diderot chega a convocar o público a juntar-se a ele na saraivada de vitupérios que endereça a Júlio Ribeiro: "Póde alguem voltar-se para as bandas de Capivary e bradar":

.... Taci, maledetto Iapo,
Consuma dentro te com la tua rabbia.

... Nessun maggior dolore,
Che o ricordarsi del tempo felice
Nella miseria............................[49]

Os versos de Dante transcritos acima não foram destinados a Ribeiro casualmente; eles contêm elementos que serviam aos propósitos de *Diderot*: denegrir a imagem de Ribeiro mediante um humor cáustico e a violência verbal. Buscavam igualmente aludir à trajetória do escritor, dando a entender que o auge da vida do antagonista se dera quando este estava do lado dos republicanos e que o rompimento lhe havia

---

48 Diderot, 11 mar.1885. O terceto integra o Canto VI do "Inferno" da *Divina Comédia*, de Dante Alighieri.
49 Idem. Os trechos destacados de Dante são da parte do "Inferno", cantos VII e V, respectivamente.

trazido a miséria. Enfim, a sátira é impiedosa, pois não se perdoam ao oponente os infortúnios passados.[50] Como as de Democrito, a explicação de Diderot para a ira de Ribeiro contra os republicanos também se baseou no plano pessoal: o despeito. A diferença entre as estratégias dos dois "autores" não se situa, portanto, no conteúdo do argumento, mas no estilo empregado.

Um – Democrito – é mais polido e perspicaz; procura reconhecer as qualidades do adversário, mesmo que as ironizando, para melhor acentuar as atitudes negativas que quer combater. O outro – Diderot – é mais sarcástico, agressivo e capcioso em sua escrita, apelando para a difamação pura e simples. Além da presença da combinação dos estilos de seus adversários, nas intervenções ribeirianas havia o predomínio da arte da argumentação, sustentada não só na recorrência a autores da literatura, mas também no emprego da arte literária para reforçar a argumentação. A retórica como instrumento de persuasão, em suma.

Eis um exemplo do uso, por parte do escritor, de artifícios retóricos – como a prosopopéia ou personificação – assinalada pelos grifos:

> Escreveu dez cartas, dez missivas compridas, dez epistolas estiradas, massiças, massudas, cheias, indigestas, formidaveis. Que *escriptor*; santo Deus! [...] de solecismo em solecismo, arrasta-se-lhe o pensamento brumoso, gerando em que tem a constancia ferrenha de seguil-o, não a convicção, mas o somno. É um matagal de dormideiras. E eu tenho de penetrar nesse labyrintho de Portuguez contuso e pedantismo parvoeirão, nessa cloaca litteraria para exhumar della a <u>verdade desacordada</u> que o mediocre feriu, e ahi lançou por morta. Não consentirei que <u>a toleima empavezada *escorregue* para cima</u> á minha custa. (Ribeiro, 1908, p.56) [grifos meus e itálico do autor]

Para emitir sua opinião sobre os artigos de Alberto Sales, Ribeiro empregou períodos altissonantes, exclamações e adjetivos exagerados.

---

50 No período enfocado por Isabel Lustosa, "os melhores recursos humorísticos foram tirados de situações de desgraça, inferioridade ou debilidade [...] O ridículo que se podia tirar daquelas situações funcionava como argumento de ataque, produzindo efeitos humorísticos que reforçavam o descrédito" Cf. Lustosa, 2000, p.427-8.

Com isso, buscava insultar exemplarmente seu adversário e, mediante essa ostentação de talento retórico, conquistar o público. Não se tratava, absolutamente, de uma retórica meramente ornamental. Comparada à de Ribeiro, a escrita de Sales é quase árida, mais próxima do discurso das ciências naturais, de um estilo que já havia demonstrado com a publicação de *Política republicana*. Essa vereda estilística, no entanto, também foi trilhada por Ribeiro.

Pode-se dizer que a exigência que o escritor fazia aos deputados republicanos quanto a possuir conhecimentos científicos e clássicos era coerente com sua prática: o latim era sua especialidade e permitiu-lhe atuar como professor; os estudos filológicos o conduziram à escrita de uma gramática; o estudo de fontes históricas, sobretudo de São Paulo, possibilitou-lhe escrever *Padre Belchior de Pontes*; e o interesse pela ciência já era explicitado desde sua atuação em Sorocaba, aparecendo novamente em seu estudo *Os Phenicios no Brazil* (1877), assim como na polêmica tratada aqui e, com toda a sua força, no romance *A carne* (1888).

Ainda assim, a consistência do arcabouço cultural de Júlio Ribeiro foi posta em dúvida por Alberto Sales, que sacou de sua "caixa de ferramentas" um instrumento que lhe pareceu muito útil na ocasião: o pensador francês do século XVIII Daniel Lambert. Este é o julgamento que faz da *Grammatica Portugueza* escrita pelo adversário: "[É um] verdadeiro attestado de um cerebro incapaz para qualquer generalisação scientifica e philosophica, só proprio de um literato pedante ou de um segundo Daniel Lambert"(Sales, n.2, 10 mar. 1885) [grifo meu]. Ainda que buscasse desqualificá-lo pela erudição, a analogia contém a aceitação de que Ribeiro era um homem erudito, um D'Alembert brasileiro de fins do século XIX. Para Ribeiro, provavelmente, a comparação não era uma ofensa, ao contrário: afigurava-se envaidecedora.

Até aqui, viram-se ataques e contra-ataques, nos quais a agressão, a difamação e o sarcasmo estiveram presentes em graus diferenciados. Nunca, porém, os oponentes chegaram a questionar a honestidade e probidade pessoal um do outro. Esse último expediente, entretanto, ocuparia a cena da polêmica.

... quem o alheio veste, na praça o despe

"V. S. [...] que parece ser forte em anexins, há de conhecer um que diz – *quem o alheio veste na praça o despe*".⁵¹ Esse provérbio evocado por Sales sintetiza o teor de algumas das principais críticas feitas com o objetivo de destruir a imagem de Júlio Ribeiro: a acusação de plágio. A essa tarefa dedicou-se com veemência, porque ela lhe dava argumentos não só para questionar as críticas a respeito das faculdades dos deputados republicanos, mas sobremaneira porque feria o maior bem que o autor em estudo havia acumulado – o capital simbólico adquirido em suas lides nas letras. A acusação de plágio dirigia-se às gramáticas publicadas por Ribeiro: *Traços Geraes de Linguistica* (1880) e *Grammatica Portugueza* (1881)⁵², as quais lhe haviam dado o reconhecimento como emérito filólogo das letras nacionais. Sobre a primeira, a imprensa republicana, por ocasião de sua publicação, teceu comentários elogiosos, atribuindo "originalidade" e "talento" a seu autor:

> A Biblioteca útil – Está publicando o volume 3°, que consta de um trabalho interessantíssimo do sr. Julio Ribeiro, com o título – "Traços Geraes de Linguistica". É este um dos volumes mais sedutores da Biblioteca útil e com um grande mérito: é uma obra completamente nova entre nós. O sr. Julio Ribeiro, com admirável erudição, abriu rumo novo no estudo da linguistica e fê-lo de modo encantador. Ao estudo que revela no seu trabalho reúne clareza na exposição, elegância na dicção e correção da linguagem. Tendo estudado as obras de Bopp, Schleicher, Diez, Brachet, Grimm, Max Muller, Whitne, Renan, Bréal, Adolpho Coelho, Theófilo

---

51 Sales, n.7, 15 mar. 1885 [itálico do autor]. O uso de aforismos e provérbios foi corrente na imprensa brasileira do século XIX. Sobre seu uso no jornalismo do período da independência, consultar: Lustosa, 2000, p.33-7. A despeito de, em fins do século XIX, vigorar uma linguagem científica mesclada ao jargão das Luzes, a linguagem popular se faz presente; no caso de polêmicas, os provérbios, além de serem breves, eram densos, o que colaborava para o intento de persuadir e convencer o leitor.

52 A primeira foi publicada no terceiro volume da coleção *Biblioteca útil* de Abílio Marques e a segunda pela tipografia de Jorge Seckler, com trabalhos de revisão e direção tipográfica também de Abílio Marques.

Braga e Pacheco Júnior, acompanhando o progresso científico pela leitura das obras de Comte, Spencer, Darwin, Tylor, Broca, Letourneau, Topinard, Luys e Hoeckel, o sr. Julio Ribeiro conseguiu formar uma síntese em matéria de linguistica, que abre ao seu belo talento um futuro explêndido. O trabalho que temos sob os olhos é o toque de rebate que anuncia que vamos entrar na luta das grandes inteligências que se aplicam ao estudo das línguas, servindo-se do método experimental e deixando de lado muita coisa inútil das velhas grammaticas que seguiam processos hoje condenados cientificamente. O sr. Júlio Ribeiro, como gramático, como filólogo, é um homem de combate. (*A Província de São Paulo*, 10 ago. 1880)

Esse comentário figurou entre outros que participaram da construção de uma imagem de Júlio Ribeiro como um eminente representante das letras paulistas na primeira metade do decênio de 1880.[53] Nota-se que *Os traços geraes de linguistica* foi considerada inovadora no contexto dos estudos filológicos do País e deu relevo ao método moderno do autor, que recorreu ao que de melhor havia sido produzido nas esferas nacional e estrangeira, o que conferia a seu livro uma esmerada erudição e um acertado método científico. O traço combativo que o editorial lhe atribuiu ficava por conta de sua aproximação com a ciência e sua aplicação aos estudos da linguagem, de que também advinha a característica de "originalidade", acrescida de sua capacidade de "síntese em matéria de linguistica".[54]

Foi justamente nesse ponto que Sales (n.10, 21 mar. 1885) se deteve para investir na demolição da imagem de seu adversário, que, segundo ele, "passava n'esta província como um verdadeiro *colosso*" no que tangia aos conhecimentos literário e científico. Indagava ele: "Onde estão os titulos que v.s. offerece como garantias de sua competencia?"

---

53 Os elogios também vieram com a publicação da *Grammatica Portugueza*, como pôde ser observado anteriormente (vide p.105-6).
54 Esse aspecto é salientado nos estudos filológicos atuais, especialmente no que diz respeito à *Grammatica Portugueza*. Conforme Leonor Lopes Fávero, essa gramática "apresenta concepções inovadoras e inicia o 'período científico' da gramática no Brasil que vai se desenvolver sob outras influências que não só as de Portugal. Representa, também, a adoção dos princípios do evolucionismo e da lingüística comparativa." Cf. Fávero, 2000, p.73.

(idem, n.4, 12 mar. 1885). Pode-se dizer que, de forma subliminar, está presente nessa indagação a intenção de "rebaixar" Ribeiro pelo fato de o escritor não possuir título de bacharel. Seus dois únicos títulos de competência, conforme Sales, foram-lhe concedidos pela escrita de uma "obra ligeira" (*Traços Geraes de Linguistica*) e por uma "obra de fôlego" (*Grammatica Portugueza*), as quais "não passam de uma verdadeira manta de retalhos, cosida de pedaços roubados de diversos escriptores, que v. s. procurou impingir como seu trabalho original, unicamente por má fé e por falta de probidade litteraria" (idem, n.10, 21 mar. 1885). Com isso, o autor de *Bilhetes Postais* objetivava destruir o capital mais caro a seu contendor: sua reputação "intelectual".

Na tarefa a que se propunha, Sales perscrutou as gramáticas de Ribeiro para fundamentar sua acusação de plágio. Nesse exame, dedicou-se longamente a confrontar os textos de Ribeiro com os de gramáticos estrangeiros, entre os quais Pichard, Hovelacque, Holmes e Bain. A outra frente de ataque dedicou-se a indicar que o autor de *Padre Belchior de Pontes* havia desprezado a crítica de autores consagrados na área da filologia, como a de Capistrano de Abreu. Em suma, esses foram os pontos nos quais se baseou para atacar seu adversário.

Sales recorreu, inicialmente, à idéia que Ribeiro expressara em sua segunda carta: a de que os deputados não eram autores de obra de "fôlego" ou mesmo "passageira". Com isso tencionava mostrar o que significava ser autor de uma "obra ligeira":

> Não conheço n'este paiz outro escriptor que tenha como v.s., tão completas e tão desenvolvidas, as qualidades precisas para a confecção de uma *obra ligeira*. Os seus – *Traços geraes de linguistica* – são uma prova exuberante da sua extrema habilidade, da sua vasta erudição, da sua incomparavel *ligeireza*. Tinha, pois, razão de sobra v.s., quando censurou os deputados republicanos por não terem escripto até hoje nem ao menos uma *obra ligeira*! É tão facil o processo, tão simples e tão rapido, que realmente é para admirar que ainda se conserve até hoje como um monopolio exclusivamente seu. (idem, n.7, 15 mar. 1885)

A ironia é a soberana dos recursos na polêmica. E o trecho acima bem o demonstra, ao depreciar o outro sem abrir mão da polidez, pois o termo "*ligeireza*" é usado com duplo sentido: de rapidez e de esperteza. Indiretamente, portanto, chama Ribeiro de "espertalhão", questionando, assim, a honestidade intelectual do escritor. Estratégia perspicaz, pois toca em cheio em seu maior motivo de melindre: a vaidade intelectual. Essa já era uma razão para sentir-se vitorioso na contenda, haja vista a forte presença do personalismo nas polêmicas do século XIX.

Como se estivesse com um bisturi cirúrgico, passa a dissecar as gramáticas de Ribeiro. No que toca a *Traços geraes de linguistica*, Sales separa trechos que confronta com os das obras de Abel Hovelacque e Picchard. Como ilustração desse procedimento, transcreve-se, a seguir, a comparação feita entre o texto de Ribeiro e o de Hovelacque:

> "Nada de indicação de genero, de numero, de pessoa; nada de determinação de tempo ou de modo; nada de elementos de relação; nada de preposições; nada de conjucções: cada palavra – raiz ou antes de cada raiz – designa uma idéa cujo valor, cujo sentido preciso é determinado pela sua posição na phrase." (*Traços geraes de linguistica*, p.36)"
>
> Este período, como de costume, não vem acompanhado de aspas, nem de referencia alguma. Está ali como seu. Em Abel Hovelocque porém, encontra-se também o seguinte:
>
> "estas raizes – palavras ou estas palavras – não designam sinão uma idéa esscialmente geral. Nada de indicação de pessoa, de genero, de numero; nada de indicação de tempo, de modo; nada de conjuncções; nada de preposições. (*La linguistique*, p.39)." (idem, n.8, 15 mar. 1885)

De que maneira Ribeiro argumentou para defender-se? Não negou que tivesse tomado trechos de outros autores para a composição de seu livro; negou, sim, que "os quizesse fazer passar por seus"; o que dizia ser "uma calumnia". Recorreu ao prólogo de seu livro para dizer que não havia cometido plágio:

> "Quasi com o mesmo direito com que nos rotulos de vinhos preciosos figura a firma dos engarrafadores, vai meu nome na frente deste livrinho. Verdade é que são minhas algumas das investigações nelle exaradas, que é a minha exposição; a maior e melhor parte, porém, *não me pertence: pertence aos mestres, cujos ensinamentos repeti*, CUJAS PALAVRAS POR VEZES TRASLADEI LITTERALMENTE."

[...] quem com hombridade confessa que trasladou por vezes [...] palavras alheias, não quer attribuir-se a gloria que de taes ensinamentos, de taes palavras possa resultar; não é plagiário. (Ribeiro, 1908, p.89-90) [itálico e destaque do autor]

O que realmente daria maior júbilo a Sales era o ataque à "obra de folego" de seu adversário: a *Grammatica Portugueza*. Isso porque foi o estudo que assegurou a Júlio Ribeiro o reconhecimento simbólico entre seus pares. O acusador incitou o maior "mellindre litterário e scientifico" do escritor. Como estratégia de verossimilhança, Sales relembra um suposto encontro que os dois tiveram nos tempos de correligionários. O trecho é longo, porém; pela plasticidade que a cena busca alcançar, vale transcrevê-lo:

> Ouça-me. Supponha v. s. que vamos ambos, em palestra muito amigavel e familiar, subindo a rua da consolação. V. s. falla-me com muito enthusiasmo de sua grammatica e espera mesmo que a sua publicação venha a ter no paiz as proporções de um grande acontecimento. Eu o escuto e o admiro em suas justas expansões de autor, que enxerga no futuro a perspectiva de uma fama sem egual. Chegados a uma casa terrea em frente ao sobrado do dr. Martinho Prado, v. s. convida me a entrar. Entro. Ficamos sós em um pequeno quarto. V. s. então começa a me ler as primeiras folhas de sua grande obra de folego. Repete a definição de grammatica de Whitney e diz immediatamente: – Agora ouça o comentário. V. s. lê e me pergunta: Então, que tal? – Realmente, está explendido. Isto o senhor ainda não ouvio, ainda não foi dito por ninguem. Pois fique sabendo que é meu. Como vai fazer barulho isto! (Sales, 1885, n.9) [55]

Nessa descrição, Sales coloca-se na condição de um ouvinte, passivo e crédulo, do "entusiasmo" intelectual de Ribeiro, ou seja, de "vítima" na situação, porque se considerou "enganado" pelo autor. Essa é uma estratégia que funciona muito bem na polêmica, pois busca transferir para a opinião pública a sensação de ludíbrio causada pela

---

55 Sobre esse encontro, Ribeiro disse: "[Não] contesto a visita que me *fez* em uma casa onde eu *nunca* morei." Ribeiro, 1908, p.114.

representação de Ribeiro como um "colosso" das letras. Sales (1885, n.7) considerava seu papel alertar o público por meio da "rectificação dos fatos", caminho que despiria seu adversário do "manto de lantejoulas que lhe encobre a formosissima nudez" Com o intuito de ofuscar-lhe o brilho, Sales (idem) coteja a *Grammatica Portugueza* de Ribeiro com a de Holmes:

> – Sentença é uma coordenação de palavras ou mesmo uma só palavra formando sentido perfeito, ex.: *as abelhas fazem mel*. (Julio Ribeiro)
> – A sentence is a combination of words, or a single word, conveying a complete sense, as: *the bees make honey*. (Holmes)

Na condição de juiz do réu que havia cometido tal impostura, Sales, da sétima carta até a décima, oferece diversos outros exemplos do "plágio" que detectou mediante o confronto com outras gramáticas estrangeiras, especialmente inglesas.[56] Esse exercício constituiu o eixo em torno do qual gravitou sua busca pela desmoralização intelectual do autor de *Grammatica Portugueza*. Para Sales, essa prática de seu adversário explicar-se-ia pela pretensa erudição que ele ostentava, fazendo que ele "l[esse], l[esse] e l[esse]"; depois, "escreve[sse], escreve[sse] e escreve[sse]", sem meditação e critério, o que resultava apenas num "vômito" daquilo que tinha "ingerido". Argumentos, que objetivam indicar a ausência, em seu desafeto, da capacidade para a reflexão – em suma, reafirmar o plágio. Segundo Sales, no entanto, o autor até poderia ser perdoado por sua atitude, desde que comprovada sua sanidade mental. Para tal, sugeriu, sarcasticamente, que recorresse a Auguste Comte a fim de que "precis[asse] o seu estado mental" (idem, n.9). Em *Bilhetes postais*, assim como Sales, *Diderot* (idem, n.3) traçou um impiedoso perfil psicológico de Ribeiro que pudesse explicar seu "plágio": chamou-o de "Parpalatão pedante e indolente", "charlatão", "refinadissimo pihologo". *Alceste* (20 mar. 1885) ridicularizou-o como dono de "pensamentos phantasmas", criados pelo "excesso de phosforo em seu cérebro".

---

56 Reproduzir essas constatações de Sales tornaria o texto fastidioso e não acrescentaria muito ao propósito deste trabalho.

A polêmica ocupou-se da questão de autoria e propriedade de textos, a qual também tomava a cena de outras controvérsias da época.

Um caso célebre foi a acusação que Sílvio Romero endereçou a Teófilo Braga: a de ter-se apropriado da classificação etnográfica presente em suas coletâneas *Cantos populares do Brasil* (1883) e *Contos populares do Brasil* (1885), na introdução e notas que o escritor luso havia feito para a edição portuguesa dessas coletâneas. Os rótulos que endereçou a Braga – "paspalhão português", "ilhéu metido a letrado", "ratão de grande marca" (Ventura, 1991, p.84-5)[57] – são semelhantes aos que o grupo do jornal *A Província* dirigiram a Júlio Ribeiro. Mesmo que os motivos dos embates em torno das autorias não fossem inteiramente similares (entre os proponentes da acusação de plágio Alberto Sales e Silvio Romero), a disputa intelectual permeava as discussões, no intuito de reafirmar de maneira autoritária suas crenças. Afinal, cada qual dos envolvidos buscava atingir a "vitória" pela palavra.

Ao ser rotulado de plagiário, Júlio Ribeiro, como não podia ser diferente, recorreu à farta munição do conhecimento lingüístico de que era possuidor para provar sua honestidade intelectual e, com isso, desmoralizar seu oponente. No afã de "esgotar" as críticas que lhe eram endereçadas, agiu de maneira minuciosa, de acordo com a idéia do "toma lá, dá cá", que prevalecia nas polêmicas (Ribeiro, 1908, p.87-114).[58] Esse traço, muitas vezes, acabava por tornar os textos repetitivos e enfadonhos. Considera-se que a resposta do escritor quanto à acusação de cópia da gramática de Holmes, além de trazer a síntese de seus argumentos, contém uma significância mais abrangente da prática intelectual no século XIX. A defesa de Ribeiro fundamentou-se no recurso à "paródia", que, segundo ele, era uma prática que vinha desde a Antiguidade, ao menos no que se referia à parte metafísica (sintaxe) das línguas. Desde Aristóteles, os gramáticos repetiam as divisões e definições, que acabavam sendo "paródias umas das outras".

---

57 Esse autor afirma que, para Sílvio Romero, "o pensamento de Teófilo Braga seria apenas uma miscelânea de teorias e escolas, resultantes da apropriação de idéias alheias".

58 Júlio Ribeiro respondeu à inculpação de plágio na carta n.7, na qual, de maneira didática, enumerou e rebateu oito críticas provenientes de Sales.

Ribeiro julgava que, se essa parte metafísica fosse eliminada de uma "grammatica scientifica", pouca falta faria (idem, p.94-5). Pautado por esse argumento, afirmou ele: "Em repetir o que não póde deixar de ser repetido não há plágio litterario: repetindo Holmes, que repetiu Murray, que repetiu cem outros, eu não plagiei. Eu não podia arrombar portas abertas" (idem, p.95). Contudo, o autor não deixou de salientar as contribuições inovadoras de seu estudo para a língua portuguesa, enviando a seguinte pergunta a seu adversário: "Quer saber Democrito o que ha de *meu* na minha grammatica?" (idem, p.95-6, itálico do autor).[59] Segundo Ribeiro, eram de seu mérito a divisão gramatical, a fonética e a ortografia que constam de sua *Grammatica Portugueza*.

As constatações de Sales com respeito às transladações de trechos de gramáticos estrangeiros por parte de seu contendor – feitas sem o uso de referências e/ou de aspas –, para indicar o plagiato, constituem uma questão espinhosa. Por isso, em vez de buscar argumentos para a negação ou afirmação da acusação, torna-se mais profícuo tratar do significado da gramática de Ribeiro no contexto dos estudos filológicos do período, o que permite iluminar a questão.

O uso de fontes estrangeiras, em especial de gramáticos considerados modernos, voltados para as ciências, denota a intenção de ultrapassar as concepções metafísicas presentes nas antigas gramáticas portuguesas e tomar a linguagem como um "fato social". Esse foi o objetivo de Ribeiro. Baseado em Whitney, ele definiu gramática como a "exposição methodica dos factos da linguagem" (Ribeiro, 1884, p.1). Com base nessa definição, buscou compreender a gramática além das regras, valorizando o método histórico-comparativo no estudo da linguagem: "Não nos basta usar da linguagem; é mister saber o que constitui a linguagem, e o que nos importa ella. O estudo da linguagem

---

59 Com o propósito de sublinhar a idéia de autoria, Ribeiro apresenta sua contribuição "original", elaborada em *Grammatica Portugueza:* "Ha a divisão grammatical synthetisada na arvore synoptica, divisão de merito verdadeiro, divisão que *se não encontra em obra nenhuma, que é minha;* - ha a phonetica e prosodia portugueza aprofundadas, desenvolvidas, elucidadas como nunca o tinham sido antes; - ha o estudo *completo, cabal* da orthografhia, com a inovação *minha* de ser feito pelos elementos phonicos das palavras, e não por ellas proprias."

diz-nos muito sobre a natureza e sobre a história do homem" (idem).
Baseado nas concepções científicas de fins do século, ele compartilhou da idéia de que a língua era um campo propício para o estudo da seleção da linguagem, numa clara aplicação das teorias da biologia, como a da "seleção das espécies" de Darwin:

> Bem como as espécies orgânicas que povoam o mundo, as línguas, verdadeiros organismos sociológicos, estão sujeitas à grande lei da luta pela existência, à lei da seleção. E é para notar-se que a evolução lingüística se efetua muito mais prontamente do que a evolução das espécies: nenhuma língua parece ter vivido por mais de mil anos, ao passo que muitas espécies parece terem-se perpetuado por milhares de séculos (idem, p.153).

Nessa concepção evolucionista, o conhecimento da História era fundamental não só para se compreender a seleção das espécies, mas também os princípios de seleção que vigoravam nas línguas. A etimologia era o campo privilegiado. Conforme indica Fávero, em Júlio Ribeiro existe uma forte preocupação de aplicar ao estudo da língua o mesmo rigor e métodos das ciências naturais. Para isso, ele "precis[ou] voltar-se para as origens da língua, estudando as influências e as mudanças sofridas no decorrer do tempo; essa volta leva também à necessidade do estudo da escrita, com a valorização da etimologia" (Fávero, 2000, p.79).

A concepção da seleção natural das espécies de Darwin é usada de forma análoga para a compreensão do campo lingüístico. Os dialetos, por exemplo, são vistos por Ribeiro como obra do meio ou dos costumes; as variações da língua de um país são associadas aos contatos com outras culturas e línguas; são dependentes, enfim, das relações exteriores, o que é exemplificado por ele na ciência e na indústria, capazes de introduzirem palavras novas, que ocasionam variações na língua.[60] A semelhança entre a seleção no mundo natural e a que ocorreria no universo das línguas pode ser estendida ao campo social.

---

60 Ribeiro valeu-se dos pressupostos apresentados por Ferrière em sua obra *Le Darwinisme*, mediante a reprodução de dois quadros em que mostrava a similitude entre a seleção nas espécies e a seleção nas línguas. Ribeiro, 1884, p.153.

As teorias científicas das quais se apropriou para desenvolver seu projeto letrado estavam associadas ao conteúdo político que essas teorias representavam para a contestação da ordem estabelecida. Tratava-se de instrumentos de luta política. Júlio Ribeiro concebia um modelo de sociedade em que os méritos individuais deveriam prevalecer sobre os valores do *establishment* imperial, ou seja, a concorrência seria o parâmetro para a seleção dos mais aptos. Tal concorrência, entretanto, encontrava empecilhos nos valores vigentes. Essa idéia pode ser apreendida no comentário que Capistrano de Abreu fez sobre a *Grammatica Portugueza*:

> Considerada como trabalho grammatical, a obra de Julio Ribeiro NÃO É SÓ NOTAVEL, É SUPERIOR. *É um depósito quasi enexgotavel de investigações e sobretudo de meditações.* [...] Terminada a leitura de Julio Ribeiro, de envolta com *a admiração que em nós provocou*, encheu-nos um sentimento de tristeza.
>
> Eis um homem que, no centro de S. Paulo, não poupou tempo, nem esforço, nem despeza para ensinar a seus naturaes o que de outrem não poude aprender. Este homem, porém, nem é lente de Pedro II, nem professor da Escola Normal, nem membro do Conselho Director da Instrucção Publica. Portanto, o seu livro não será adotado, nem será lido e ficará no conceito dos Garniers muito abaixo dos livros dos *Mottas et reliqua* (Ribeiro, 1908, p.104-5).[61]

As palavras de Capistrano de Abreu expressam de forma lapidar a leitura que Ribeiro fazia de sua trajetória: a de que ele possuía os instrumentos que o capacitavam, porém isso não lhe bastava, pois não vigia a lei da livre concorrência no Brasil, em que os mais fortes sobreviveriam na luta que encetassem. Nessa linha de leitura, ser forte não estava ligado aos méritos pessoais, mas sim ao privilégio de ser bacharel e, preferencialmente, pertencer aos altos estratos da sociedade, à roda da Corte, ou então com ela ser bem relacionado. Entretanto, não

---

61 Ao aludir a esse comentário de Capistrano de Abreu, Ribeiro objetivava mostrar que não ficara alheio a suas críticas. Além disso, é importante registrar que a mencionada apreciação figurou quando da primeira edição da *Grammatica Portugueza* (1881).

se pode deixar de lembrar que seus méritos pessoais e os comentários sobre seu "talento" como filólogo pela imprensa foram úteis para que sua gramática adentrasse as salas do Pedro II.

Na linha do evolucionismo darwinista, ainda se pode aventar que essa polêmica entabulada com os republicanos significava um combate pela sobrevivência no universo das letras, principalmente porque sua honestidade "intelectual" tinha sido colocada à prova.[62] Precisava manter-se firme e combativo: "não é tempo ainda de embainhar a espada, porque continúo firme na brecha. Encarniçada, terrível tem sido a lucta" (idem, p.163) contra os republicanos. Esses, na visão de Ribeiro, buscavam nublar sua imagem diante da opinião pública. Mas não só isso, diz ele, o Partido Republicano Paulista "procurou até privar-me do pão" (idem, p.167). Entretanto, salienta que o prazer em combatê-los foi maior que qualquer privação, porque proporcionou-lhe "prazeres pungentes que só é dado aos fortes gozar. [...] goso calmo de cirurgião impiedoso que, cruamente, impertubavelmente, corta por carnes gangrenosas, por ossos cariados, surdo aos gritos lastimosos do paciente, superior ás injurias, inconnexas arrancadas pela dôr" (idem, p.179-180, grifo meu). É límpida a analogia entre um corpo doente e o PRP: desfibrar suas carnes, ouvindo seus gritos, era um exercício prazeroso.

O combate, portanto, era visto como uma luta de vida e morte; no entanto, esse significado extrapola o campo simbólico para adquirir contornos mais definidos no interior do universo letrado: a polêmica como fator de promoção. Ribeiro considerava que a campanha contra o "athleta da república esclavagista" serviu-lhe de "degrau" para subir e tornar-se conhecido além do círculo paulista, rendendo-lhe a publicação das cartas que compuseram esta polêmica: "Na Côrte fui

---

62 O significado da polêmica para os homens de fins do século foi muito bem definida por Roberto Ventura (1991, p.106): "A polêmica corresponderia, no plano cultural, aos processos teleológicos de aperfeiçoamento das espécies na natureza. Enquanto parte da 'luta pela existência', o debate traria a evolução da literatura e do pensamento, promovendo a sua seleção e depuração. A 'luta das idéias' permitiria ao escritor romper, pela atuação conjunta da crítica e da polêmica, a indiferença do público pela literatura".

eu acolhido, saudado, festejado pela fina *élite* do mundo das lettras e das sciencias, achei editor para estas *Cartas*, obtive um triumpho completo." (idem, p.167-8)[63]

Além disso, com a polêmica ele buscou reservar para si um lugar de exceção, um plano homérico e glorioso:

> Tenho consciência de haver cumprido o dever de bom soldado, insurgindo-me contra a ambição temeraria dos chefes; tenho consciencia de que, com estas *Cartas*, prestei assignalado serviço á verdadeira causa republicana. Mutilou-se a idéa, entregou-se a bandeira nas mãos do inimigo, mas houve entre os republicanos quem protestasse.
> Fui eu. (idem, p.180, grifo meu)

A despeito de a polêmica de Ribeiro já assinalar sua postura de intransigência face ao PRP, ele fez questão de reafirmar essa condição. Ao escritor, juntaram-se outros, que se referiram a ele como o "solitário de Capivary" em luta pela causa republicana: "Veste então a sua armadura de aço de fina têmpera, enfia o escudo cujo mote é a *republica intemerata*, empunha a clave de guerreiro e elle só, como um symbolo, arrosta contra os gonfaloneiros o peso de suas diabrites, de seus ódios, de seus despeitos."[64] Conforme aponta esse texto, a pena – arma do escritor-soldado desse momento – Júlio Ribeiro empunhou-a sozinho. Atribuíram-lhe, portanto, a tarefa de um mártir. Assim, a construção da marca de intransigente radical foi compartilhada pelos coevos do escritor.

---

63   A primeira edição de *Cartas Sertanejas* é de 1885, pelos editores Faro & Nunes, do Rio de Janeiro. Portanto, data do mesmo ano da polêmica.
64   *O Paulista*, Taubaté, 20 mar. 1885. In: *Cartas Sertanejas*, 1908, p.204. Essa obra traz um apêndice no qual constam diversos artigos que saíram na imprensa paulista em defesa de Ribeiro, em sua contenda com o grupo do jornal *A Província de São Paulo* – O que indica que se transformou num evento político. A seguir listam-se os artigos: O Democrito, *Correio de Campinas*, 13 mar. 1885; Verdadeira orientação da mentalidade republicana, *O Paulista*, 1885; A victoria republicana, *O Paulista*, 20 mar. 1885; Julio Ribeiro, *Diário Liberal*, 1885; Resposta ao reparo, *Correio de Campinas*, 1885. Constam do apêndice dois outros artigos, um assinado sob pseudônimo e outro com as iniciais do autor, sem referência ao periódico, somente à cidade de onde foram emitidos: Thiers. As Cartas Sertanejas, Rio Claro, 21 mar. 1885; A. H. Julgamento do Partido Republicano Paulista, Jundiahy, 27 abr. 1885. Provavelmente, esses não eram os únicos, mas foram selecionados para compor o apêndice do livro.

ERUDIÇÃO E CIÊNCIA 145

Pastores por pastores, antes os velhos

Em 1885, com a publicação de *Cartas Sertanejas*, Júlio Ribeiro objetivou demonstrar intransigência e independência em relação ao Partido Republicano Paulista. Essa atitude não pode ser vista somente como expressão da forma heterogênea com que ele via os rumos a serem tomados pela propaganda republicana em sua oposição ao regime vigente, mas sobretudo como o modo pelo qual desejou marcar distinção e singularidade em sua condição de "intelectual" no conjunto do campo letrado. É nesse aspecto que suas intervenções polemistas na imprensa compõem suas práticas culturais, isto é, são constitutivas de seu projeto intelectual. A imprensa era um *locus* privilegiado para desenvolver a luta por sua definição como escritor, na medida em que era um veículo capaz de apresentar os debates de maneira calorosa, além, é claro, de constituir uma instância produtora de "bens simbólicos".[65] A contar de 1887 em diante, na condição de diretor dos jornais *A Procellária*[66] e *O Rebate*[67] na capital da Província – ambos de duração efêmera – ele

---

65 Sobre os meandros da construção simbólica do escritor e/ou intelectual, ver: Bourdieu, 1996b.
66 O jornal *A Procellaria* foi fundado em São Paulo, em 1877. Seus proprietários eram Lousada & Cia; Júlio Ribeiro era diretor e redator. A publicação do jornal era semanal e definia-se como *"revista de litteratura e sciencia"*. Teve vida breve, iniciou-se em janeiro e encerrou suas atividades em maio do mesmo ano. Segundo Heloisa Faria Cruz, o jornal tinha oito páginas com 3 colunas, seu formato era de 23,6 x 32 cm e trazia anúncios diversos de estabelecimentos comerciais. A autora informa sobre a existência de dois números desse jornal no acervo do Instituto Histórico e Geográfico de São Paulo (IHGSP): n.8 e n.11. Cruz, 1997, p.210. Entretanto, na pesquisa realizada não foram localizados tais números no IHGSP. Os artigos do jornal *A Procellaria* foram compilados em livro. Neste trabalho, usa-se a edição da Cultura Brasileira, s/d, na qual o nome foi modificado para *Procellarias*.
67 *O Rebate* foi fundado por Ribeiro em 1888, que nele fazia a defesa dos princípios republicanos. Esse jornal não foi encontrado em nenhum dos arquivos pesquisados. As informações a seu respeito foram obtidas no estudo realizado por Affonso Freitas sobre a imprensa de São Paulo. Segundo ele, *O Rebate*, "Orgam de propaganda republicana [...] publicava em dias indeterminados: o primeiro número sahiu a 16 de julho de 1888. [...] imprimia-se na Typografia da *Província de S. Paulo* e vendia-se em avulso a 60 rs. o número. Toda a correspondência devia ser dirigida para a rua de S. José n.117 a J. W. Vaughan, que usava como pseudônimo."

foi o principal agente da produção de sua imagem: a do intelectual combativo. Com isso, busca-se explicitar a idéia de que essa marca não pode ser tomada como algo explícito ou tão somente ligada ao romance *A carne*. Tratava-se de uma tomada de posição no campo letrado do período.

Iniciemos pelo nome do jornal: *A Procellaria*. Ele é ilustrativo do significado que se objetivava imprimir: o de tempestade, de agitação. Isso foi anunciado no artigo de abertura da folha: "A gageiro de prôa a vigiar a derrota do navio nada indica a aproximação da borrasca: paz no céo, calma no mar, ares tranquilos, aguas socegadas, bonança em tudo". Entretanto, os tempos de calmaria estão ameaçados, porque:

> De subito, imprevisto como o acaso, rapidos como o pensamento [...]. São as procellarias, é a tormenda que chega. [...] Como seu nome indica, compraz-se na procella. [...] Pequenina, desacompanhada, confiando em si, e por isso mesmo forte, apresenta-se hoje esta folha, A PROCELLARIA, e toma surto por sobre os mares revôltos do viver social brasileiro. Não tem alvo, não tem objetivo determinado: vem para luctar porque a lucta é uma fatalidade, porque a lucta é vida. (Ribeiro, [s.d.(b)], p.9, 11, grifo meu)

Esse tom de combate, de intransigência e de independência empregado por Ribeiro frente às instituições políticas vigentes e ao PRP não era novidade; esteve presente em sua contenda com Alberto Sales. Qual significado continham essas repetidas afirmações a respeito de seu caráter transgressor? De maneira geral, denotam a crença no caráter redentor das idéias e das reformas sociais, consoante seus valores éticos e científicos do papel do "intelectual" na sociedade. Entretanto, ao dizer que nesse combate ele estava "desacompanhado", ao sugerir a idéia de que era o único que se mobilizava de forma intransigente no cenário da imprensa paulistana, aponta para um intento mais específico: o de marcar a idéia de sua "singularidade" na busca de reservar

---

Freitas, 1915, p.338. O autor reproduz parte do primeiro número desse jornal, no qual Ribeiro idealizou uma bandeira para o Brasil em substituição ao pavilhão monárquico. Sob esse mesmo título, apareceram outros jornais em São Paulo: em 1889, 1893 e 1896. Cf. Idem, p.216.

para si um lugar atípico. Essa atitude não deixava de ser também uma forma de angariar legitimidade no campo das letras. Por isso, advertiu o público sobre *A Procellaria* nos seguintes termos:

> A fallar com rigor, *A Procellaria* não se destina a collegio de meninas, a conventos de freiras: quem se ofende com um termo escabroso mas proprio, em uma questão de phsiologia, quem se arrenega com uma descripção verdadeira, realista, de cousas que se dão todos os dias, não compre, não leia *A Procellaria*.[...] Todavia [...] não é folha pornographica. (idem, p.11-2)[68]

Nesse tipo de advertência é explícita a estratégia de trazer para si o foco das atenções com base na idéia de que o "realismo" de *A Procellaria* iria escandalizar a opinião pública. O que significava ser realista naquele momento? Era ver-se como um subversor da ordem vigente e, sobretudo, projetar essa imagem.[69] Tal propósito parece ter sido alcançado; ao menos, é o que se depreende do comentário de Olavo Bilac, que de São Paulo escreveu a um amigo do Rio de Janeiro, informando-o sobre o rumor que *A Procellaria* estava produzindo na Paulicéia: "Todos vociferam, todos se arrepelem de indignação contra o Júlio, que fica imperturbável, prometendo aumentar ainda mais o escândalo" (apud Broca, 1991, p.101). Essa promessa concretizar-se-ia de forma contundente no ano seguinte,

---

68 A despeito de, em *A Procellaria*, não ser recorrente o emprego de metáforas carnais para se referir à política, não se pode esquecer que o panfleto político estava ligado à idéia de subversão. A esse respeito, Lynn Hunt, ao historiar a gênese do gênero da pornografia na Europa, mostra que, até finais do século XVIII, o sexo era usado nos panfletos difamatórios e nas sátiras anticlericais como forma de "chocar e criticar as autoridades políticas e religiosas". Portanto, embora a pornografia ainda não se constituísse numa "categoria legal e artística", seu emprego tinha um significado político e social. Hunt, 1999, p.10.

69 Ao tratar do campo literário europeu, especialmente francês, Pierre Bourdieu (1996b, p.93) tece o seguinte comentário sobre o significado do "realismo": "A palavra 'realismo', sem dúvida, quase tão vagamente caracterizada, nas taxinomias da época, quanto tal ou qual de seus equivalentes de hoje (como 'esquerdistas' ou *radical*), permite englobar [...] Baudelaire e Flaubert, em suma, todos aqueles que, pelo fundo ou a forma, parecem ameaçar a ordem moral e, por aí, os próprios fundamentos da ordem estabelecida."

com a publicação de *A carne*. A advertência acima referida é mais condizente com a narrativa e o estilo desse romance do que propriamente com o conjunto de *A Procellaria*.[70]

Na capital da província, Ribeiro conciliava seu trabalho de jornalista com o de professor. Sua saída de Capivari deveu-se ao fato de ter sido nomeado pelo governo provincial como lente interino da Escola Normal de São Paulo em 1886, no lugar de Silva Jardim.[71] Na época, correram rumores de que não eram seus méritos que haviam concorrido para a nomeação. Essa idéia veiculou J. C. Rodrigues (apud idem):

> A Escolha [...] não se fez em atenção aos méritos do nomeado como professor e como filólogo. O que fez de Julio Ribeiro persona grata para o Governo foi ele ser o autor das famosas 'Cartas Sertanejas' contra os dois proceres republicanos, seus correligionários da véspera, que haviam sido eleitos para a Assembléia Geral. Na polêmica que sustentou com insuperável galhardia, Julio Ribeiro, que havia até então militado nas fileiras do Partido Republicano, dava a impressão de achar-se desiludido:

---

70 Como pode ser visto na narração seguinte, feita pelo narrador onisciente, com forte apelo visual, da cena de sexo entre Lenita e Barbosa, marcada pelos instintos animalescos, determinados pelas imposições biológicas, de acordo como o determinismo do naturalismo: "Nervosamente, brutalmente, foi despindo Lenita: não desabotoava, [...] arrancava botões, arrebentava colchetes. Quando a viu nua, fê-la reclinar-se sobre o musgo, dobrou-lhe a perna esquerda, apoiou-lhe o pé em uma saliência de pedra, dobrou-lhe também o braço esquerdo, cuja mão, em abandono, foi tocar o ombro de leve, com as pontas dos dedos; estendeu-lhe o braço e a perna direita em linha suave frouxa a contrastar com a linha forte, angulosa, movimentada, do lado oposto. Desceu um pouco, deitou-se de bruços e, arrastando-se como um estélio... Lenita desmaiou em um espasmo de gozo." Ribeiro, 1972, p.151-2. Esse aspecto foi analisado por Antonio Celso Ferreira, que viu em *A carne* uma representação ímpar do conteúdo "laico e libertário" de Júlio Ribeiro, tido pelo autor como um "contraponto [...] aos espetáculos sagrados que povoavam a historiografia e a literatura do período. Mais detalhes sobre essa leitura, ver: Ferreira 2002, p.177-202.

71 Em 1882, Ribeiro concorrera para a cadeira de "Gramática e língua nacional" da Escola Normal de São Paulo. Obteve o segundo lugar, ficando o primeiro com Silva Jardim. Cf. *Pequeno dicionário dos professores da Escola Normal Paulista no Império*. Acervo do Centro de Memória da Educação. São Paulo: Faculdade de Educação, USP.

era, pois, o homem que mais convinha para sucessor de Silva Jardim. Em vez de combater de frente os ideais da mocidade normalista, procurava-se desencantá-la...[72]

Entretanto, pouco tempo permaneceu como professor da Escola Normal, tendo feito concurso para a cadeira de Latim do Curso Anexo à Faculdade de Direito de São Paulo, em que foi classificado em primeiro lugar e por meio do qual obteve a nomeação. Portanto, quando estava à frente de *A Procellaria*, era também professor dessa instituição. Num dos artigos desse jornal, ocupou-se de assuntos relativos ao novo programa dos exames gerais preparatórios para a admissão nas instituições superiores do Império aprovado em 1886 e que passou a vigorar no ano seguinte. Dando ênfase à parte relativa à língua portuguesa, elogiou o novo programa, por ser este baseado em idéias da "sciencia da linguagem". Após uma minuciosa descrição do programa de português, assim sintetizou seu ponto de vista: "...em uma palavra – nada de superafetações escholasticas, nada de metaphysica medieval" (Ribeiro, [s.d.(b)], p.93). Afirmava ele que sua *Grammatica Portugueza* era a única que ia ao encontro do novo programa e que, portanto, era capaz de preparar um aluno para enfrentar os exames. Além do auto-elogio, ele aproveitou a oportunidade para espinafrar a gramática adotada no Curso Anexo à Faculdade de Direito, que, segundo ele, continha "[..] doutrinas e ensinamentos caducos, o auctor da grammatica oficial, o illustre cathedratico de Portuguez vai se vêr em serios embaraços. [...] A grammatica e o programa repellem-se: ou um ou outro, não há meio termo" (idem, p.94). Criticava, pois, o programa de português da Instituição pela qual acabara de ser nomeado, o que condiz com a atitude de independência de Ribeiro frente às instituições vigentes.

O escritor mostrava-se avesso às relações de dependência, mas, ao mesmo tempo, nunca deixava de se valer das relações político-sociais para promover-se. Isso indica uma tensão resultante da relação contraditória de participação-exclusão que ligava Ribeiro ao campo letrado. Com isso, pode-se dizer que a busca daquele lugar particular

---

72 Nesse período, o Barão de Parnayba era o presidente da Província de São Paulo nomeado pelo Poder Moderador. Cf. Bresciani, 2001, p.311.

constitui, na verdade, uma singularidade paradoxal. Entre os vários aspectos nos quais isso se manifestou, pode-se oferecer como exemplo a relação que ele estabelecia com sua imagem de filólogo. A *Grammatica Portugueza* era um trunfo para a exibição de seu talento; todavia, em algumas ocasiões ele refutou o rótulo de mestre da língua portuguesa em terras brasileiras. Isso pode ser apreendido quando de seu encontro com o Ramalho Ortigão, escritor português autor de *As Farpas*, que escrevia para o jornal *Gazeta de Notícias* (RJ). Em São Paulo, como descreve Brito Broca (1991, p.95), foi recebido, em 1886, pela "fina flor" da elite letrada:

> Entre as visitas feitas pelo autor de *As Farpas* em São Paulo, o noticiarista do *Diário Mercantil* assinala: a Casa Garraux, então a maior livraria da Paulicéia, onde se vendiam também objetos de arte; a chácara do Carvalho, onde residia dona Veridiana Prado, mãe de Eduardo Prado, de quem Ramalho era íntimo; a Faculdade de Direito; ao filósofo e cientista Pereira Barreto. Na residência do poeta Ezequiel Freire, manteve animada palestra com Pinheiro Machado [...] Na livraria Teixeira encontrou-se com o poeta Teófilo Dias. E vindo a conhecer Júlio Ribeiro (este detalhe não corre por conta do noticiarista do *Diário Mercantil* mas é versão muito divulgada), numa apresentação feita nestes termos: <u>"Ao mestre do português em Portugal, o mestre do português no Brasil"</u>, o autor de <u>A carne</u> teria respondido nestes termos: <u>– "Nenhum dos dois é mestre"</u>. (grifo meu)

No próprio ato da negação de que fosse emérito gramático, pode-se aventar que existia não só a intenção de desconcertar – atitude quase sempre acompanhada pelo prazer de desagradar –, mas também a de marcar presença pela contrariedade. Essa idéia manifestou-se, paradoxalmente, no romance *A carne*, no qual traçou a representação de sua própria imagem como gramático – o que não deixava de ser uma exibição. A personagem Lenita, uma espécie de intermediária da objetivação de Ribeiro, assim o descreve:

> Júlio Ribeiro, um gramático que se pode parecer com tudo menos um gramático: não usa pince-nez, nem sequer cartola. Gosta de porcelanas, de marfins, de bronzes artísticos, de moedas antigas. Tem ao que me

dizem, uma qualidade adorável, um verdadeiro título de benemerência – nunca fala, nunca disserta sobre as coisas de gramático. (Ribeiro, 1949, p.172)

Trata-se de uma clara negação do perfil, ou ao menos do estereótipo, do intelectual da tradição monárquica quanto à indumentária e à atitude. Sobressai, porém, o refinado gosto da arte, característica tida por ele como fundamental para o progresso de uma sociedade. A arte foi assunto de um de seus artigos n'*A Procellaria* e a ela atribuiu a "inspiração" como escritor. Para "escrever faz-se mister que tenhamos diante dos olhos livros raros, quadros, *bibelots*, armas finas. Em uma sala nua nada produziríamos." (Ribeiro, [s.d.(b)], p.63)[73] Tal opinião é logo em seguida afiançada pela citação de Émile Zola – a quem dedicou o romance *A carne*:

> Em nosso amor ao canto do lar, diz Emilio Zola, nós nos apaixonamos pelo *bibelot*. Os trabalhadores passam os dias deante de sua mesa, tendo só pra recreio dos olhos a vista dos moveis vizinhos e de quatro paredes. Então, si são artistas, si precisam de cousas lindas de trabalho e de côr, cobrem os moveis de bronzes, penduram nas paredes quadros, louças, sedas bordadas. (idem, p.72)

Podemos imaginar que era num ambiente recluso como o descrito acima – cheio de *bibelots*, porcelanas e estatuetas a compor seu cenário de trabalho, mas ocupado por um homem embebido nas questões do mundo que o cercava, especialmente das questões conjunturais da política brasileira – que Ribeiro elaborava suas críticas ao Partido Republicano Paulista. Esse foi o foco de *A Procellaria*, que pode ser definida como um conjunto de panfletos políticos nos quais abordou temas como a abolição, a imigração, o separatismo, entre outros. Para a discussão desses assuntos, tomou como contraponto a postura "evolucionista" e/ou "oportunista" que predominava nas fileiras republicanas, especialmente diante da implantação da República e

---

73 Nesse artigo, o escritor discorreu com minúcias sobre as porcelanas chinesa e indiana. Ao que parece, era colecionador de objetos artísticos.

da Abolição. Essa postura era vista por Ribeiro como um entrave à inserção do País nos trilhos do progresso. O escritor salientava a acomodação política dos republicanos, que, desde a formação partidária dos anos 1870, protelavam a "revolução":

> Há tempos esquecidos que elles nos aturdem com a palavra evolução e nós estamos a marcar passo no mesmo terreno, estamos a chapinhar no mesmo paul. [...] Confiar nelles seria o cumulo da necedade. Elles tremem ante as consequencias logicas dos principios que dizem seus, protestam com a idéia da abolição do altar, não compreendem, não pódem comprender a republica sem Deus e sem padre... [...]. A *evolução* não nos serve: só podemos ter esperança na *Revolução*. (idem, p.16-7)

Descrente da ação do PRP, convocava os "verdadeiros" republicanos para uma ação em prol das transformações sociais, separada do partido: "O 'caput mortuum' da evolução, os mediocres são os que dirigem". Convocava-os, portanto, a ficarem "A' margem!" (idem, p.17). Com isso, expressou sua oposição ao modelo incorporado pelo PRP, que era o da evolução histórica da política científica, denominada de "oportunista" pelos republicanos europeus da "geração de 1870", a qual era encabeçada por Littré na França, Stuart Mill na Inglaterra, Castelar na Espanha e Teófilo Braga, em Portugal.[74] A política "oportunista" dos contestadores do regime monárquico era a favor da via pacífica nas transformações políticas, ou seja, do agir politicamente de acordo com as tendências da opinião pública, a fim de evitar traumas políticos e sociais.[75]

Desde a criação do PRP, a linha pacífica foi adotada para a contestação do regime monárquico.[76] Em 1872, a *Gazeta de Campinas*

---

74 A esse respeito, consultar: Alonso, 2002.
75 Essa idéia é muito bem sintetizada na fala do deputado de Minas Gerais Afonso Celso Júnior: "A evolução faz revolução – desde que a ocasião dada, a unidade e acordo das vontades. Apud Pessoa,1983, p.141.
76 Cf. Reynaldo Pessoa: "O princípio da evolução das idéias políticas como meio para ser instaurada a forma de governo republicano no Brasil, predominou em sua fase de propaganda, pelo menos até as vésperas de 15 de novembro. [...] Destacados nomes como Saldanha Marinho, Quintino Bocaiúva, Campos Sales, Américo Brasiliense, Rangel Pestana e outros mais, nesses primeiros tempos, optaram pela vereda "evolucionista". Idem, p.131.

reproduziu parte de um discurso de Gambeta pronunciado em Grenoble, cuja apresentação foi feita por Américo Brasiliense. Na busca da legitimação da postura "oportunista", Américo Brasiliense convidou os brasileiros a inteirarem-se das idéias políticas do "distincto democrata" francês:

> Gambeta considera a *moderação* como o mais seguro elemento de triumpho para as idéas republicanas, e diz que a responsabilidade dos meios violentos deve caber aos partidos monarchicos. [...] Aquelles que reprovavam as opiniões de Gambeta, antes de conhecel-as, o que dirão depois de lerem o discurso do illustre democrata aconselhando a *prudência, os meios pacíficos e legaes* para a organisação definitiva da república? (Gazeta de Campinas, 1872)[77]

Em seu proselitismo, Ribeiro relembra sarcasticamente os tempos de Campinas, em que Campos Sales era visto com o Gambeta à brasileira pelos correligionários do partido. E faz disso um motivo para tripudiar dessa comparação, que para ele não era "pretensiosa", uma vez que o cérebro de Gambeta, como comprovaram os médicos, tinha "1.246 grammas de massa encephalica". Além da dúvida que expressa quanto à "genialidade" do republicano francês, havia a intenção de deslegitimar as condutas do PRP alicerçadas na postura "oportunista". Para tal, recorreu a seu mestre, Èmile Zola, que, segundo Ribeiro, já havia comprovado a "mediocridade" de Gambeta muito antes da medição de seu crânio. Desmitificar um ídolo dos republicanos paulistas era uma questão política. A postura "pacífica" pregada por Gambeta, conforme assinala Ribeiro, acomodava-se às práticas políti-

---

77 Observe-se no trecho seguinte do discurso de Gambeta que o meio considerado mais seguro para cumprir os desígnios democráticos e, por conseguinte, republicanos era o sufrágio universal, descartando meios violentos: "só uma coisa temos a fazer presentemente: procedermos pacificamente, legalmente, appellando para o suffragio universal, cuja vontade e decisão não poderão ser mais adiadas por mais tempo: e transformarmos este [...] embrião de Republica, que devemos proteger e defender, afim de podermos assistir dentro em breve ao desabrochar de uma republica sincera, definitiva e progressiva. (*Applausos, - Viva a Republica! – Viva Gambeta!*)" Idem.

cas já existentes no *establishment*, como a corrupção dos votantes. Esse expediente teria sido presenciado pelo escritor por ocasião das eleições dos deputados republicanos em Campinas:

> mantinham *viveiros* de votantes, entouriam-n'os de comida gordas, encharcavam-n'os de bebidas baratas, mandavam-n'os vestir a sua custa, davam-lhes pequenas quantias de dinheiro... [...] ouvimos de um votante que lá se estava *fardando* á custa de um chefe republicano:
> – A gravata eu quero vermeia, porque eu sou republicano. (Ribeiro, [s.d. (b)], p.36)

Com isso, seu objetivo era tocar em cheio na questão dos princípios democráticos, os quais o PRP havia tomado como esteio na construção de sua distinção e legitimação políticas em relação ao regime imperial. Depois de considerar as práticas políticas dos republicanos homólogas às da política imperial, Ribeiro expressou preferir os monarquistas aos republicanos, sobretudo por considerar esses últimos uma "oligarquia" opressora e dogmática: "Si havemos de delegar o poder de agir, si havemos de delegar até o pensamento, si havemos de ser sempre ovelhas arrebanhadas, fiquem as cousas no pé que estão. Pastores por Pastores, antes os velhos" (idem, p.37-8, grifo meu).

Esse posicionamento rendeu-lhe a alcunha de monarquista. O jornal *O Paiz* (RJ) manifestou sua indignação com o fato de ele dirigir os mais "duros golpes" aos republicanos, que seriam os detentores das "ideas mais adiantadas". E insinuou que *A Procellaria* estava a serviço do governo, comendo "tranquilamente o seu milho nas capoeiras governamentaes" (*O Paiz* apud Ribeiro, [s.d. (b)], p.55). A crítica foi refutada por Ribeiro, que ressaltou nunca ter sido monarquista e menos ainda que estivesse a serviço de qualquer um dos partidos monárquicos, fosse liberal, fosse conservador. No entanto, sua contrariedade em relação ao Partido Republicano Paulista, segundo seus argumentos, devia-se ao fato de alguns de seus membros terem transformado os ideais republicanos em interesses políticos de grupos. O PRP, em suma, foi responsabilizado pela "profanação" dos ideais democráticos. Para manifestar essa idéia, o escritor fez uma analogia entre a "menina virgem" e os ideais republicanos que foram corrompidos. Embora longo, o trecho é significativo do impacto que buscava causar:

> Em vez de guardar a pureza immaculada de suas carnes de menina virgem, em vez de guiar-lhe os passos para que não conspurcasse a candidez das vestes na lama do caminho, em vez de fazer troar-lhe aos ouvidos o *"Allons enfants"* ou *"Ecrasons l'infâme"*, [...] elles a levaram sem resguardo, deixaram que se rebolcasse nos muladares da estrada, fizeram-n'a beata, escravagista; tornaram-n'a ridiculamente cupida, pequeninamente ambiciosa. Mais tarde, quando a curva suave dos seios annunciou a puberdade, quando dos seus flancos robustos jorrou a primeira onda cruenta da vitalidade maternal, elles, os metaphysicos opportunistas, os viciosos velhos lupanares monarchicos, estupraram-n'a barbaramente, desbotaram-lhe as faces com beijos torpes, mataram-lhe o pudor feroz, siphilisaram-n'a, atiraram com ella envelhecida, alopetica, sorvada, obscena, a vender-se em almoeda, a apregoar em voz rouquenha nas tertulias eleitorais do setimo e do oitavo districto!" (Ribeiro, [s.d.(b)], p.58-9)

O uso de imagens carnais bem aos moldes do naturalismo para aludir à política do Partido Republicano Paulista denota o propósito evidente de escandalizar. Nessa crítica ao PRP – expressa metaforicamente na passagem acima –, Júlio Ribeiro reafirma a busca de um lugar *sui generis* no universo de contestação das últimas décadas do Oitocentos. Isso ele apregoava nos seguintes termos: "luctamos – sózinho por enquanto – mas luctamos (idem, p.61). No entanto, havia intervenções no cenário brasileiro do período que apontavam na mesma direção das críticas elaboradas pelo escritor. Especialmente na década de 1880, constata-se a proliferação de jornais republicanos em São Paulo e no Rio de Janeiro, independentes da linha partidária, que discordavam dos princípios pacíficos do "evolucionismo", pregando a Abolição e a República.[78] Em São Paulo, nas arcadas da Faculdade

---

78 A discussão sobre o republicanismo foi ampla e heterogênea. Historiar o debate que se travou entre os republicanos em torno da questão "evolução ou revolução" ultrapassa os propósitos deste trabalho. A esse respeito consultar: Pessoa, 1983 e Pessoa et al., 1974.

de Direito do Largo S. Francisco, na década acima citada, foi significativo o desenvolvimento de uma imprensa republicana abolicionista.[79] No mesmo ano de *A Procellaria*, fundaram-se os jornais acadêmicos *A Sentinela*, do qual foi colaborador Raul Pompéia, e *A Revolução*.[80] Esses jornais seguiram claramente uma linha "revolucionária". O primeiro proclamava-se republicano, revolucionário, abolicionista e anticlericalista. Eis o tom empregado em seu primeiro editorial (7 de abril de 1887):

> A revolução, de há muito começou a operar nas idéias, nos costumes pela educação ministrada pelos pregoeiros da república e pelos princípios severos da moral republicana. Seu complemento será fácil, alguma efusão de sangue é indispensável mas, os brasileiros não se aterrorisam com isso. Já verteram muito sangue, verte-lo-ão de bom grado, quando for necessário (apud Pessoa, 1983, p.181).

Em vista disso, pode-se afirmar que Ribeiro não estava sozinho na campanha de defesa da imediata instauração da República e da Abolição, como ele buscava frisar. O que, talvez, torna sua atuação destoante é o fato de seu combate ter visado sistematicamente a um alvo personalizado: os chefes do PRP. A despeito de esse traço permear sua ação como propagandista da República no conjunto de *A Procellaria*, o trecho seguinte afirma que o ataque se dirige ao partido como um todo: "atacamos o partido republicano, e em fazê-lo só temos um pesar – é que a pequenez de nossas forças não corresponde á grandeza de nossa

---

79 De acordo com Reynaldo Pessoa, a posição favorável ao abolicionismo esteve presente nas seguintes edições de jornais acadêmicos com tendências republicanas: "*O Ganganelli*, São Paulo, 16 out. 1885; *A Idéia*, São Paulo, 1 jul. 1883; *A Onda*, São Paulo, 17 out. 1884; *A Lucta*, São Paulo, 6 abr. 1884; *A Democracia*, São Paulo, 19 ag. 1882; *Ça Ira*, São Paulo, 19 ag. 1882; *A Propaganda*, São Paulo, 21 abr. 1871; *Sentinela*, São Paulo, 7 abr. 1887; *A Revista Republicana*, São Paulo, 5 out. 1885; *A Vida Semanária*, São Paulo, 6 abr. 1887." Pessoa, 1983, p.179.

80 Esse jornal não traz os nomes dos redatores e diz serem diversos os colaboradores. Seu tema foi "Pátria-Liberdade". A despeito de ter-se pronunciado a favor do programa do Partido Republicano, expressou a seguinte ressalva no que se referia à questão servil: "entendemos que o abolicionismo não é uma questão política, mas uma questão de humanidade" Pessoa et al., 1974.

vontade" (Ribeiro, [s.d.(b)], p.56). Esse ímpeto do autor também pode explicar a eloqüência de seu discurso, eivado de metáforas de combate e de ironias.

Ribeiro parece ter mantido esse tom belicoso no jornal *O Rebate* (1888) – embora não se conheçam os artigos em que isso se manifesta – conforme se depreende de uma epígrafe usada pelo jornal *O Grito do Povo*: "Está a chegar o perigo: quero o meu quinhão",[81] retirada de um dos artigos de Júlio Ribeiro publicados n'*O Rebate*. Assim, pode-se inferir que seus escritos repercutiram no próprio movimento de contestação existente no cenário da imprensa paulistana da década de 1880. Essa repercussão corrobora também a idéia, que já se lançou neste capítulo, de que Ribeiro foi reconhecido em sua época como um autor destemido. O escritor, portanto, logrou ainda em vida sua "canonização" como figura combativa.

Ribeiro fez de suas intervenções na imprensa um campo de batalha em que as concepções literárias e científicas de base naturalista foram o principal instrumento de contestação da ordem vigente e da política partidária do grupo de republicanos paulistas. Ele lutou por suas idéias, mas também pela sobrevivência na cena do jornalismo e da literatura. Em suma, as teorias científicas não só foram aplicadas à leitura e à interpretação do Brasil, mas também incorporadas em sua experiência individual e social, na medida em que o embate das idéias foi encarado como uma arma na luta pela "sobrevivência" no âmbito letrado. Em fins do Oitocentos, para tornar-se conhecido e reconhecido não bastava o cultivo das letras em sua acepção estrita: a mobilização de idéias e a tomada de posição na imprensa eram caminhos imprescindíveis. Entretanto, o reconhecimento simbólico no campo letrado não garantia necessariamente estabilidade profissional e econômica, o que levava ao deslocamento geográfico em busca de oportunidades. Júlio Ribeiro é um caso típico dessa problemática. Ele migrou pelo interior da província de São Paulo em busca de espaços de atuação e

---

81 *O Grito do Povo*, São Paulo, 1888 apud Pessoa et al., 1974, p.161. Esse jornal era redigido por Hypólito da Silva e teve como eixo de discussão o sufrágio universal. Cf. Pessoa et.al, 1974.

sobrevivência: Sorocaba, Campinas, Capivari e a capital da província. Em 1889, rumou para o Rio de Janeiro, de onde escreveu a seu filho Joel, expressando desilusão (Ribeiro, 1890):

> Rio, 4 de abril de 1890.
>
> Meu bom Joel
>
> [...] estou sózinho aqui no Rio de Janeiro porque é preciso ganhar o pão para todos! Triste sorte a de teu pae, meu filho! Dá lembranças a vovó e a todos de casa, e tu escreve-me. Ahi vão uns sellos bons [?]: guarda-os.
>
> Teu pai e amigo
>
> Julio Ribeiro
>
> N. B. A minha saude não é boa, fiquei muito doente em S. Paulo, e ainda não estou bem.

Em 1890, já instaurada a República, Ribeiro era professor do Instituto Nacional do Rio de Janeiro em caráter interino. Na carta seguinte, ele fez um pedido a Quintino Bocaiúva, ministro das Relações Exteriores naquele ano, para a efetivação de seu cargo nesse Instituto (Ribeiro, 1890):

> Sorocaba, 12 de março de 1890.
>
> Illmo. Exmo Sr. Quintino Bocayuva.
>
> Felicito-o cordialmente pelo bem[?] expresso á patria e pelo restabelecimento da filha adorada.
>
> Juncta, encontrará V. Excia. uma recomendação que, antes de 15 de Novembro de 89, me deram para V. Excia. tres membros da Comissão Executiva Republicana Paulista, dous dos quaes são hoje ministros. Todavia eu não me apresento a exigir a recompensa de serviços prestados; apresento-me a pedir o que entendo me poder e dever ser dado com lucro do pais. Eu desejo a effectividade do logar que interinamente ocupo no Instituto Nacional.
>
> E provas de concurso não se fasem mister: eu não sou um estreante nas lettras patrias e toda a minha vida tem sido um concurso não interrompido.

Permitta-me V. Excia. a immodestia: quem é como eu conhecido nos dominios da philologia; quem fez o concurso de Latim que eu fis em S. Paulo; quem tem escripto os livros que eu tenho escripto não precisa de fazer concurso para ser nomeado professor de Rhetorica, Poetica e Litteratura no Instituto Nacional. Certo de que a gentileza fidalga [?] de V. Excia. não deixará sem resposta esta carta minha, subscrevo-me.

de V. Excia. admirador enthusiasta e amigo

Julio Ribeiro

Essa carta figurou entre outras nas quais Ribeiro pedia aos republicanos – no poder à época – nomeação para algum cargo sem que tivesse que prestar concurso.[82] O argumento foi o mérito na trajetória das letras, de que sua consagração como filólogo era um exemplo. Observa-se, portanto, que o escritor recorreu à prática do patronato, embora a condenasse, assim como outros contestadores republicanos, que também lançaram mão desse expediente no início da República.[83]

Em seus textos na imprensa, Ribeiro recriminava abertamente o patronato. Em um de seus artigos na *Gazeta Commercial* afirmou que essa "tendencia [...] para a criação de empregos especiais para tudo" se explicava pelo fato de ser "arraigado em nossa indole", entretanto "com prejuizo de nosso progresso" (apud Irmão, [s.d.], p.114). Uma década

---

82 José Murilo de Carvalho ao estudar a correspondência de Rui Barbosa quando ministro da fazenda indica alguns pedidos de emprego feitos por Ribeiro em 1889 e 1890 ao ministro. "[....] Sem falsa modéstia diz ser: 'um brasileiro que o Brasil não deveria deixar morrer à mingua'." (Sorocaba, 19/01/1890). Em carta anterior alegara contra o argumento de não ser concursado: 'há vinte e cinco anos que eu estou a fazer concurso público pela cátedra de mestre, pelo livro, pelo panfleto, pelo jornal'(Sorocaba, 12/12/1889)." Carvalho, 2000, p.97.

83 O perfil das pessoas que pediram favores a Rui Barbosa era variado: "Colegas do governo, militares e civis, como Benjamim Constant e Campos Sales; políticos como Aristides Lobo, militares como o visconde de Pelotas; republicanos históricos e exaltados, como Saldanha Marinho, Silva Jardim, Sampaio Ferraz, Aníbal Falcão; escritores como Júlio Ribeiro e Ernesto Carneiro Ribeiro; parentes, como a tia Luíza Adelaide e o primo Antonio Jacobina; amigos, colegas de faculdade, correligionários; desconhecidos." Idem, p.86.

depois, conforme se pode apreender na carta que enviou a Francisco Glicério, de novo foi agente dessa prática, ao colocar-se como intermediário de seu cunhado para a obtenção de um emprego (Ribeiro, 1884):

> Capivary, 4 de abril de 1884
> Glycério
>
> É portador d'esta meu Cunhado e teu primo José Pinto de Arruda Amaral, elle precisa de um emprego: administração de fasenda, intendencia de matadouro, o diabo, não importa: o que elle quer é emprego. Escusa longos discursos: é teu parente, é meu recommendado, basta. Empregue-o.
> Teu amigo
> Julio Ribeiro

Verifica-se, portanto, uma "incoerência" entre o discurso professado e a prática exercida. Diante disso, indaga-se: seu desempenho em prol do regime republicano, em defesa dos princípios democráticos, sua oposição à sociedade hierárquica, eram mera retórica? Júlio Ribeiro, bem como outros que se consideravam politicamente revolucionários – Silva Jardim, por exemplo –, estavam inseridos numa cultura em que os valores hierárquicos estavam profundamente enraizados, mesmo entre os que professavam radicalismo. Isso pode ser depreendido do tratamento que Ribeiro usou em sua carta a Bocaiúva: "Ilmo. Exmo" e "V. Excia.", que revela formalidade e respeito, uma exigência social mais próxima aos padrões sociais hierárquicos. Nas cartas para Rui Barbosa, conforme assinala José Murilo de Carvalho (2000, p.103), Júlio Ribeiro e Silva Jardim recorreram ao tratamento "cidadão ministro" uma única vez; na maioria das vezes empregaram o tratamento formal mencionado acima.[84] A República era uma realidade; no entanto, o tipo de tratamento usado por Ribeiro denota que ainda estava mais ligado aos preceitos sociais do Império que da República. Enfim, a

---

84 Para mais detalhes sobre a linguagem dos pedidos a Rui Barbosa como reveladora das percepções sociais e políticas no início da República, consultar: Carvalho, 2000, p.99-105.

condenação do patronato não era somente uma questão de retórica. Apesar dos limites impostos pela própria cultura do Império, Ribeiro foi "radical" em suas intervenções.

Essa combatividade característica de Ribeiro transparece no necrológio que Raul Pompéia (1890) fez do escritor:

> Infelizmente o enthusiasmo de viver, que o absorvia vertiginosamente na vida prática como no estudo e no trabalho de artista, que transformou muita vez o homem de erudição e o artista em jornalista ardente e formidavel. Campeão de lutas políticas, gastou-lhe depressa o vigor da saúde.
>
> E, quando apenas nos é dado admirar uma parte da obra imensa para que um homem da sua respeitavel pujança intelectual estava sem dúvida predestinado, temos já que lamentar a tristissima terminação dos seus dias.

Tinha razão Raul Pompéia – exceto talvez quanto à idéia da predestinação –, pois Ribeiro viveu somente até os 45 anos, porém dedicados intensamente às letras e ao debate das idéias, que eram intervenções políticas nas quais erudição e ciência eram rigorosamente adaptadas para o palco da polêmica.

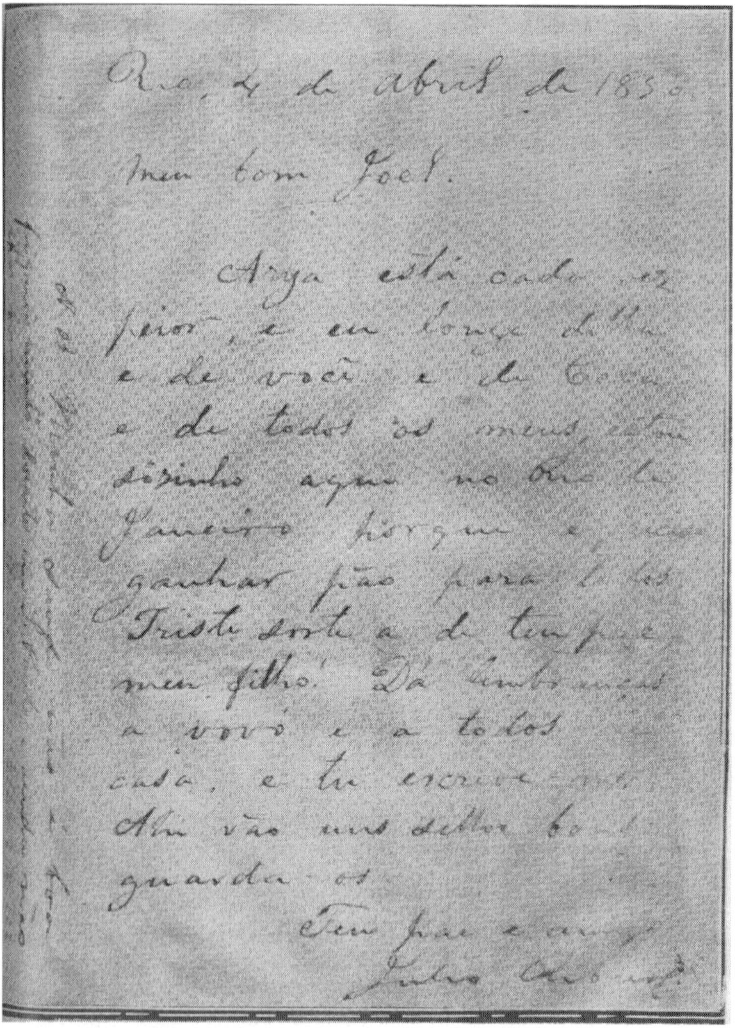
Rio, 4 de Abril de 1850.

Meu bom Joel.

Arya está cada vez peior, e eu longe della e de você e da Cora e de todos os meus, estou sozinho aqui no Rio de Janeiro porque é preciso ganhar pão para todos. Triste sorte a de teu pae, meu filho! Dá lembranças a vovó e a todos de casa, e tu escreve-me. Ahi vão uns sellos bons, guarda-os.

Teu pae e amigo
Julio Ribeiro

Figura 9 Carta de Ribeiro a seu filho Joel. Arquivo Jolumá Brito, Centro de Memória da Unicamp (CMU)

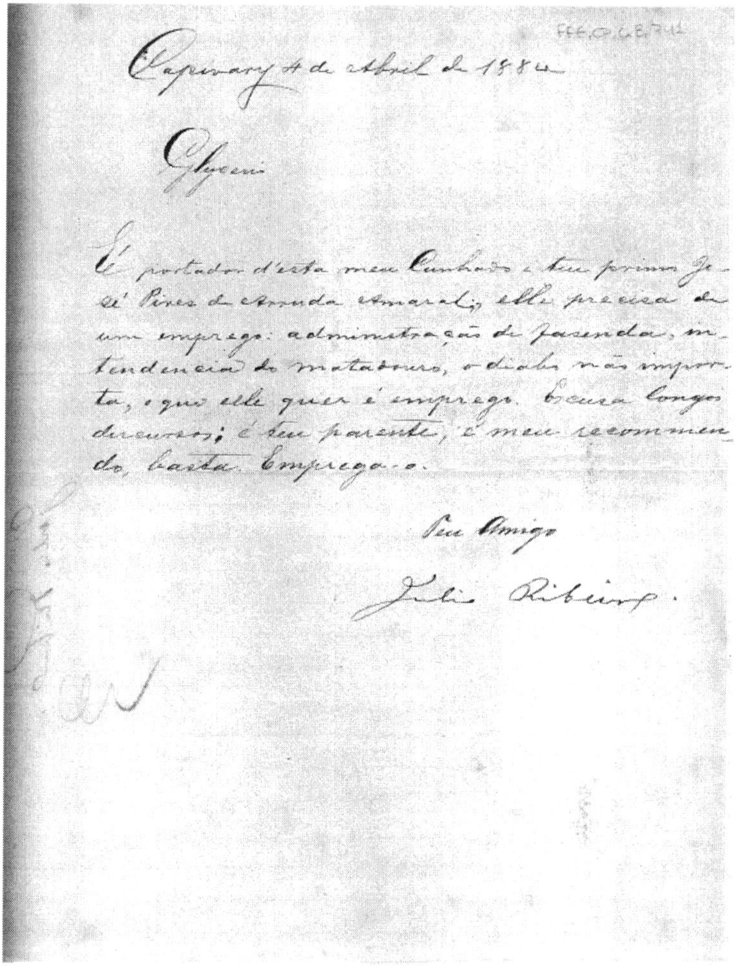

Capivary 4 de Abril de 1884

Glycerio

É portador d'esta meu Cunhado e teu primo José Pires de Arruda Amaral; elle precisa de um emprego: administração de fazenda, intendencia do matadouro, o diabo, não importa, o que elle quer é emprego. Escusa longos discursos; é teu parente, e meu recommendado, basta. Emprega-o.

Teu Amigo

Julio Ribeiro.

Figura 10 Carta de Ribeiro a Francisco Glicério. Arquivo Jolumá Brito, Centro de Memória da Unicamp (CMU)

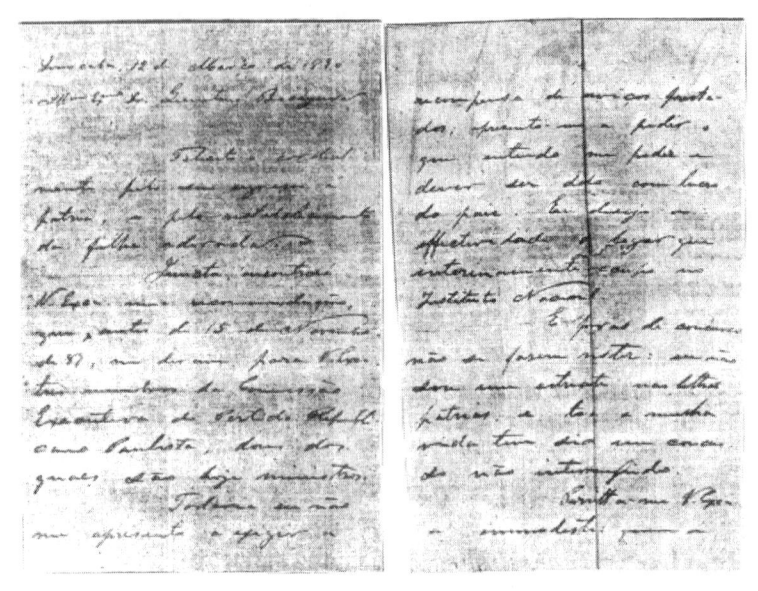

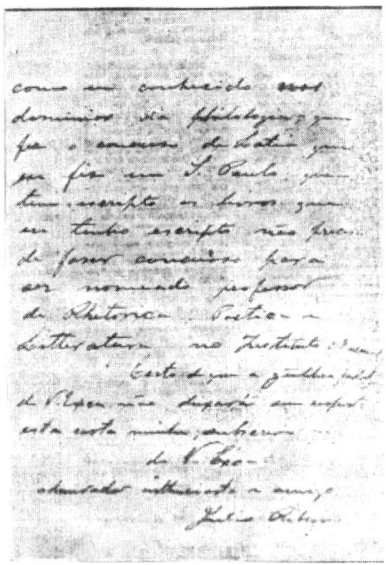

Figura 11 Carta de Ribeiro a Quintino Bocaiúva. Arquivo Jolumá Brito, Centro de Memória da Unicamp (CMU)

ERUDIÇÃO E CIÊNCIA 165

Figura 12 Foto de Ribeiro com Ramalho Ortigão e Antônio Trajano. In J. A. Irmão, *Júlio Ribeiro*, p.220

3
O "QUARTO MOSQUETEIRO":
IMAGEM DE UM REPERTÓRIO

O polêmico: imagem "naturalizada"

> Êle [Júlio Ribeiro] está sempre na brecha,
> na liça, na arena, na estacada, no campo
> da batalha. Imagina-se de lança em riste,
> de visera erguida, de azorrague em punho.
> Espanca, esmaga, tritura, apavora. É o 4.ª
> mosqueteiro. É D'Artagnan.
>
> Orígenes Lessa.
> Prefácio – Uma polêmica célebre, 1949.

Nas imagens freqüentemente criadas sobre Júlio Ribeiro, sobressai a polêmica e intransigência como a razão de ser de sua existência. Tais traços aparecem na caracterização do escritor realizada por seus coetâneos e adquirem maior relevo nas leituras que se fizeram dele *post-mortem*, especialmente aquelas que se dedicaram a reconstituir sua vida e obra. Sem dúvida, as intervenções de Ribeiro no universo sociocultural da segunda metade do século XIX revelam seu caráter "intransigente" e seu tom "polêmico". Assim não se busca desconstruir tais caracterizações a respeito do escritor, mas compreender como foram historicamente produzidas. Para tal intento, a articulação das práticas de leituras é central na percepção dos mecanismos que moldam, classificam e instituem uma imagem de Ribeiro delineada pela vocação negadora da ordem estabelecida como natural.[1] Desse modo, afastar-se das posturas e imagens familiares sobre Júlio Ribeiro requer desnaturalizar aquilo que parece familiar e evidente para inscrevê-lo nas práticas específicas que produziram ordenamento, classificação e representação da imagem desse escritor como "intransigente" e "polemista".

Os versos a seguir, escritos por Teófilo Dias, expressam de forma emblemática essas marcas da existência do autor:

> Assim vêm, assim vão as bravas avezinhas,/ Afrontando o furor das tormentas marinhas;/Libradas nos tufões. A luta as inebria./ Os gênios são assim: como as filhas do oceano,/ Pairam sobre os bulcões do pensamento humano,/ Arrostando do mal a infrene tempestade,/- precursores do bem e núncios da verdade:/ o torpor lhes repugna; o combate os convida;/ só a luta os atrai – porque a luta é a vida![2]

O trecho transcrito acima evoca as aves marinhas como símbolo da inquietação, do enfrentamento dos obstáculos e, ao mesmo tempo, do prazer que isso proporciona. O poema de que os versos em questão fazem parte foi inspirado na figura de Júlio Ribeiro e alude mais especificamente ao jornal *A Procellaria*, dirigido pelo escritor em 1877, na cidade de São Paulo.[3] Assim como as procelárias, o espírito de Júlio Ribeiro mostrava-se, para o poeta, combativo, incansável, veemente e impetuoso – consis-

---

1   A esse respeito Roger Chartier (1990, p.16) afirma: "Ocupar-se dos conflitos de classificação ou delimitação não é, portanto, afastar-se do social – como julgou durante muito tempo uma história de vistas demasiado curtas –, muito pelo contrário, consiste em localizar os pontos de afrontamento tanto mais decisivos quanto menos imediatamente materiais.

2   Dias, Teófilo. Seu poema foi publicado em 23 de março de 1887 no jornal *A Procellaria*. In: Ribeiro, [s.d.(b)], p.25.

3   Uma nota explicativa a respeito desse poeta apareceu no jornal dirigido por Ribeiro: "O Creador da Matilha, o mais correcto dos actuaes poetas brasileiros, Theóphilo Dias, traduziu para alexandrinos soberbos a prosa descorada do nosso primeiro editorial. Temos o orgulho em offerecer aos nossos leitores esta peça admirável. E damos-lhe o nosso lugar de honra. *Á tout seigneur tout honner.*" Ribeiro, idem, p.25 [grifo do autor].

tindo não só na maneira de atuação desse jornal, mas também na linha mestra do pensamento e da obra de seu criador e diretor.

A celebração de Teófilo Dias indica que Ribeiro já havia se tornado conhecido no universo sociocultural paulista pelo traço da polêmica antes da publicação do romance *A Carne* (1888) – o qual ocasionou na sociedade paulista uma grande celeuma, que ocupou várias páginas da imprensa paulista da época – em decorrência de suas críticas às instituições imperiais e, sobretudo, às orientações partidárias do republicanismo paulista.

Não se pode desconsiderar que essa prática de polemista constituía um elo de identificação do jovem poeta Teófilo Dias com o escritor em estudo. Ao cantar em versos alexandrinos a luta e o combate como própria dos gênios, Dias reverencia a si próprio e reafirma o combate de sua geração pela liberdade em várias esferas da vida[4]. Portanto, a contestação da ordem sociopolítica imperial consistiu no mote da luta do movimento "intelectual" da geração de 1870, que englobou uma heterogeneidade de grupos e de práticas políticas, das quais Ribeiro participou em alguma medida, não só pela interpretação que realizou com sua produção, mas também por ter mobilizado outras intervenções textuais no universo letrado da época, especialmente na imprensa paulista, na qual buscou se afirmar pela idéia de independência frente a quaisquer grupos desse universo de contestação. Tal atitude não significa que estivesse à parte desse movimento da geração de 1870, mas ressalta muito mais a busca pelo destaque e a legitimação pela polêmica.

Nesse sentido, a imagem de combatente destemido que se fez da figura de Júlio Ribeiro só pôde estabelecer-se porque ele próprio participou de sua construção.

---

4 Sobre Teófilo Dias, Antonio Candido, ao analisar a presença de Charles Baudelaire nos poetas brasileiros dos anos 1870 e começo de 1880, destaca-o como um dos mais completos baudelairianos no Brasil: "E, para seguir falando nessa curiosa tendência, extrapolação do modelo baudelairianos, lembremos que a sua manifestação mais vistosa é 'A matilha' de Teófilo Dias – uma caçada simbólica, onde os cães do desejo, lançados numa carreira desenfreada, alcançam afinal a presa, isto é a posse, numa imagem que deixa expostas as componentes de violência e amor." Importa salientar aqui que, na visão de Antonio Candido, Teófilo Dias e os jovens poetas de sua geração faziam do sexo uma plataforma de libertação e combate, que se articulava com a negação das instituições. Candido, 1989, p.26, 30.

> O diretor d'A Procellaria não é marinheiro de primeira viagem, não é soldado bisonho: <u>elle fez as suas armas</u>, elle recebeu o seu baptismo de fogo, elle ganhou suas esporas de cavaleiro na imprensa desta província. Sabe já com o que contar; conhece o perfume que vai colher... E tudo arrosta, a tudo se abalança... (Ribeiro, [s.d. (b)], p.11) [grifo meu]

O aspecto combativo da caracterização de Júlio Ribeiro persistiu como forma de compensar o pouco êxito e a incompreensão no universo letrado das décadas de 1870 e 1880, mesmo na tradição de leituras da história e da crítica literárias, as quais, na maioria das vezes, atribuem ao escritor parcas qualidades literárias, embora seja destacado pela combatividade. Esse aspecto é ainda mais reforçado quando se trata do gênero biográfico.[5] Eis o que é ressaltado na explicação de Dornas Filho sobre o ponto alto da obra e do caráter do escritor:

> O polemista [...] musculoso e rude, bravo e destemeroso, é o prolongamento natural do panfletário político. [...] num estilo mais ductil e mais ardente, numa nobreza de forma que ele nunca atingiu no romance. [...] Precisava de horizontes eletrizados pela paixão e incandescidos pelo sentimento. <u>Era mesmo a procelária, que se nutre de coriscos e tempestades</u>. (Dornas, 1945, p.85) [grifo meu]

Importa aqui salientar que essa valorização de Ribeiro pela polêmica é homóloga àquela realizada por Teófilo Dias. Ao recorrer à imagem matriz referente ao escritor, Dornas Filho serve-nos de exemplo para apontarmos a existência de mecanismos de apropriação das leituras feitas por coetâneos de Júlio Ribeiro e pelo próprio autor na elaboração de sua imagem. A "repetição" a partir dessas matrizes passa por um processo de "naturalização", sem levar em conta o contexto de produção dessas imagens, que estão diretamente associadas aos elementos da trajetória letrada do escritor.

Nesse sentido, temos o discurso de posse do Instituto Histórico e Geográfico de São Paulo (IHGSP) de José Aleixo Irmão, que escolheu

---

5 Temos dois textos no estilo biográfico dedicados a reconstituir a trajetória do escritor: Dornas Filho, 1945 e Irmão, [s.d (a)].

como patrono Júlio Ribeiro e o evocou como "pobríssimo e sofrido" homem de letras, incompreendido no seu tempo. No entanto, acrescenta que o escritor, mesmo nessa condição, "não traficou nunca, casuisticamente, com sua consciência".[6] O tom laudatório do discurso em homenagem a Ribeiro evidencia a naturalização das marcas da existência de Júlio Ribeiro:

> Em largas pinceladas evoco, com essa escolha, aquele voz "clara, altíssona, metálica (que) vibra e estala no ar como a língua de um relho"
> – Júlio Ribeiro
> [...] o homem orfanado de teres e haveres; Júlio Ribeiro, homem feito de barro, mas daquele barro que "se recoze ao fogo da desgraça" para se transformar na mais rara e preciosa faiança. (Irmão, op.cit, p.11-2)

Somada à idéia de autor mal compreendido e, por isso, marginalizado, temos a ausência de recursos materiais como trunfo da reverência póstuma.[7] As biografias elaboradas por José Aleixo Irmão e por João Dornas Filho podem ser vistas não somente como um repositório de informações acerca de Júlio Ribeiro, mas também como fontes que possibilitam a visualização de traços do autor como evidentes, ou seja, como portadores de mecanismos de uma prática social significativa, que participa da produção da imagem do autor.

Postula-se, na verdade, que a produção de imagens acerca de Júlio Ribeiro delineou-se numa experiência social. Tal aspecto é de extrema importância para não se resvalar num anacronismo, o que impediria verificar a própria produção da imagem do escritor, isto é, a percepção das leituras como um campo que confere significações de valor a sua obra.[8]

---

6   Irmão, op. cit, p.11 e 28. O gênero biográfico constituiu a linha predileta dos escritos do Instituto Histórico e Geográfico de São Paulo. Sobre o assunto ver: Ferreira, 2002, especialmente o capítulo 2.
7   É importante esclarecer que esse tipo de leitura poetizada e positivada sobre Ribeiro não foi a linha predominante da história e crítica literárias, embora desenvolva análises também naturalizadas, só que de maneira inversa, destacando as qualidades literárias negativas. Esse aspecto é tratado no capítulo 4.
8   Valho-me da perspectiva teórica de Chartier, que vê no consumo cultural um campo de produção de sentidos, ou seja, uma prática social (Chartier, 1990).

De certa maneira, a reconstituição da vida de Ribeiro por Irmão parece visar à busca da consagração póstuma do biografado por meio da descrição de sua vida como exemplar. O tom apologético da biografia não permite verificar as sucessivas variações do lugar social ocupado pelo escritor no universo letrado bem como as motivações de seu direcionamento para as letras. Esse último aspecto, é explicado pelas noções de predestinação e genialidade de autores presentes numa certa tradição dos estudos biográficos e literários[9].

Antes de encaminhar este estudo para o exame dos mecanismos de produção das imagens do autor nos textos biográficos, passarei a tratar das condicionantes sociais que operaram na "gestação" do escritor como homem de letras. Dessa maneira, as evidências contidas nesses textos são duplamente valiosas. Primeiro, ao trazerem as identificações da história afetiva e familiar de Júlio Ribeiro, possibilitam reconstituir as motivações pessoais e sociais de seu encaminhamento para a carreira letrada. Segundo, por servirem como elementos para a elaboração de uma reverência ao indivíduo biografado, acabam por reproduzir imagens-chave que caracterizariam o autor e sua obra, o que permite vê-las como gestos de uma prática social significativa na construção da imagem do escritor.

A correspondência que Ribeiro manteve com a mãe – na época em que era aluno do colégio de Baependi – é tomada como base para a interpretação das motivações sociais que lhe conduziram às letras. Ao eleger o momento da passagem da adolescência para a vida adulta de Ribeiro (momento em que ainda não era escritor), não se tenciona organizar uma história de vida de acordo com o gênero biográfico, que, na maioria das vezes, descreve uma vida como um caminho, um trajeto para alcançar uma realização na busca de evidenciar a experiência de vida como unidade e como totalidade;[10] ao contrário,

---

9   Essa visão é tributária da tradição romântica, que, conforme Bourdieu: "todas estas 'invenções' do romantismo desde a representação da cultura como realidade superior e irredutível às necessidades vulgares da economia, até a ideologia da 'criação' livre e desinteressada, fundada na espontaneidade de uma inspiração inata" Bourdieu, 1999, p.104.

10 Sobre os pressupostos dessa teoria do estilo biográfico e autobiográfico, ver: Bourdieu, 1996a, p.74-89.

busca-se apreender os elementos das relações familiares associados à criação de motivações que irão operar positivamente na orientação de Ribeiro para as letras.

Aquilo que se gasta nos estudos jamais se desperdiça

Tentar compreender a escolha de Ribeiro pelo universo das letras, bem como uma gama de atividades e ocupações por ele exercidas – o jornalismo, o magistério, a filologia, a história e o romance –, leva-me a colocar em pauta as motivações que o encaminharam a essas atividades. Além disso, possibilita refletir em torno do significado da carreira letrada na segunda metade do Oitocentos no Brasil.

A origem social não constituía fator determinante para a carreira de escritor em sua acepção mais ampla, pois a proveniência dos homens letrados da época era socialmente heterogênea.[11] Com isso, a procedência social de Júlio Ribeiro só adquire importância na explicação de sua gestação como homem de letras se associada à trama específica de sua

---

11 A esse respeito, ver: Ferreira, 2002, p.49. A partir de duas publicações importantes no cenário das letras paulistas: O *Almanach Litterario de São Paulo* entre 1876 e 1885 e a *Revista do Instituto Histórico Geográfico de São Paulo* de 1895 a 1940, o autor enfoca os "fundamentos simbólicos da construção do imaginário regional de São Paulo". Interessa-nos aqui especialmente o *Almanach Litterario de São Paulo* por cobrir o mesmo período desse estudo, assim servindo como uma amostra ilustrativa do universo das letras paulistas, pelo menos no que diz respeito a seus produtores. Em sua pesquisa, Ferreira verificou que a origem social da "grande maioria dos articulistas" do *Almanach* era heterogênea – que provinham de famílias que tinham se enriquecido há poucas décadas: "A grande maioria dos articulistas provinha das camadas sociais proeminentes: eram profissionais liberais, políticos, fazendeiros, muitos deles com atividades mescladas nesses setores e enriquecidos há poucas décadas. Os que se apresentam ou são apresentados como doutores somam cerca de 70%, na sua quase totalidade bacharéis em Direito formados em São Paulo [...] Não se devem desconsiderar, entretanto, aqueles vindos de famílias de poucas posses, os quais, a exemplo do próprio editor [José Maria Lisboa], ascendiam socialmente pela instrução recebida, por meio do casamento ou do trabalho no comércio e nos jornais".

experiência subjetiva e objetiva. Portanto, não é a origem social em si a definidora da trajetória de Júlio Ribeiro em direção às letras.

Como já se relatou no início deste trabalho, Ribeiro era Filho de Maria Francisca Ribeiro, professora de primeiras letras em Sabará (MG) e de George Washington Vaughan, um norte-americano que viajava pelo Brasil com sua pequena companhia de circo. Sua educação ficou a cargo da mãe, que, além de prover a casa, também era responsável pelo futuro do filho.

Em carta de 20 de janeiro de 1856, datada de Iguaçu, endereçada a "Ilma Snra. D. Maria Francisca Ribeiro, professora de primeiras Letras", George W. Vaughan (apud Irmão, [s/d], p.205) diz:

> Eu vou trabalhando neste lugar onde pretendo ganhar alguma couza, por ser um lugar grande e muito frequentado, eu há dois meses a esta parte não tenho ganho nem um vintém por causa das grandes enchentes e grandes chuvas em petropollis [...] Eu tinha oitenta mil réis justos para lhe mandar mais por cauza do tempo as despezas foram muitas e não tive remédio senão lançar mão deste dinheiro, agora espero neste lugar ver se ganho alguma coisa para lhe mandar, e quando me valle a minha companhia ser pequena componse de sr. Luiz Ipollito e um menino, eu sahindo deste lugar pretendo hir para Vassoras e de lá pra Vallença, Arozal e Barra Mança caminho para caza. [...] Deste minha Bênção em meu filho diga a elle que siga com vontade em seus estudos. [...] Diga a Julio que me escreva que eu quero ver a letra delle. Vmce pode mandar procurar no correio a marmotta de 1 de Janeiro de 1856, dei sua assinatura por 6 meses. S. Paulo Brito me prometeu os jornais e figurinos deste dia.[12]

Se, por um lado, Júlio Ribeiro não era proveniente de família vinculada diretamente à atividade agrícola, que pudesse fazer do capital gerado recursos para a educação, de outro a atividade do magistério exercida pela mãe operou de maneira positiva em sua condução para as letras. Pode-se também anotar a ausência do pai, tanto no que diz

---

12 Carta de George W. Vaughan de 20 jan. 1856. Todas as citações da correspondência entre Júlio Ribeiro e sua mãe que a seguir serão reproduzidas foram retiradas desse livro.

ERUDIÇÃO E CIÊNCIA 175

respeito às dificuldades financeiras quanto às questões de foro subjetivo, constituindo outros pontos propícios para o encaminhamento de Júlio Ribeiro à carreira letrada.[13] Tendo em vista suas parcas condições financeiras e a colaboração incerta do pai na educação do filho, Maria Francisca via no estudo uma forma de ascender economicamente e socialmente. Essa visão foi absorvida no filho. Eis o que Júlio Ribeiro pronuncia no discurso de formatura do colégio interno de Baependi em 30 de novembro de 1862:

> Sabeis vós o que é um nome no mundo literário? É o condão que faz com que o homem atravesse imune o volver dos séculos, vencendo a morte e desdenhando as revoluções do globo e a destruição das cidades. (idem, p.208)

Essa fala traz uma representação da carreira literária como instância imune a qualquer contingência da vida política, como atividade marcada por uma aura romântica.[14] É ainda mais relevante por ser socialmente significativa, ou seja, indicativa de que o capital simbólico construído por um homem é o maior dos bens de que ele pode dispor: "aquilo que se gasta nos estudos jamais se desperdiça" (idem, p.33), escreveu Ribeiro na missiva à mãe em 1863. Acrescente-se a isso que as pessoas desprovidas de recursos econômicos acreditavam que tal sacrifício fosse parte do caminho trilhado para alcançar estabilidade econômica e notoriedade simbólica. Não obstante, também sabiam da importância das relações sociais para capitanear recursos simbólicos,

---

13 Para o momento posterior (1889-1930), existe o já clássico artigo de Sérgio Miceli sobre os anatolianos no Brasil, em que se analisa a trajetória social de uma "categoria de letrados atuantes" no período referido, pertencentes à oligarquia decadente, os quais são convertidos a escritores por meio de mutilações sociais. Ver: Miceli, 2001, p.15-68. Todavia, esse modelo não se aplica inteiramente à cronologia e ao espaço trabalhados aqui pelo fato de a elite letrada da província de São Paulo do século XIX descender, em sua maioria, de famílias que ascenderam pela atividade cafeeira, daí as trajetórias letradas não serem uma reconversão das carreiras dominantes da elite dirigente para a carreira intelectual.

14 Ribeiro tinha 17 anos nessa ocasião, e tudo indica que não integrou os formandos daquele ano, pois ingressou em 1860, tendo saído em 1865.

que poderiam promover a ascensão a postos de mando em várias direções, desde o exercício de cargos na burocracia política à execução de funções na promissora imprensa da época.

Se Júlio provinha de uma família sem recursos econômicos, como pôde ter freqüentado um colégio interno particular cuja anuidade era de trezentos mil réis?[15] Preocupada com a formação do filho, Maria Francisca negociou a entrada de Júlio no colégio, escrevendo ao diretor do colégio em Baependi (MG). É o que indica a resposta na carta do cônego Dr. Luís Pereira Gonçalves de Araujo (idem, p.17-8):

> [...] attendendo porem ás qualidades que ornão a pessoa de V. Excia., com quem simpathisei desde que tive a fortuna de ve-la, e também attendendo ás valiosas razões, que allega em sua estimada carta, aceito o sr. seo filho com a pensão de cem mil réis; em obséquio principalmente a pessoa de V. Excia.

De acordo com as informações que temos na biografia de Irmão, mesmo tendo conseguido um abatimento no valor da anuidade do colégio, Maria Francisca, além das aulas, passou também a desempenhar outras atividades para complementar o orçamento: "Ainda bem que a pequena escola que mantinha e as encomendas de doces, quitandas e arranjos de mesas para batizados e casamentos afugentavam um pouco o espectro da fome naquele lar vazio de chefe"(idem., p.16). Essas atividades femininas asseguravam o pagamento da escola do filho e os pedidos de dinheiro feitos por Júlio para a compra de livros, que sempre o endividava. Em carta de 17 de julho de 1863, presta contas à mãe:

> Quanto aos meus negócios não estão tão ruins como julga: eu já ajustei com o cônego e só ficamos devendo 17.200 contando também os livros italianos, que já virão. Quando me chegarão os livros fiquei devendo mto. Porém dei por conta os 5.000 do José Divino, que elle me mandou, e dei 12.000 de livros que vendi, vindo assim a dever por tudo 17 a 18.000. Não deve descorçoar, Deos é grande, e sua misericórdia ainda não se acabou. (idem, p.34-5)

---

15 A informação do valor da anuidade do colégio foi retirada de Irmão [s/d], p.18: "A anuidade do colégio era de trezentos mil réis. Uma fortuna para o ano de 1860!".

Nessa conjuntura marcada por apertos econômicos e pela "orfandade" de pai – na medida em que nesse período não se tem informação alguma sobre o paradeiro de George W. Vaughan, pois nenhuma referência a isso consta das cartas de Júlio Ribeiro endereçadas a sua mãe –, acumular "capital escolar e cultural" significava uma estratégia para trabalhar possibilidades de ascender economicamente, isto é, investir no futuro, poder recorrer ao "capital intelectual". Nesse aspecto, a situação do autor em estudo é distinta da do grupo analisado por Sérgio Miceli, "os parentes pobres" da oligarquia, em que a condição de rebaixamento pela perda do capital da família tende a "bloquear o acesso às carreiras que orientam o preenchimento das posições dominantes no âmbito das frações dirigentes e, por essa razão, determinam, ainda que de maneira negativa, uma inclinação para a carreira intelectual" (Miceli, 2001, p.22).

Não se trata, no caso de Ribeiro, de reconversão das carreiras dominantes nas elites dirigentes para a carreira intelectual, porque não se incluía no contexto de famílias tradicionais do status quo imperial e nem mesmo no daquelas que ascendiam economicamente com a atividade cafeeira do oeste paulista. Assim, pode-se afirmar que a origem social de Júlio Ribeiro repercute favoravelmente no direcionamento para a carreira de homem letrado. Acumular "capital escolar e cultural" para o filho foi, sem dúvida, a meta buscada com obstinação por Maria Francisca, que vislumbrava nisso um meio de assegurar um futuro econômico estável, depositando todas as suas expectativas na futura carreira do filho:

> [...] pois poem-te em meo lugar e vejas se eu não tenho razão pois veja se vmce tivesse criado e educado sem adjutório do que os dos teus braços e [...]; gostaria de ficar sem elle, por visto que não assim; me acontece a mim inda mais que sou uma mulher já velha e doente que dezejo ter um cantinho para viver sem ser uma caza alheia e perto de meo bom filho que se compadecerá de mim senão serei desamparada completamente.[16]

---

16 Carta de Maria Francisca de 29 jun. 1866 apud Irmão, [s.d.], p.47. À época dessa carta, Júlio Ribeiro era aluno da Escola Militar no Rio de Janeiro, o que explica o tom emocional impresso por Maria Francisca pela possibilidade da perda do filho, que corria o risco de ser recrutado para lutar na Guerra do Paraguai.

Ainda que denote uma situação-limite, ou seja, a possibilidade da perda do filho na Guerra do Paraguai, as palavras supracitadas expressam uma história familiar que revela uma forte relação de dependência entre mãe e filho. Sem o marido e os pais – pelo menos é o que se pode depreender de uma carta escrita por Júlio Ribeiro em de 16 de março de 1861: "Lembre-se que sou seu filho não se esqueça de mandar buscar pela alma dos meus avôs" (idem, p.32) –, Maria Francisca dedica-se tenazmente à educação do filho único, que a ela se afigurava como a certeza de uma "velhice" sossegada tanto no aspecto econômico quanto emocional.

Portanto, pode-se afirmar que as condições concretas da trajetória familiar de Ribeiro apresentaram-se favoravelmente a sua orientação para as letras, haja vista que, por ser "órfão" de pai, filho único, criado pela mãe com grandes dificuldades financeiras, o estudo representava um caminho que poderia resultar em um ulterior êxito. Nessa conjuntura familiar, a ausência de "capital econômico" só foi decisiva no investimento escolar de Ribeiro, na medida em que sua mãe dispunha de um "capital simbólico": "professora de primeiras letras". Apesar de ser uma ocupação social modesta, esse fator auxiliou na formação da sensibilidade de Ribeiro quanto à importância dos estudos e não deixaria também de operar como intermediário na mobilização do capital das relações sociais em algumas situações específicas que envolviam o futuro do filho, como a entrada de Ribeiro para o colégio de Baependi.

Durante o período no qual ficou interno no colégio, foi freqüente a troca de cartas entre mãe e filho, do que se apreende uma estima mútua entre Júlio Ribeiro e Maria Francisca. Os cabeçalhos das cartas evidenciam esse amor recíproco: "Minha querida mãe", "Meo muito Amado Filho Deos te abençoe e mto. te proteja". Observe-se, por exemplo, como Júlio expressa a saudade que sente da mãe em carta de 1º de agosto de 1860: "Minha querida mãe fazem 4 meses q. eu não lhe vejo, as saudades são mtas. Portanto me mande buscar para a festa. [...] Lembre-se que eu sou seu filho e que algumas saudades tenho, e vmce. também deve ter algumas e portanto mande-me buscar, se Deos quizer" (1 ago. 1860, idem, p.31). É significativo que, passados quase três anos no colégio, não tenha arrefecido a demonstração de afeto pela mãe, pois o tom das cartas continuou demonstrando o mesmo sentimento de carinho e de saudade que sentia: "As saudades que eu tenho de vmce. são mtas. Mas que fazer, Deos é grande, ainda haveremos de viver juntos; com mtos pesares fiquei, quando soube que vmce estava doente, mas que fazer? Se Deos assim o quis." (idem, 8 jun. 1863, p.37)

O círculo familiar de Júlio Ribeiro parece ter sido restrito. Ao que tudo indica, George Washington Vaughan veio sozinho para o Brasil; do lado materno, não há referências a parentes, tios e primos, além do fato de ter sido órfão de avós maternos.[17] A dedicação do amor quase obstinado – "Eu não preciso de flores para me lembrar de vmce, pois que dia e de noite é vmce. o meu pensamento constante" (idem, 1 nov. 1863, p.38) – deve ser visto à luz desse quadro familiar, que tece os fios da trama pessoal e subjetiva de suas vidas. Dessa maneira, acredita-se que as representações subjetivas sejam carregadas de implicações sociais, tendo sido essenciais no futuro profissional de Ribeiro.

A atuação desse campo da subjetividade no encaminhamento de Ribeiro para o "ofício" de jornalista, escritor e professor, de "homem letrado" enfim, só pode ser apreendida, como já afirmamos, se se levar em conta seu contexto familiar. Tal situação, na verdade, integra e molda as manifestações de cunho "subjetivo". Por isso, as condições subjetivas não são vistas aqui como restritas às manifestações de sentimentos externadas diretamente nas cartas. Não obstante elas ofereçam elementos importantes para a leitura do universo subjetivo, é no conjunto de uma determinada experiência social que se delinearam as representações subjetivas de Júlio Ribeiro. Assim, não se separam e nem se opõem os aspectos subjetivos e objetivos na e para a caracterização da experiência familiar do autor, postura

---

17 Exceto uma irmã de Maria Francisca, Joaquina Maria da Conceição Ribeiro, que, conforme Irmão: "Sabemos de uma irmã – Joaquina Maria da Conceição Ribeiro – moradora em Tamanduá, que lhe escreveu em 5 de agosto de 1877, falando de outros parentes, possivelmente irmãos já falecidos". Irmão [s/d], p.32.

fundamental para apreender as condições de produção da experiência de família de Ribeiro.[18]

Na passagem da adolescência para a vida adulta, Ribeiro mostra-se inclinado primeiro a seguir a carreira eclesiástica, depois a militar e, por fim, a de letrado. Tais opções não são vistas aqui como próprias das dúvidas que um jovem normalmente manifesta frente à carreira a seguir, mas como sintomáticas de uma realidade social. A despeito dessas atividades não serem as mais representativas, elas constituíam elos importantes para se incluir nos escalões inferiores e intermediários da burocracia imperial, podendo levar "os pobres inteligentes até ao topo da carreira",[19] especialmente os setores do clero e do Exército. Essas carreiras constituíam caminhos mais rápidos de assegurar um meio de sustento e, portanto, uma certa estabilidade. A carreira de letrado abrangia um leque amplo de possibilidades, que, na maioria das vezes, eram exercidas concomitantemente: as de escritor, professor, homem de imprensa.

Diante disso, é importante indagar o que representavam as carreiras acima citadas para aqueles que não integravam o status quo imperial e nem provinham de famílias economicamente proeminentes. No caso de Ribeiro, como já observou, os estudos constituíam não apenas uma forma de acumular conhecimentos, mas também um modo de poder transformá-los numa profissão que proporcionasse um futuro econômico estável a ele e sua mãe, cujos esforços seriam, assim, recompensados: "Se

---

18 Martins ao analisar o pensamento de Bourdieu, chama atenção para a problematização que o autor elaborou a respeito da divisão em uma "tradição objetivista" e outra "subjetivista", verificando nessas duas tradições uma tendência: "a estabelecer dois 'modos de conhecimento' praticamente distintos do mundo social, que amiúde mantiveram uma relação de mútuo desconhecimento e incomunicabilidade. [...] torna-se necessário, segundo Bourdieu superar a oposição criada em torno dessa polaridade, pois as aquisições de conhecimento produzidas por ambas posturas são indispensáveis a uma ciência do mundo social, que no entanto não se pode reduzir nem a uma 'fenomenologia social' nem a 'física social'. [...] Dessa forma, Bourdieu procurará formular um outro modo de conhecimento, por ele inicialmente denominado 'praxiológico', cujo objetivo consiste em articular dialeticamente estrutura social e ator social. [...] Com isso busca ressaltar o duplo processo de 'interiorização da exterioridade' e de 'exteriorização da interioridade'" Martins, 2002, p.170-2.
19 Sobre essas atividades, consultar: Carvalho, 1996, p.155-177.

Deos quizer pretendo brevemente lhe pagar os trabalhos que comigo está tendo." (Carta de Ribeiro, nov. 1860, apud Irmão [s/d], p.32). E para tal, as esferas eclesiástica e militar eram as que estavam a seu alcance. Distintamente da Escola Militar, para ingressar nas faculdades de Medicina ou de Direito, não bastava o exame de admissão, era necessário possuir recursos para se manter. Além da anuidade e das taxas de matrícula, como assinala Carvalho (1996, p.64-5), havia outros custos, como o da moradia e alimentação:

> De modo geral, os alunos das escolas de direito provinham de famílias de recursos. As duas escolas cobravam taxas de matrículas. [...] Além disso, os alunos que não eram de São Paulo ou do Recife tinham que se deslocar para essas cidades e manter-se lá por cinco anos. Muitos, para garantir a admissão, faziam cursos preparatórios ou pagavam repetidores particulares. Esses custos eram obstáculos sérios para os alunos pobres, embora alguns deles conseguissem passar pelo peneiramento.

Na correspondência com a mãe chegou a manifestar o desejo de tornar-se padre: "todas as noites rezo por Vmce. Eu estou com quasi todos os estudos de padre prontos e por isso para o ano de 1863 se Deos quizer vou para o Caraça." (carta de Ribeiro de 1862, apud Irmão [s/d], p.23) No ano de 1863, essa predisposição está ainda mais viva. Com efeito, diz à mãe: "passou por aqui o João Negreiros, o padre Faria, com quem estive e não conhecia, mto. Os invejei, mas Deos é grande que eu também hei poder estar no seminario e ser padre" (idem, p.24, grifo meu).

O desejo de seguir a carreira eclesiástica não se explica somente pelo fato de o menino Júlio Ribeiro ter sido educado nos princípios do catolicismo pela mãe – o que pode ser percebido nos cabeçalhos das cartas – e ter sido interno num colégio religioso para cumprir seus estudos; mas sobretudo pelas disposições sociais a seu alcance naquele momento, já que vivia num locus que lhe propiciava travar relações sociais que pudessem intermediar a sua entrada no universo eclesiástico. No entanto, na mesma época dizia: "Não sei ainda o que resolvo quanto ao meu futuro" (idem, 17 maio 1863, p. 35).

Um mês antes de expressar essa indecisão quanto ao rumo que daria a sua vida, Ribeiro mostrava-se inclinado também pela carreira militar, a ponto de ir à Corte cuidar de tal interesse – o de seu ingresso na Escola Militar: "Minha muito amada mãe. Rio de Janeiro em 23 de abril de 1863. Com todo o prazer lhe digo que fui ao Andarahy entregar a carta ao Caxias; elle me recebeo bem e prometteu-me proteger se tiver bom procedimento; depois elle deu-me 20.000". (idem, 23 abr. 1863, p.43)

Em 1865, Júlio Ribeiro ingressou na Escola Militar do Rio de Janeiro. No entanto, não concluiu os estudos militares nessa instituição, pois foram interrompidos pela Guerra do Paraguai, que o levou a pedir dispensa da escola para atender aos pedidos de sua mãe, angustiada pela possibilidade de o filho ser convocado a lutar na guerra: "derramo lágrimas de compaixão dos que morrem e de ter um filho militar em tal tempo" (idem, 29 jun. 1866, p.48). Para conseguir tal dispensa, acionou o capital das relações sociais, que Maria Francisca provavelmente construiu com sua atividade de professora de primeiras letras.

> [...] as notícias da guerra são muito favoráveis e não há, como sempre eu lhe disse, probabilidade de eu marchar para o sul: o Ottoni continua sempre bom comigo e pergunta sempre por Vmce., ainda hoje apresentei-me como recomendado ao Ministro da Marinha, Silveira Lobo, que me recebeo benignamente e disse-me que se eu precisasse delle o procurasse. Socegue o seu espírito, a Virgem é toda bondosa e poderosa. (idem, 14 out. 1865, p.45)

A referência a "Ottoni" era na verdade ao político do Império Teófilo Ottoni (1807-1869),[20] como expresso em carta de Maria

---

20 Foi um ativista liberal, tendo-se envolvido em vários episódios que contrariavam a política imperial, como o movimento que iria culminar na abdicação de D. Pedro I (1831), no ano seguinte lutou pela reforma constitucional. Foi deputado-geral, desenvolvendo na Câmara intensa campanha oposicionista ao governo "conservador", que triunfou com a maioridade de Pedro II. Foi um dos líderes da Revolução Liberal de 1842 em Minas Gerais, sendo um dos presos depois da derrota do movimento. Retornou à política como deputado (1845 e 1848). Afastou-se dez anos da política. Retornou ao cenário político como deputado eleito por Minas Gerais em 1863. Na ocasião em que Júlio Ribeiro e sua mãe lhe pedem proteção no Rio de Janeiro, Ottoni exercia seu mandato de senador, escolhido pelo Imperador em 1864. Sobre a trajetória de Ottoni ver: Chagas, [s.d.].

Francisca a Júlio Ribeiro, a qual dá a entender que ela já havia pedido a proteção desse membro do Senado para seu desligamento da Escola Militar. Porém, Júlio também teria de empenhar-se para alcançar seu intento:

> [...] agora está da tua parte fazer todas as diligencias e os maiores esforços e empenhar-se primeiro com o nosso bom Deos e a Virgem Maria e depois com o senador Ottoni e o Barão de Caxias mostrando e allegando as tuas fortes razões e o meo estado de estar sem parentes só no meio estranho e só confiada primeiro em Deos e na Virgem Maria e depois em ti meo único filho (idem, 29 jun. 1866, p.46).

Os esforços da mãe atingiram o objetivo desejado, pois a dispensa de Júlio Ribeiro da Escola Militar foi concedida em meados de 1866.[21] Com isso, importa salientar que Maria Francisca dispunha de algum capital simbólico, que acionava especialmente nos momentos nos quais o futuro do filho estava em questão. Aventa-se, aqui, a hipótese de que esse capital das relações sociais foi elaborado a partir das próprias atividades exercidas por Maria Francisca – que, além do já mencionado magistério, incluíam os trabalhos manuais (produção de doces e arranjos para casamentos e batizados). Esse capital possibilitava agir em diversos universos sociais, incluindo o da elite imperial, à qual o senador Teófilo Ottoni pertencia.

O interesse de Júlio Ribeiro pelas carreiras eclesiástica e militar que viemos acompanhando foi deixado de lado. A leitura realizada por seu biógrafo José Aleixo Irmão sobre o abandono, por parte de Ribeiro, da idéia de tornar-se padre baseou-se nos elementos presentes no percurso de uma vida transcorrida. Assim, para explicar o abismo entre o "espírito" católico da infância e o ateísmo do futuro escritor, recorreu à idéia de que o desejo de tornar-se padre foi uma "sublimação da infância penosa":

---

21 Cf. Irmão indaga: "Qual o motivo alegado para o desligamento da Escola? Júlio não o diz nas cartas existentes. Apenas se refere a 'baixa' solicitada em fim de 1865. O desligamento veio pelo meado de 1866". Irmão, op. cit., p.52.

Concluímos que no internato, sentindo-se como numa concha, isolado do mundo, apegou-se, momentaneamente, à religiosidade. Este sentimento, porém não triunfou sobre sua personalidade forte e corajosa, intransigentemente agressiva e amante da verdade, mesmo porque àquela época, como depois, não traficou nunca, casuisticamente, com sua consciência. (Irmão, [s.d.], p.28)

Nota-se que, do ponto de vista de Irmão, tendências tão paradoxais não poderiam ter sido vividas por uma mesma pessoa. O triunfo de tais pendores trairia a "personalidade forte e corajosa" de Ribeiro; assim, a explicação sobre a inclinação e o abandono da carreira eclesiástica não leva em conta nem as motivações sociais, nem as motivações subjetivas de que se vem tratando, recaindo em idéias abstratas como a da "sublimação de uma infância difícil". Afinal, ressaltar seu interesse pela carreira militar é mais emblemático para a tarefa de engrandecê-lo como o soldado em combate, mesmo que se tenha desviado também dessa carreira. Isso, porém, de acordo com Irmão, para atender a uma justa causa – "O cadete se transformaria no mestre renomado, no jornalista combativo, no polemista impiedoso" (idem, p.53) – a do combate pelas letras.

Como já afirmei, tanto a carreira eclesiástica quanto a militar asseguravam uma certa estabilidade financeira, o que atraiu o interesse do jovem Ribeiro. Além disso, a presença feminina e seus trabalhos manuais, que exigem o cuidado com as minúcias, desempenhariam um papel importante não somente no orçamento da família e na educação de Júlio Ribeiro, mas também interfeririam na orientação de sua trajetória, na medida em que se internalizaram padrões femininos no que condiz ao gosto e à sensibilidade, assim como em relação a carreiras profissionais. Nesse sentido, a manifestação de interesse pelas carreiras eclesiástica, militar e letrada associa-se à trajetória familiar de Ribeiro.

Contudo, a preocupação em tratar dos condicionamentos sociais para o entendimento da gestação de Ribeiro como homem de letras não pretende sugerir que esse fosse o padrão típico ideal para um indivíduo alçar-se à condição de literato no Brasil oitocentista, mesmo porque, como já mencionado, a origem social desses homens era heterogênea e os estudos representavam também uma forma de arregimentar recursos simbólicos e até materiais. Portanto, não se restringia àqueles destituídos de recursos econômicos. Dessa forma, cabe insistir em dizer que, no caso de Júlio Ribeiro, a distinção está em que ele considerava o capital escolar o único instrumento do qual poderia dispor para trabalhar pela busca de recursos materiais e de notoriedade. Essa crença é sobremaneira manifestada na seguinte declaração, que expressa a valorização da experiência escolar.

> Vós, ó jovens esperançosos, que, como filhos deste torrão abençoado, tendes tão viva a imaginação e penetrante a intelligencia, envidai vossos esforços para fazer florescer a litteratura nacional e para adquirirdes um nome no mundo literário. [...] E qual será o meio de alcançarmos tudo isso? O estudo. (apud Irmão [s/d], p.209)[22]

Esse discurso, por fazer parte da época em que Júlio Ribeiro não era ainda escritor, jornalista e polemista, é visto como secundário e até desconsiderado por demonstrar "vacilação do estilo", "repetição das idéias"; enfim, por seu conteúdo "acus[ar] o escolar inexperiente do colégio" (Mota, 1945), o que mancharia sua imagem. Esse tipo de leitura realizada por Othoniel Mota, embora datado, indica que a valorização da obra de um autor se dá pelo critério do valor estético e, sobretudo, contém a perspectiva de que deve existir uma unidade na obra, na qual qualquer diferença é explicada pela noção de maturação.[23]

O que está em questão é o critério usado para estabelecer o que constitui a obra de um autor. Diante disso, a perspectiva que se adota neste trabalho é a de que todos os escritos de Júlio Ribeiro fazem parte de sua obra, inclusive as cartas, o discurso por ocasião de uma

---

22 Discurso de Júlio Ribeiro pronunciado por ocasião da entrega dos diplomas aos alunos do Colégio de Baependi em 30 de novembro de 1862.
23 A esse respeito, Foucault (2000, p.53) chama atenção para os procedimentos da crítica literária moderna na análise de autor/obra: "O autor é igualmente o princípio de uma certa unidade de escrita, pelo que todas as diferenças são reduzidas pelos princípios da evolução, da maturação ou da influência".

entrega de diplomas, entre outros escritos que não são vistos como componentes de sua produção, especialmente na tradição dos estudos literários. Tais textos suscitaram interesse por terem permitido visualizar elementos de uma trajetória familiar que, se não foi determinante, foi pelo menos significativa em relação a sua escolha pelo campo das letras, afora a peculiaridade de esse material trazer, em alguma medida, as identificações de sua condição subjetiva e social, e até participar da interpretação do Brasil:

> O Brazil, paraíso da América, terra aurifera por excellencia, a mãe da imaginação, receptáculo da poesia, não obstante apontar já nos seus fastos os gloriosos nomes de Antonio Carlos, José Bonifácio, Vasconcellos muitos outros, estava envolto nas espessas dobras do manto da ignorancia; <u>muitos genios se manifestavam, porém morriam obscuros por falta de instrucção</u>; muitos ricos pensamentos apareciam revestidos de uma linguagem sonora e brilhante, porém incorrecta: fundaram-se academias, abriram-se collegios, propagaram-se escolas; e o Brazil já cita com ufania Mont'Alverne, Marinho, Paraná, Magalhães, Capanema, Gonçalves Dias, Alvares de Azevedo, Casimiro de Abreu e innumeros outros: já o Brasil tem um nome entre as nações scientificas: porém, contudo, ainda não chegou ao esplendor a que deve chegar, [...] concorramos, pois, com o que pudermos, ó meus collegas, para derribar ao menos uma pedra desse edificio gigantesco, que serve de guarida á pesada ignorancia. (apud Irmão, [s.d.], p.20, grifo meu)[24]

No lugar de revelar a "vacilação infantil", tal fala parece congregar múltiplos aspectos dos apontamentos que se vêm desenvolvendo. Ao reportar-se a figuras emblemáticas da história do Brasil, a declaração acima reproduzida recorre a um repertório da tradição político-literária, que, a seu ver, só pode ser reconhecido e propagado a partir da "instrução". Para tal, credita ao desenvolvimento das instituições de ensino o grau de instrução adquirido no Brasil, que, no diagnóstico do estudante, apesar de ainda precário, possuía um futuro promissor. Existe, portanto, uma similitude entre esse quadro da "instrução"

---

24 Discurso de Ribeiro proferido por ocasião da formatura do Colégio de Baependi.

no Brasil diagnosticado por Júlio Ribeiro e a importância que atribui aos estudos como meio de alcançar "consagração".

As instituições de ensino são vistas por Ribeiro como os arautos do progresso e da civilização. No entanto, o escritor não realizou nenhum curso superior, fosse o de Direito, fosse o de Medicina, oferecidos no Brasil da época. Se conferia tanto valor à instrução e às instituições de ensino, o que explicaria não ter dado continuidade aos estudos formais? O fator econômico pode ter sido o empecilho, haja vista que era essencial para cursar as faculdades de Direito ou de Medicina. As fontes não fornecem nenhuma informação explícita sobre essa questão, mas existem algumas pistas que levam a inferir que as condições financeiras motivaram Ribeiro a trabalhar e a cumprir aquilo que dizia a mãe, ou seja, "retribuir os esforços" gastos em sua educação no colégio de Baependi. Os conhecimentos acumulados no colégio e na Escola Militar, somados também ao autodidatismo de Ribeiro – que era um leitor voraz (a ponto de endividar-se pela compra de livros) – serão usados para sua sobrevivência.

No que se refere ao abandono dos estudos na Escola Militar e, a seguir, da carreira militar, Dornas Filho afirma que isso se deu como uma predestinação, pois as letras eram um "Dom" a ser posto em prática: "Antes de se deixar fascinar pelos homens e as coisas de São Paulo, porém, encetara seus estudos superiores na Escola Militar do Rio de Janeiro, <u>abandonando-os para correr ao seu destino de puro homem-de-letras</u>" (Dornas Filho, 1945, p.11, grifo meu). Essa visão sobre o homem de letras mostra uma posição que enxerga a literatura e/ou a arte em geral como desvinculada da realidade social e das condições de produção – em outras palavras, uma atividade para os "gênios". Mesmo não compartilhando da leitura que a afirmação de Dornas Filho (idem, p.210) nos sugere, é possível dizer que Ribeiro desenvolveu uma trajetória de homem de letras, na acepção mais fiel do termo naquele contexto.

Estudemos, pois: resolvamos as intrincadas questões philosophicas; demos, por meio da lógica, precisão aos nossos raciocínios; conheçamos, pela psicologia, a nossa natureza; aprendamos na moral a dirigir nossas faculdades, passemos depois ás aridas mathematicas; appliquemos-lhes nossa razão já fortalecida pela philosophia; estudemos em seguida história, analysemos-lhe as questões, façamos ahi dominar o espírito philosophico; entreguemo-nos depois á rhetorica, aprendamos a arte de persuadir; e por ultimo logar, tomemos conhecimento das linguas tanto antigas como modernas, pois são ellas os vasos onde estão depositados os mais preciosos thesouros da sciencia.

Sem querer resvalar numa espécie de determinismo, esse depoimento, que remonta à passagem de Ribeiro da adolescência para a vida adulta, foi vivido de forma intensa pelo escritor em sua trajetória letrada – haja vista que se interessou por diversos assuntos e os desenvolveu –, o que traduz, também, o "perfil" do letrado do período, marcado pela busca do conhecimento amplo, que englobasse diversas áreas do conhecimento. Esse "perfil" não se explica somente por serem voltados para a "ilustração", embora também o fossem, mas demonstra que o "campo intelectual" no Brasil estava em formação. Isso porque não havia uma estrutura que possibilitasse a profissionalização do escritor, ou seja, que lhe desse condições de viver exclusivamente da escrita. Por essa razão, o contexto exigia que o "intelectual" tivesse uma vasta munição de conhecimento para estar apto a concorrer às possibilidades de trabalho, de atuação e, quando não integrava o status quo da tradição imperial, de contestação da estrutura sociopolítica do Império.

Foi nesse contexto que Júlio Ribeiro desenvolveu sua carreira de homem letrado. A história familiar foi importante em sua orientação para as letras e criou condições para que o futuro escritor visse nos estudos a única maneira de ultrapassar sua condição social de origem. A partir dos estudos, procurou ser conhecido e reconhecido; isso, se não lhe rendeu a estabilidade econômica que entreviu, deu-lhe instrumentos para se instalar no cenário "político-intelectual", quer pelos livros publicados, quer pelas polêmicas que empreendeu. Tanto isso é verdade, que foi seu ânimo polêmico o traço que acabou por tornar-se a marca de sua existência. De qualquer modo, fez jus ao que havia dito à sua mãe: "aquilo que se gasta nos estudos jamais se desperdiça".

ERUDIÇÃO E CIÊNCIA 189

(Re)construção da identidade do "intelectual" revoltado: os textos biográficos

Na estrutura de elaboração das biografias de Júlio Ribeiro subjaz a busca pela unidade e pela singularidade de seu pensamento e obra, nos quais qualquer indício de contradição que possa quebrar a lógica já antevista em seu percurso de homem letrado é logo transformada em elementos próprios do trajeto de amadurecimento intelectual de um escritor e/ou da incompreensão de seus contemporâneos. Desse modo, o foco das leituras feitas por Dornas Filho e Irmão está voltado para a (re)constituição da figura de Ribeiro como polemista, sem colocar em questão a participação dele na construção dessa imagem. Para além dessa constatação, é importante destacar que as mencionadas leituras consistem não só em meras intervenções textuais; mas, ao participar da configuração da imagem de Ribeiro, elas contribuem, como já salientado, para práticas de leitura que lhes imprimem significações sociais. Passemos, então, à apresentação da maneira como foi organizada a reverência ao "objeto" dessas biografias.

O livro de Dornas Filho, *Júlio Ribeiro*, publicado em 1945, é baseado numa farta documentação dos escritos de Ribeiro e de seus críticos, que, na maior parte das vezes, é usada como fonte de informações sobre o escritor, com o objetivo de dar destaque a seu caráter intransigente, o qual teria sido o motivador da incompreensão de seus críticos, especialmente de seus coetâneos.[25] O livro traz a seguinte divisão: o homem, o filólogo, o romancista, o panfletário político e o polemista. Nesse tipo de divisão – o homem e sua obra –, encontra-se a noção de que o temperamento do homem explica espontaneamente sua obra: "Foi sempre um revoltado inconciliável, e parece que é devida a essa atitude o infortúnio implacável que o perseguiu desde o berço quando abandonado pelo pai." (Dornas Filho, 1945, p.24) A obra é vista, pois, como espelho de uma vida e de um temperamento.

---

25 Esse autor publicou outros textos biográficos: *Silva Jardim* – Biografia. São Paulo: Cia Editora Nacional, 1936; *Os Andradas na História do Brasil*. Belo Horizonte: Queirós, Breyner & Cia, 1937; *Figuras da Província*. Rio de Janeiro: Epasa, 1945; *Eça e Camilo*. Curitiba: Guaíra /CadernoAzul, 1945.

E ainda, num primeiro olhar, tal clivagem pode sugerir uma visão que contemplou as várias vozes de Júlio Ribeiro. No entanto, em cada uma dessas partes nota-se muito mais a busca por uma matriz comum do que propriamente a pluralidade. É de sua elevação como polemista e panfletário que se nutre a caracterização das outras facetas de Ribeiro:

> Nessa estupenda realização espiritual que se encontra em Júlio Ribeiro, é difícil determinar, entretanto, qual o gênero literário em que êle foi maior. Jogaríamos por uma última hipótese – a sua superioridade de polemista e panfletário, que o foi realmente dos maiores e mais ricos da língua portuguêsa. (idem, p.54)

Essa voz do polemista é estendida aos outros gêneros de escrita praticados por Ribeiro, daí a pluralidade ser de gêneros, e não de vozes. A busca por uma matriz que dê coerência ao conjunto dos escritos do autor leva Dornas Filho a destacar a face inovadora de Ribeiro no campo da filologia e a face de crítico mordaz das instituições sociopolíticas e dos costumes da sociedade brasileira oitocentista nos romances. Tais destaques, realmente, correspondem à significação da intervenção de Ribeiro no universo sociocultural de sua época, mas seu delineamento não é natural e coerente, nele estão presentes as fissuras, as contradições e inflexões que não são apreendidas nos e pelos textos de caráter apologético.

As biografias de José Aleixo Irmão e de Dornas Filho não são apenas homônimas (Irmão, [s.d.]); também são semelhantes quanto aos princípios que regem a construção da figura de Júlio Ribeiro. Ademais, o tom de reverência é a marca do texto de Irmão, haja vista que foi elaborado com o objetivo explícito de homenagear Ribeiro, escolhido como patrono para ocupar cadeira no Instituto Histórico e Geográfico de São Paulo (IHGSP). Embora a organização e o foco do texto sejam diferentes dos de Dornas Filho,[26] – pois busca trilhar o

---

26 A estrutura do texto é: Patrono; Nascimento. De Sabará a Sorocaba; Do Colégio de Baependi à Escola Militar. O Brasil em Guerra. Os Temores de Maria Francisca. O Desligamento de Júlio da Escola; Andanças. O Presbiterianismo. A Primeira Estada em Sorocaba; Júlio redator d'Sorocabano. Suas Idéias e as de Ubaldino do Amaral. O Republicano; A Fábrica de Ferro do Ipanema; Júlio Ribeiro e a Imprensa; A Visita do Imperador e O Fim da *Gazeta Commercial*. A Mudança de Júlio Ribeiro.

trajeto do autor desde o nascimento até a morte, com ênfase sobretudo na produção jornalística de Ribeiro em Sorocaba – compartilha dos mesmos princípios de leitura, isto é, de que a razão de ser da existência do escritor foi a polêmica e o combate: "Foi o 'quarto mosqueteiro' da nossa literatura. Basta um relance de olhos pelas suas obras. Todas de combate. Quase todas revolucionárias, buscando um novo sentido de vida, ou apontando falhas nos homens e nas instituições políticas vigentes." (idem, p.194)

Esse pendor para o combate é visto como causa direta de sua experiência familiar, marcada pelo abandono do pai e pelas dificuldades econômicas:

> Júlio vai crescer, [...] num ambiente de luta pelo pão de cada dia em que os poucos risos de alegria pagavam juros altos no altar dos sacrifícios. Seus ouvidos não se acostumaram jamais com as queixas amargas, e seus olhos, longe de casa, lerão palavras doridas da mãe abandonada, cujos dizeres lhe marcarão profundamente a personalidade, tornando-o revoltado, descrente, insatisfeito sempre, ríspido e agressivo impiedoso. (idem, p.17)

Observe-se que, para Irmão, só havia um caminho a ser percorrido por Ribeiro: o da polêmica. Em seu julgamento, essa tendência já estava inscrita na personalidade do biografado desde a infância, moldada pelos reveses familiares. E essa personalidade de "revoltado" é vista como determinante direta de sua atuação polêmica no universo sociocultural paulista, o que reduz, assim, o sentido de sua produção às explicações psicológicas, segundo as quais o "gênio explosivo" da adolescência não sofreria qualquer fratura ao longo da vida: "Era o 'gênio' da puberdade a acompanhá-lo sempre, até os últimos dias" (idem, p.22). Na mesma linha, Dornas Filho reafirma essa coerência ao referir-se à morte do escritor: "Júlio Ribeiro morreu em 1° de novembro de 1890 como sempre vivera, isto é, combatendo indormidamente, corajosamente, virilmente" (Dornas Filho, 1945, p.29). Enfim, apreende-se desse tipo de leitura que Ribeiro estava "predestinado" a ser revoltado e, conseqüentemente, polemista, o que lhe traria a incompreensão de seus coetâneos, não obstante tal característica se tenha tornado o fator desencadeador da reverência prestada pelas gerações seguintes, especialmente dos biógrafos referidos.

Mesmo levando-se em consideração que a postura reverente assumida pelos autores é própria do gênero biográfico desenvolvido por eles, não se pode deixar de pensar que nela se verifica a apropriação de uma auto-representação que Ribeiro produziu em seus textos: a de homem combativo. Portanto, na leitura que dele se fez, a imagem de polemista, apesar de não idêntica àquela produzida por Ribeiro, está em dependência da apropriação que realizaram da imagem presente em seus escritos. É nesse sentido que as biografias aqui citadas não se restringem a narrar a trajetória de uma vida, mas também participam da construção da representação de Ribeiro. Procuram talvez alcançar o estatuto de verdade, o que traz implicações na configuração de uma identidade social para o escritor, que, em alguma medida, será partilhada por seus leitores, seja para a imitação, seja para a distinção. Enfim, são partes integrantes da história social de interpretação sobre o autor, que procuram valorizá-lo pela marca da polêmica.

Diante disso, é importante indagar a respeito do significado de ser combativo na representação de um escritor na segunda metade do século XIX. Antes de tudo, é uma forma de procurar legitimar-se no universo letrado, pois trabalhar em torno de uma imagem avessa às convenções e instituições sociopolíticas rende publicidade. A esse respeito, Bourdieu (1996b, p.291) afirma que

> [...] os atos de denúncia profética, dos quais o 'Eu acuso' é o paradigma, [...] tão profundamente constitutivos, depois de Zola, e sobretudo, talvez, depois de Sartre, da personagem do intelectual, que se impõem a todos aqueles que têm pretensão a uma posição – sobretudo dominante – no campo intelectual.

Nesse aspecto, pode-se dizer que Ribeiro investiu na tarefa de ser conhecido e reconhecido no ambiente letrado paulista pelo traço de polemista, ou seja, de ser avesso às convenções da ordem estabelecida. Tal atitude não deixa de ser paradoxal, na medida em que critica obstinadamente os poderes e as instituições, porém mostra-se ansioso por reconhecimento social. Afinal, encarnar a posição de revoltado era seu trunfo para obter a legitimação.

O "paradigma do intelectual" revoltado e incompreendido está enraizado na cultura do século XX. O apego dos biógrafos de Ribeiro a esse traço na reconstrução de sua vida e obra é sintomático da simbologia que cerca o ser combativo e polêmico no universo intelectual e até exterior a ele. Tanto é que se elegem figuras literárias tornadas conhecidas no pensamento social brasileiro pelo traço da polêmica e se estabelecem comparações naturalizadas. É o caso da leitura de Irmão, que visualiza as trajetórias de Ribeiro e de Euclides da Cunha como pares homólogos:

> [...] sob certos aspectos há estreitos paralelismos entre duas personalidades exponenciais das letras pátrias: Euclides da Cunha e Júlio Ribeiro. Ambos sofrem falta de dinheiro; ambos têm irascibilidade à flor da pele e, por isso, ambos dizem as mais duras verdades, de modo malcriado até, criando inimigos ferozes. [...] Ambos têm paixão doentia pela República e ambos logo se desiludiram dos homens que a fizeram. Ambos detestam a engenharia – a que Euclides chama de "rude, andante, romanesca e estéril" e Júlio não mostra pendor algum pela geometria analítica, pelo cálculo diferencial, pela geodésia e astronomia, senão que pelo latim e história. (Irmão [s/d], p.38-9)

Os traços em comum entre Ribeiro e Cunha acima salientados por Irmão visam mostrar as características que levam um escritor à polêmica. No entanto, tal direcionamento comparativo pode ser aplicado a diversos outros nomes das letras no Brasil do último quartel do século XIX, pois, conforme já se mencionou, o caráter de contestação da ordem vigente fazia-se em diversos grupos sociais e tendências políticas. Afinal, eram grupos formados por republicanos, abolicionistas, positivistas, materialistas, cientificistas etc., e nem sempre todas essas "idéias" estavam congregadas e tinham o mesmo sentido para grupos heterogêneos. Por isso não existe a possibilidade de construir um modelo de homem revoltado, polêmico e polemista; cada qual e/ou cada grupo se apresentava como combatente contrário ao *status quo* imperial, consoante com sua realidade, e fazia uso do repertório das idéias estrangeiras para intervir na condução à crítica e à desestabilização do regime, de modo a atender a seus ideais e/ou interesses ou aos do grupo a que pertenciam.

Na verdade, o encaminhamento dado para a re(criação) da imagem de Júlio Ribeiro como polêmico e polemista nos textos aqui tratados confere ao escritor significação de homem *sui generis*, porque a polêmica é vista como integrante da formação de sua personalidade e até, nas palavras de Dornas Filho, de sua constituição física:

> Essa conformação espiritual era nêle uma fatalidade visceral, orgânica, irremovível. Êle era assim, nasceu assim, formou-se, célula a célula, do átomos que devem palpitar no seio das ondas revoltas ou no bôjo dos relâmpagos siderantes. "Procelária" é bem o símbolo da sua alma, e é por isso o que de mais fortemente característico se admira na sua pequena e inolvidável realização literária. (Dornas Filho, 1945, p.68-9, grifo meu)

Nessas leituras, nota-se a busca da "canonização" de Ribeiro pelo seu temperamento combativo e suas conseqüentes incursões polêmicas no cenário das letras do Brasil oitocentista. Ainda que esse traço não seja o destaque imputado pela história e a crítica literária à obra literária ribeiriana, pode-se afirmar que, em alguma medida, sua atuação polemista teve participação na construção dos significados "pejorativos" com respeito a seus romances: *Padre Belchior de Pontes* (1876-1877) e, em especial, *A Carne* (1888).

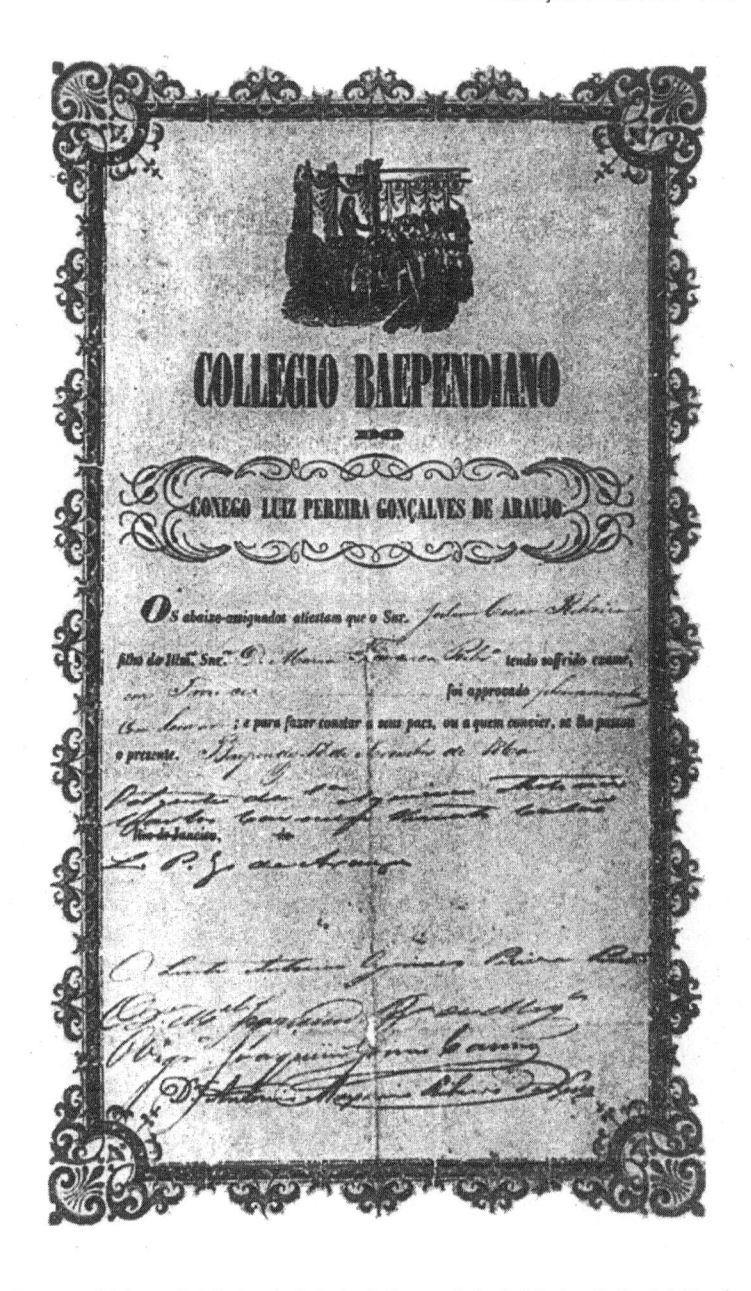

Figura 13 Diploma de Ribeiro do Colégio de Baependi. In J. Ribeiro, *Padre Belchior de Pontes*. 3.ed., São Paulo: Companhia Editora Monteiro Lobato, 1925

Figura 14 Foto de Ribeiro na Escola Militar. In J. A. Irmão, *Júlio Ribeiro*, p.219

4
"Uma mente enferma": imagem perpetuada

A produção de arquétipos e classificações: a crítica literária

Em 1889, quando Júlio Ribeiro ainda era vivo, o crítico José Veríssimo (1857-1916) escreveu que o romance *A Carne* era "o parto monstruoso de um cérebro artisticamente enfêrmo" (1984), opinião que manteve quase duas décadas depois em sua "História da Literatura Brasileira" (1963, p.262). A seu ver:

> [...] escreveu *A Carne* nos mais apertados moldes do zolismo, e cujo título só por si indica a feição voluntaria e escandalosamente obscena do romance. Salva-o, entretanto, de completo malogro o vigor de certas descrições. Mas A carne vinha ao cabo confirmar a incapacidade do distinto gramático para as obras de imaginação já provada em Padre Belchior de Pontes. (grifos meus)

Observe-se que a leitura de Veríssimo não se limita a tecer comentários sobre a obra; existe nela um tom judicativo, que, aliás, era sua marca e a de outros críticos da época, como Sílvio Romero, Araripe Júnior,[1] entre

---

[1] Apesar desse traço comum, esses autores são classificados em tendências diferenciadas. Conforme a classificação realizada por Wilson Martins no panorama

outros, que estavam se consagrando nessa atividade com suas colaborações em jornais e revistas não somente do Rio de Janeiro como também de São Paulo. Nessa cepa de críticos, Brito Broca ([s.d.], p.231) realça a atividade crítica de Veríssimo por seu "empenho em firmar uma opinião, julgar". Assim, pode-se dizer que a opinião da crítica e, em especial, de Veríssimo era fundamental, principalmente para aqueles escritores que estavam iniciando no mundo das letras. Significava abrir passagem para o reconhecimento e especialmente para a rede de relações que se poderia tecer, entre elas as editoriais. Vejamos dois casos extremos:

> Quando Euclides da Cunha, nome inteiramente desconhecido em 1902, publica "Os Sertões", Veríssimo arrisca todo seu prestígio de crítico para saudar no estreante um talento invulgar. Quando apareceram em livros os versos de Maciel Monteiro, é Veríssimo o primeiro a sair em campo para demonstrar que o renome do poeta não passava de um equívoco literário. (idem, p.231)

Embora Júlio Ribeiro não fosse um desconhecido no meio letrado do período, a crítica negativa de Veríssimo que apontou para sua "incapacidade" como romancista, interessa-nos sobretudo por "inaugurar" uma tradição de leitura nos estudos literários da obra ribeiriana que o classificou como um autor "menor", o que resultou na quase inexistência de estudos aprofundados sobre ele, tendo sido estigmatizado no mundo literário especializado.

Se nos textos de seus biógrafos aqui tratados eram exatamente as incursões polêmicas de Ribeiro o matiz da reverência, na crítica literária percebe-se um mecanismo inverso, ou seja, ela atua como mediadora na produção de imagens negativas a respeito do autor, desencadeadas, especialmente, com a publicação de *A Carne*. Para além de questões literárias e estéticas, o parâmetro de avaliação, ou melhor, de julga-

---

que traça da história da crítica literária brasileira, essa conhecida "tríade" – Sílvio Romero, Araripe Júnior e José Veríssimo – não possui uma identidade no processo crítico; cada qual se voltou para um estilo de crítica: sociológica, impressionista e estética, respectivamente. Martins, 1952, p.7-24. Nessa mesma direção, ver: Bosi, 1994, p.245-55.

mento da obra, como pôde ser verificado em Veríssimo, está pautado pelos padrões morais e dos bons costumes da sociedade oitocentista brasileira. Tal julgamento leva-me a refletir sobre as práticas de apropriação e de reapropriação presentes na elaboração da imagem de Júlio Ribeiro como autor de um romance "obsceno", de acordo com Veríssimo e muitos outros, antes e depois dele.

Sem desconsiderar que o romance *A carne* constituiu-se na expressão mais anti-romântica do período, considera-se que na construção do estigma de "romance obsceno" foi crucial a recepção conturbada do livro na imprensa paulista da época, a qual suscitou diversos escritos de indignação com relação ao romance e seu autor, dos quais o mais conhecido é a polêmica inflamada entre Júlio Ribeiro e o padre português Senna Freitas.[2] Essa polêmica ocupou as páginas dos principais jornais paulistanos, mobilizando outras manifestações a respeito do romance ou da própria polêmica, que se colocavam ou a favor das opiniões emitidas por Senna Freitas, ou em defesa do romance de Júlio Ribeiro,[3] tendo sido também motivo de caricaturas, como a publicada em a *Platéia*.[4] Em suma, tornou-se um evento.

O ponto nodal da polêmica situou-se no plano da moral, com a acusação de que Ribeiro colocava no mesmo patamar os sentimentos dos homens e as necessidades do mundo animal. Segundo Senna Freitas, "o amor é cio, e nada mais" no romance do autor, a ponto de o deixar "boquiaberto com tal impudência de Júlio Ribeiro". O padre português escandalizou-se sobretudo porque a conduta da protagonista do romance é considerada natural pelo autor: "uma

---

2 Em dezembro de 1888, logo após vir a público o romance *A Carne*, uma série de artigos intitulados *A Carniça por Júlio Ribeiro*, do Padre Senna Freitas, foi publicada no jornal *O Diário Mercantil* de São Paulo, sendo revidada por Júlio Ribeiro com a seqüência de artigos denominados *O urubu – Senna Freitas n'A Província de São Paulo*. Esses textos foram publicados anexos a várias edições do romance, sendo intitulados *A Polêmica – Júlio Ribeiro e o Padre Senna Freitas*. Usa-se aqui a edição de 1972 da editora Três de São Paulo.

3 Tito Lívio de Castro, por exemplo, considerou que, com a publicação do romance *A Carne*: "O Naturalismo está vitorioso e a vitória é assegurada pela Carne." Apud Coutinho, [s.d.], p.68.

4 Ver ilustração, p.229.

donzela honesta, virgem, como a supõe o autor, educada esmeradamente por seu pai, estreie em sexualidade erótica pelo meretrício, e tomando por duas vezes a atitude agressiva, própria do homem" (Freitas, 1972, p.188-9). A polêmica acerca do livro em questão não se limitou aos jornais de São Paulo. No furor da recepção, encontramos o escritor e político Rocha Pomba, que, em artigo publicado na revista "Galleria Illustrada" de Curitiba, demonstra sua indignação quanto à pessoa e ao romance de Júlio Ribeiro. À pessoa, porque para ele somente uma mente insana e desprovida de qualquer preceito moral e religioso poderia produzir *A Carne*. Vejamos:

> Não, felizmente é extravagantíssima a psicologia do crítico, desnaturado o naturalismo do romancista, falsa, falsissima a observação do philosopho. Ainda temos, teremos sempre donzellas immaculadas e castas, esposas purissimas, - se submetem á natureza como todos os animais, mas que são vencidas por um sentimento muito elevado, muito superior a necessidade phisiologica do coito – o sentimento nobilissimo do amor: e que não se prestam, como Lenita, a "saciar-se torpemente de gozos" com o primeiro que apareça. (Rocha Pombo,1888, v.1, n.3, p.28)

Essa não foi a primeira polêmica de que Júlio Ribeiro se tornou alvo. Alguns anos antes, suas intervenções junto aos republicanos de São Paulo, mais especificamente suas *Cartas Sertanejas*, publicadas no Jornal *O Diário Mercantil* (SP), tinham-lhe rendido altercações com Alberto Sales, um dos principais doutrinadores e teóricos do republicanismo no Brasil e que Travou uma verdadeira batalha de conhecimentos para desmoralizar Júlio Ribeiro como "intelectual". Nesse sentido, acredita-se que esses elementos da trajetória de Ribeiro, em alguma medida, como já se salientou, estão presentes na imagem negativa elaborada pela crítica no momento da recepção do romance *A Carne*. No prefácio publicado em 1949 para a 21ª edição do romance, Orígenes Lessa (Ribeiro, 1949) apontou em tal direção: "O livro passaria despercebido, não descesse ele de Júlio Ribeiro, com toda a sua projeção nacional, não fosse o seu aspecto combativo, a sua atitude desassombrada diante da província que tirita de escândalo".

A marca do polêmico irá operar como fator desfavorável na construção da imagem de Ribeiro pelo universo de recepção crítica do romance. E essa leitura negativa, posteriormente, concorrerá para reforçar a idéia de autor "maldito" e, por isso, pouco compreendido por seus contemporâneos.

Se a leitura realizada no momento da publicação do romance levou em conta a imagem "polêmica" de Ribeiro advinda de suas intervenções anteriores no universo sociopolítico, julga-se que tal polemismo está presente de maneira ainda mais enfática na leitura de Veríssimo. A despeito de o intervalo de tempo entre o furor dos textos de recepção e o de Veríssimo, de 1889, ter sido extremamente curto, esse apropria-se das imagens-chave das leituras antecessoras, como a do clichê de "romance obsceno". A seguir, é transcrito um trecho de Senna Freitas (1972, p.191 e 193) no qual pode ser observado tal mecanismo de apropriação de Veríssimo:

> O autor, em suma, pode embalar-se na idéia de haver adquirido jus indisputável, pelo seu romance, as honras de Pontifice maximus do naturalismo no Brasil; eu só vejo na Carne, afora algumas descrições magníficas, uma noite na taverna, onde um anfitrião, por nome Júlio Ribeiro, serve aos convivas carne de bordel, às pratadas. [...] "Todo homem é uma doença", segundo diz Hipócrates, e com que verdade o diz! Porém há doenças físicas e doenças morais. A imaginação enferma é uma delas, e quando a sofre, sofre todo o homem psíquico até a uma espécie de tísica moral [...] Impondo, pela razão, leis aos desvarios de uma imaginação livre demais, V. S.ª encontrar-se-á, recobrará a higiene d'alma e será Júlio Ribeiro. [grifos meus]

Percebe-se que, na leitura de Veríssimo realizada em 1889, existe a apropriação desses significados já impressos pela leitura de Senna Freitas, Rocha Pombo, entre outros. Porém, com uma diferença de importância e alcance: a leitura de Veríssimo provém da pena de um crítico que vem se legitimando nesse "ofício"[5] e, sobretudo – interessa

---

5 Mesmo que não houvesse a autonomia de um campo intelectual e nele a atividade específica de críticos, estava configurando-se uma estrutura de relativa autonomização do campo no Brasil, pois havia críticos, editoras, escritores, leitores, jornais e revistas cada vez mais empenhados nas atividades literárias.

destacar – que se transformou no cânone da tradição da crítica e história literárias brasileiras. Nesse aspecto, afirmei que ele "inaugurou" uma tradição de leituras em torno da obra literária de Júlio Ribeiro marcada pelas idéias de autor de "romance obsceno" (e por isso, mas não apenas, um "mau literato", que posteriormente se tornou o referencial de interpretação do campo literário).[6] Em outros termos, pode-se dizer que a leitura de Veríssimo tornou-se o protótipo para a classificação de Júlio Ribeiro na comunidade dos literatos do século XX.[7]

Em Afrânio Coutinho, apreende-se essa disposição de leitura partilhada pelo grupo de críticos literários:

> Foi certamente a índole polêmica mais do que a vocação de ficcionista que orientou Júlio Ribeiro para o romance naturalista. Romancista apagado de O Padre Belchior de Pontes, só voltaria êle ao romance, mais dez anos depois, para então firmar-se como o naturalista sensacional de A Carne. (Coutinho, [s.d.], p.67)

Coutinho, porém, tem ao mesmo tempo a preocupação de compreender o sentido mais amplo da produção do romance que excede os critérios estilísticos:

> Nos processos e no feitio de combate do Naturalismo, encontraria Júlio Ribeiro oportunidades de expansão de seu temperamento de inconformado, sempre em luta contra o meio e a sociedade em que vivia. [...] Para escrever A carne, no ambiente pudico da sociedade paulista

---

6   Cabe aqui citar Chartier sobre textos que se tornaram referências de leituras corretas, os quais "apontam ao leitor qual o pré-saber onde inscrevê-lo", funcionando, assim, como "protocolo de leitura, indício identificador" do significado de um autor e sua obra. Chartier, 1990, p.132-3.

7   Na pesquisa realizada, cotejei as leituras de vários críticos do século XX, acerca do escritor Júlio Ribeiro. Nesse percurso, pude perceber que, na maioria das vezes, o escritor é mencionado como um "equívoco do naturalismo" no Brasil; outras vezes essa imagem é relativizada, ou figura, ainda, como incompreendido em textos de homenagem, como é caso da leitura de Manuel Bandeira. Em lugar de considerar todos os textos da crítica literária que se ocuparam em mencionar o escritor, optou-se por tratar dessas variações presentes nas leituras que, a meu ver, estão todas dialogando com a imagem elaborada por José Veríssimo.

do tempo do império, fazia-se necessária essa predestinação à polêmica. Menos para armar escândalo do que para expandir a sua índole combativa, Júlio Ribeiro atira ao papel as cenas lascivas de Lenita e, através da crueza com que consegue captá-las, desfere os rudes golpes que a revolta lhe inspira contra o meio em que se sente amesquinhado ou diminuído. (idem, p.67-8)

Portanto, A Carne, para o crítico, foi uma maneira de Ribeiro externar seu combate às instituições familiares e sociopolíticas do século XIX. No entanto, consoante a esse objetivo, Júlio Ribeiro exagera, segundo Coutinho, nas tintas do erotismo: "Dir-se-ia, em muitos passos, que o romancista, no intuito de insubordinar-se a convenções e preconceitos, acentuara as cenas lascivas, sem se dar conta que a Lenita, no seu desespêro de animal em cio, foge ao desenvolvimento lógico que lhe fôra pré-traçado nas linhas estruturais da ação romanesca" (idem, p.68-9).

O que está em destaque é o traço polemista de Ribeiro frente aos costumes da sociedade oitocentista brasileira, que é visto como elemento prejudicial na elaboração da narrativa ficcional. De maneiras distintas, a marca do polêmico age na construção da imagem de Ribeiro como literato. Em Senna Freitas, Rocha Pombo e Veríssimo, percebe-se que o tom é judicativo; no caso de Coutinho, que escreve mais de meio século após a publicação do romance, a leitura é marcada pela busca da compreensão da tessitura de A Carne, levando em conta os aspectos da personalidade e do meio vivido por Júlio Ribeiro. Entretanto, Coutinho concorda, em certa medida, com o rótulo de romance "obsceno", pois dá ênfase aos exageros naturalistas de Júlio Ribeiro.

Nessa direção, Alfredo Bosi, em seu compêndio sobre a literatura brasileira, na parte dedicada à tendência do realismo-naturalismo em nossa ficção, elenca os escritores que considera os mais significativos. Júlio Ribeiro não está entre eles. É mencionado em nota de rodapé, onde aparece a breve afirmação de que o romance A Carne consistiu em "Mero apêndice do Naturalismo" (Bosi, 1994, p.194) no Brasil; em outra passagem, é visto como exemplo de "desvios melodramáticos ou distorções psicológicas grosseiras" (idem, p.173) da aplicação da escola naturalista no Brasil.[8] Essas referências semelhantes sobre o autor – umas mais judicativas, outras menos, porém todas marcadas pela configuração de uma imagem negativa e pejorativa de Júlio Ribeiro – interessam-nos não só para o objetivo de mostrar que a crítica e a história literárias vieram repetindo e perpetuando o clichê de autor de romance "obsceno" com relação a Júlio Ribeiro, mas sobretudo para apontar como nessas leituras está presente uma prática social que acabou por instituir uma identidade e uma marca classificatória para o autor, as quais operaram de forma a ter o poder de ditar qual o lugar de Júlio Ribeiro na literatura brasileira, ou melhor, o lugar que não deveria ocupar – haja vista que, na maioria das vezes, foi visto como um "equívoco" literário.[9] Na verdade, essas leituras não são somente configurações textuais; nelas estão inscritas formas de concepção de idéias que funcionam como instâncias sociais, na medida em que constroem formas "corretas" de ler e instauram representações acerca do autor.

Embora o tom que predomina na crítica seja o do julgamento e da depreciação, há outras leituras que se apropriam dessas noções, mas para marcar distinção em relação a elas. É o caso do estudo realizado por Manuel Bandeira por ocasião do centenário de Júlio Ribeiro, o qual

---

8   Essa imagem já aparecia na leitura de José Veríssimo, como demonstrado. A ela, somam-se outras configurações textuais, como a realizada por Álvaro Lins que expressou, "a presença de Júlio Ribeiro na história do romance brasileiro é um equívoco", na segunda série do *Jornal de Crítica* (Rio de Janeiro, José Olympio, 1943). Para Lúcia Miguel Pereira (1973, p.131), o autor "malgrado seu poder descritivo, só conseguiu compor um livro ridículo". E, em Wilson Martins (v.4, 1978), Júlio Ribeiro aparece como "um energúmeno no significado exato da palavra".
9   Fábio Lucas afirma que "a crítica foi sempre áspera para com o romancista Júlio Ribeiro", e que isso se deva talvez "aos traços acentuados do naturalismo", porém "outros romances brasileiros, elaborados segundo os mesmos pressupostos, tenham merecido melhores favores da crítica. Lucas, [s.n.t.], p.106 (cópia xerográfica) [grifo meu]. Tal assertiva do autor, corrobora ainda mais minha opinião de que os clichês negativos que permeiam a crítica e história literárias, em muito, se devem à publicação do romance a partir da polêmica no momento da publicação. Especialmente o arquétipo de romance obsceno acabou por ser plasmado pelo olhar da crítica.

revida as idéias segundo as quais o autor foi um "deslumbrado" com as novidades intelectuais – e que, por isso, desenvolveu sua produção de forma dispersiva e pouco amadurecida[10] –, mas enxerga a aproximação do autor aos modernos não exclusivamente pelo prisma da novidade intelectual, ao contrário: integrada ao próprio temperamento de Júlio Ribeiro. Diz o poeta: "Não o fez por indiscreto mimetismo, vassalo de novidades festejadas. Se os adotou, foi porque êles correspondiam à verdade profunda do seu temperamento sensual, franco, robusto, à sua inteligência ávida de ciência, ao seu estilo de expressão rude, objetiva, direta" (Bandeira, 1958). A obra do autor é explicitamente vista como produto de um temperamento "robusto", constituindo, assim, uma visão que partilha da de Dornas Filho e de Aleixo Irmão, marcando, ao mesmo tempo, distanciamento do "paradigma" de leitura inaugurado por Veríssimo.

Em meio aos olhares amplos e poucos detidos da crítica literária sobre a produção de Ribeiro – aliás, sintomáticos do próprio estigma criado pela comunidade de críticos –, há o ensaio do crítico Fábio Lucas "O Realismo-Naturalismo de Júlio Ribeiro", que aprofunda a interpretação do significado da obra literária ribeiriana, sem recair, de acordo com Arnoni Prado, nos clichês fabricados pela "velha crítica literária".[11] Pode-se dizer que, apesar de não transpor, de maneira di-

---

10 Para José Veríssimo (1963, p.261), o autor de *A Carne:* "Além dos antigos, necessários à sua filosófica, estudou ou simplesmente leu desordenadamente os modernos, sobre todos os moderníssimos, sem talvez, os meditar bastante. De seu natural ardoroso, alvoroçou-se com as mais frescas novidades intelectuais." A idéia de que Ribeiro era volátil às novidades e ao meio, já havia sido afirmada por Sales em 1885: "o seu organismo cerebral é uma verdadeira caixa de resonancia que vibra constantemente e da maneira a mais exquisita, conforme as multiplas e variadas influencias do meio exterior. [...] porém, em vez das emoções serem todas accordes, como o seriam em um cerebro bem equilibrado, em v. s. são todas desencontradas, com simples productos de occasião." Sales, n.4, 12 mar. 1885.
11 Sobre essa análise de Fábio Lucas, tem-se o comentário de Arnoni Prado (In: Lucas, [s.n.t.], p.115): "Fugir da acomodação de juízos não significa, é claro, valorizar o frágil ou resgatar os equívocos. Significa, ao contrário, pôr entre parênteses os clichês desgastados da velha crítica, para desse modo recuperar os pontos em tensão, as ambigüidades em presença e os aspectos obscuros que permeiam a produção do fato literário".

reta, as marcas da crítica literária para sua análise, Fábio Lucas acaba por incidir em alguns "velhos clichês", contudo em outros termos. Antes de qualquer coisa, a análise de Lucas consiste numa avaliação estético-ideológica. O crítico efetua breve traçado da trajetória de Ribeiro com vistas à compreensão da "motivação psicossociológica" observável na obra. Ou seja, denota a preocupação em analisar a obra literária a partir das ações de Ribeiro como polemista no cenário sociocultural da segunda metade do século XIX. Com esse procedimento passa a determinar os pontos em comum que evidenciariam os temas anticonvencionais e polêmicos presentes nos dois romances do escritor: *Padre Belchior de Pontes* e *A Carne*, considerados "romances-tese" na visão do crítico, por conterem a crítica à "instituição casamento" e a "tese anti-escravagista", além de outros temas, como a presença do "*voyeurismo*" em ambos os romances. Contudo, Lucas acentua com razão que, em *Padre Belchior de Pontes*, essa temática aparece de maneira sublimada: "A diferença está em que em Padre Belchior de Pontes apenas se desenha o questionamento ainda revestido de dimensão religiosa. Enquanto isso, em A Carne há ataque frontal à instituição. E finalmente, aproxima P. Belchior e A carne a tese anti-escravagista" (Lucas, [s.n.t.], p.100).

Realizadas as aproximações entre os assuntos tratados nos dois romances, restou ao crítico destacar a qualidade literária e/ou poética da narrativa de Ribeiro. Exatamente nesse ponto Fábio Lucas detectará, se não um equívoco do trabalho literário, pelo menos uma distorção. Em sua opinião, Ribeiro não alcançou êxito na composição de sua narrativa literária pelo fato de serem a "cultura livresca" e a "orientação cientificista" o referente de sua produção:

> Trata-se de um romance [*Padre Belchior de Pontes*] cheio de altos e baixos, muitas vezes enfadonho. [...] O tom discursivo é assessorado pela fúria expositiva, de modo que tudo tem que ser dito, nada fica insinuado. [...] Trata-se de um realismo livresco, baseado no argumento de autoridade, como se a verdade última aí se encerrasse. [...] Romance irregular, obstaculado imensamente na sua função poética por um cientificismo impertinente, A Carne resiste como documento de uma época e de uma personalidade. Expurgados os defeitos, ainda é um romance razoável. (idem, p.96-8 e 107, grifos meus)

A ilustração e o cientificismo mencionados pelo crítico, na verdade, atuaram de maneira central nas concepções de Ribeiro e fizeram parte da formação dos homens letrados de sua época. Desse modo, restringir-se a concepções estéticas para a compreensão da literatura ribeiriana e admitir que suas orientações "livresca" e "cientificista" acabaram por dotar seus romances de explicações cultas e didáticas ao leitor, no limite, pouco acrescentará ao que a "velha crítica" já afirmou a esse respeito.

E, no que se refere ao aspecto ideológico, a análise de Fábio Lucas vê em Ribeiro o "protótipo do homem prestante", para o qual o exercício da política dependia não do conhecimento da realidade social ou política, mas do conhecimento abstrato da ciência de seu tempo: "Curioso é que o protótipo do homem prestante, na sua integridade, inclusive para o exercício da política, dependia, para Júlio Ribeiro, do conhecimento da ciência e da literatura" (idem, p.90). Tal constatação seria perfeita, não fosse o tom negativo que o crítico imprime a ela, isto é, de que o saber enciclopédico, além de pouca validade ter para a política, revela o grau de dependência intelectual em relação às idéias estrangeiras. Aliás, é nesse aspecto que sua análise é elogiada por Arnoni Prado:

> É esse intelectual desinformado de seu papel que o trabalho de Fábio Lucas põe em evidência. O Intelectual que se nutre de uma visão normativa da cultura sem se dar conta da contradição entre o papel da norma e o sentido dinâmico da realidade que ela pretende abarcar. [...] Elegendo essa entrada, o texto [...] cai em cheio no impasse do cientificismo periférico, em geral consumidor apressado das matrizes dominantes que chegavam da Europa. Por trás desse "homem cientificamente preparado", de Júlio Ribeiro, Fábio destaca a preocupação livresca e o falso rigor do método, o culto da ciência e das artes "como forma de magnificar o homem", a falsa dimensão enciclopédica e o traço artificial do ideal artístico da vida. (In: Lucas, op. cit., p.117-8)

Assim como o juízo estético, a análise ideológica que questiona o perfil do intelectual da segunda metade do século XIX, em vez de trazer elementos explicativos sobre a obra ribeiriana, acaba por nublar o significado desse tipo de intelectual "enciclopédico" no cenário sociocultural brasileiro da época, haja vista que as idéias, por serem importadas, são tidas como falsas, ou melhor, descoladas da realidade brasileira. Não se compartilha aqui dessa concepção, por se acreditar que o repertório estrangeiro não constituiu mero acessório, mas foi usado deliberadamente.

Isso posto, pode-se dizer que a análise de Fábio Lucas se diferencia em relação à "velha crítica", não só por ter se preocupado com a "produção do fato literário" na obra ribeiriana, no dizer de Arnoni Prado, mas também pelo fato de ter eleito a produção literária de Ribeiro como objeto de análise. No entanto, o estudo de Lucas guarda também semelhança com a tradição da crítica literária e compartilha seus enfoques estéticos e ideológicos, os quais dão margem a concluir que os romances de Ribeiro não alcançaram alta qualidade literária porque o escritor estava imbuído de teorias científicas, as quais transpôs para a criação ficcional. Nesse aspecto, muito próximo daquela afirmação de José Veríssimo sobre a tendência de Ribeiro aos modismos, entendem-se as "teorias científicas" e a "cultura livresca", como usadas por ele sem a necessária reflexão. Enfim, vem-se sustentando que, de uma maneira ou de outra, as leituras relativas a Júlio Ribeiro foram calcadas na imagem construída por José Veríssimo.

Portanto, pode-se dizer que Júlio Ribeiro não se "dissolve" somente em sua própria escrita, mas também na de outros autores. Seus feitos dão corpo, de um lado, a uma autoria transgressora e polêmica; de outro, a uma escrita "enferma" e "obscena". E nessas duas imagens, figura-se o maldito. Enfim, vários julgamentos perpetraram essas marcas em torno da existência do escritor. Por isso, a busca pela biografia do autor como gênero é vista aqui como um exercício inatingível, pelo fato de ele estar "diluído" em múltiplos discursos[12].

O discurso da crítica é um deles, como já se explicitou. No entanto, existem outros subespaços simbólicos referentes ao romance, que se impuseram pela diferença em relação ao espaço da crítica, que são

---

12 A esse respeito ver: Foucault, 2000, que problematiza a biografia e autobiografia como gêneros literários, considerando tanto uma quanto a outras figuras de compreensão e de leitura que ocorrem, em algum grau, em todos os textos.

o universo de recepção do grande público e o das editoras, os quais produziram outras imagens que contrastam com as da crítica, ou seja, são concorrentes.¹³

Espaços de "lutas" simbólicas: crítica, autores, leitores e editoras

A despeito de todas as críticas negativas expressas pela crítica literária, A Carne foi um sucesso de público. Lançado pela Livraria Teixeira, de São Paulo, em 1888, tornou-se um *best-seller* do século XIX: "Em São Paulo, [...] a Livraria Teixeira, [...] no século XIX lançou dois best-sellers: Poesias, de Bilac e A Carne, de Júlio Ribeiro" (Broca, [s.d.], p.141). Tal sucesso de público adentraria o século XX, tendo sido, também, por três vezes, adaptado para o cinema: 1824, 1826 e 1852.¹⁴ Esses dados indicam a consagração do romance pelo grande público, fato que suscitou a busca de explicações por parte da crítica literária.

O crítico Afrânio Coutinho aponta que o romance de Ribeiro, embora inferior em relação ao romance *O Homem*, de Aluísio de Azevedo, obteve muito mais popularidade e, conseqüentemente, foi um sucesso de mercado:

> E o interessante é que, inferior na forma e no processo ao livro de Aluísio, logo alcançou a popularidade que o dêste não conseguiu atingir e ainda hoje perdura no gôsto do público, sessenta e tantos anos após o seu

---

13   Ainda que não existam pesquisas, de difícil execução dada a escassez de dados de tiragens e publicações do romance *A Carne* e trabalhos relacionados ao imaginário do leitor, não faltam indícios para desenvolver a idéia de que existem espaços concorrentes na construção da imagem do romance. Tal aspecto será desenvolvido a seguir, recorrendo à própria crítica, a prefácios do romance e a uma bibliografia que faz a correlação entre literatura, público, jornais e editoras.

14   Carne, A. DF, 24. D. Léo Marten. el Carmem Santos; Carne, A. p. Apa, Campinas, SP, 26 d. E.C. Kerrigan, Felipe Ricci. El Angelo Fortes, Isa Lins, Riccardo Zarattini, Eustachio Dimarzio; Carne, A. p. Brasil Arte, SP, 52. Pr. Mario del Rio, d. Guiido Lazzarini. Cm. David Altschuler, m. Enrico Simonetti. El Guido Lazzarini, Mary Ladera, Tito Fleury, Sady Cabral, Antonella Petrucci. Informações retiradas de: Viany, 1959, p.195-6.

aparecimento, em sucessivas edições continuamente esgotadas, a que se deve acrescentar a consagração da tela, como a derradeira vitória póstuma de um livro que, tido e havido como um mau romance, resiste ao tempo e sobrevive galhardamente ao fluir das gerações. (Coutinho, [s.d.], p.69)

Esse sucesso na esfera do grande público teria sido levado em consideração nas leituras negativas da crítica literária? É possível afirmar que, se não foi critério norteador, certamente esteve presente, porque, de alguma forma, representa um indício concorrente e, ao mesmo tempo, simbolicamente ameaçador do monopólio do saber da esfera especializada. Com efeito, muitas vezes o sucesso imediato pode tornar-se ponto negativo, conferindo uma marca de inferioridade intelectual ao autor.[15]

Dessa forma, para compensar a distância entre a "opinião" crítica e a representação que o consumo do grande público impunha ao romance às expensas do julgamento especializado, a crítica, na maioria das vezes, argumentou que o sucesso se deveu ao apelo sexual presente em *A carne*. Para Coutinho, a "verdadeira razão" de sua sobrevivência situa-se "nas cenas um tanto cruas" ou, ainda, no "vigor de suas cenas eróticas" como a "única razão" que assegura a perenidade do romance, porque para ele o livro não se impõe nem "por sua força literária" nem "pelo vigor de suas personagens". E ainda houve a "proibição" à leitura do romance, que ampliou o universo dos leitores, especialmente dos jovens, pois *A Carne* "é obra proibida que se descobre na adolescência" (idem, p.69). Percebe-se, então, que, na leitura crítica do romance de Júlio Ribeiro, leva-se em conta que o sucesso de mercado está associado ao universo do público leitor, composto essencialmente por adolescentes e jovens que "raramente [darão] atenção aos possíveis merecimentos literários" (idem), nas palavras de Coutinho. Desse modo, é pela suposição do despreparo intelectual dessa esfera de público que a crítica justifica o sucesso de mercado de *A Carne*.

---

15 A esse respeito Bourdieu (1999, p.107) tece o seguinte comentário: "O sucesso da obra na esfera do grande público pode constituir-se em indício da leitura negativa da obra, pois a intervenção do 'grande público' ameaça a pretensão do campo ao monopólio de consagração cultural."

Essa leitura, tida como nefasta, bem como a aproximação da literatura ao mercado, configurou-se no processo de conformação do romance-folhetim. Portanto, é historicamente datada. Marlyse Meyer, ao estudar a produção do romance-folhetim na matriz francesa, mostra-nos que a origem das críticas negativas à literatura voltada para um grande público data dos anos 1830 e 1840, momento em que a fórmula "jornal e literatura picadinha" foi, ao mesmo tempo, importante para os escritores e "mina de ouro" para os jornais. Esse processo será duramente criticado, e Saint-Beuve converter-se-á no líder das críticas à "literatura industrial": "É a 'literatura industrial', na expressão forjada por Sainte-Beuve, que a vilependia, como a vilipendiavam todos os críticos conservadores da época [...] É também o começo da crítica que Eco denomina de Apocalíptica" (Meyer, 1996, p.59-61).

Mesmo que o romance em questão não tenha saído sob a forma de folhetim, pode-se dizer que o sucesso de mercado já se constituía num critério empregado pela crítica literária brasileira. Assim como a literatura acompanhou os padrões estrangeiros do folhetim, a crítica também se inscreveu na "internacionalização" das práticas culturais, o que, pelo menos inicialmente, pode explicar em parte o lugar "maldito" e/ou proscrito ocupado por Júlio Ribeiro na história da literatura brasileira.[16]

Se a crítica literária brasileira acompanhou os padrões europeus no que tange ao julgamento da aproximação entre literatura e mercado, importa destacar quais eram as condições "infra-estruturais" de publicação no Brasil da época. Em fins da década de 1880, momento em que Júlio Ribeiro publica o romance *A Carne*, embora as condições de publicação no Brasil fossem diversas das do mercado europeu, a literatura folhetinesca teve um papel essencial no País (com a alternância de títulos nacionais e estrangeiros) na configuração de um público leitor. Os leitores, além de sustentar os jornais financeiramente, criaram condições para a publicação em volumes e para a existência de espaços de leitura, como os gabinetes de leitura. Dessa forma, pode-se dizer que se criou uma interdependência entre a publicação

---

16 Porém, isso não significa que tenhamos a pretensão de inseri-lo no cânone da história literária, ou seja, de "resgatá-lo" da proscrição no passado e consagrá-lo hoje.

de romances em folhetim e a de volumes, pois os jornais anunciavam o lançamento desses últimos (muitas vezes, pela própria tipografia dos jornais) (Meyer, 1996). Nesse processo, era fundamental a existência de um público consumidor.

Nessa mesma década da publicação do romance de Ribeiro, existem informações sobre a existência de um corpo de leitores no Brasil. Em 28 de fevereiro de 1882, o editorial de *A Estação*, intitulado "Jornais Emprestados", assim se pronuncia sobre a questão:

> Toda a gente é concorde em afirmar que o Brasil é um país não essencialmente agrícola como também profundamente contrário à letra redonda. Todos o sabem e os editores o sentem. Mas, por outro lado (e parece-me isto explica e justifica o mistério), não há talvez país nenhum no mundo em que se emprestam livros e jornais com tamanha profusão do que entre nós.
>
> O tendeiro que assina o Jornal do Comércio, não julgue a leitora que o faça para recreio seu, mas sim para o emprestar a vinte ou trinta famílias que o reclamam 20 ou 30 vezes na roda do dia.
>
> Com a estação, particularmente, pode-se dizer que cada assinante representa, termo médio, dez leitores, o que nos dá uma circulação de 100 mil leitores, quando, aliás, nossa tiragem é apenas 10 mil assinantes. (apud Meyer, 1996, p.292)

Não se pode deixar de salientar, a partir desse excerto do editorial de *A Estação* – embora aponte que a venda não era condição *sine qua non* para a leitura – que a ligação entre leitores e o mundo das "luzes" constituía o parâmetro para incluir o Brasil no mundo civilizado. Na verdade, essa foi a argumentação central no século XIX, fosse para indicar que o País se incluía na tendência civilizadora, fosse para dar um diagnóstico inverso ao do editorial citado. Enfim, havia leitores, como assinala o editorial. Mas o que liam? Para a crítica literária, bastava detectar um corpo de leitores para concluir-se algo a respeito do grau de civilidade da nação? Parece que não; pelo menos é o que nos indica Aluísio Azevedo, que se deparou entre o gosto dos leitores de fins do século XIX – o qual se configurou na tradição folhetinesca – e os parâmetros da crítica literária.

Em meio a isso, o escritor deveria agradar a qual das instâncias? À do público ou à da crítica? Aluísio de Azevedo (1882, p.172), no romance *Mistérios da Tijuca*, publicado sob a forma de folhetim no jornal *Folha Nova*, em 1882, expressa claramente tal impasse:

No Brasil [...] os leitores estão em 1820, em pleno romantismo francês, querem o enredo, a ação, o movimento; os críticos porém acompanham a evolução do romance moderno e exigem que o romancista siga as pegadas de Zola e Daudet. Ponson du Terrail é o ideal daqueles; para estes Flaubert é o grande mestre. A qual dos dois grupos se deve atender? Ao de leitores ou ao de críticos?

Levando em conta as condições concretas de sua situação financeira, A. Azevedo, sem vacilar, responde: "estes decretam [os críticos], mas aqueles [o público] sustentam. Os romances não se escrevem para a crítica, escrevem-se para o público, para o grosso público, que é o que paga" (idem, p.172).

Com isso, além de ser reforçada a proposição de que o espaço da crítica e o espaço dos leitores constituem esferas distintas e concorrentes, a eles acrescenta-se outra esfera, a do escritor. Essa esfera é fundamental para não se buscar entender um "projeto criador", não só em direção quanto ao talento que um escritor possa ter, mas sobretudo quanto aos elementos subjetivos e objetivos de sua trajetória, os quais possibilitam rever as noções da arte e ou da literatura separadas de seu contexto de produção e circulação de bens simbólicos. Portanto, na configuração das imagens de escritores intervém uma rede de instâncias e relações que, muitas vezes, são opostas e tensas, como é o caso dos significados postos no consumo cultural da crítica e do público leitor de *A Carne*. Passemos, então, para o universo dos leitores.

Numa das edições do romance, a de 1966, temos o prefácio escrito por Elsie Lessa (In: Ribeiro, 1966, p.1-2), neta do escritor, que diz:

Livro proibido para mim e para minha mãe, explico para essa geração desinibida que o terá agora, quase setenta anos depois de escrito, e vai ver que ainda é vivo e atual. Vai ver, não, que ninguém é bobo de reeditar livro morto.

Minha mãe só foi ler o livro do pai depois de casada e pedindo permissão ao marido. Eu já o li antes, mas claro que escondido. Talvez tenha sido o livro mais fraco, mais cheio de altos e baixos desse homem fascinante, que deve ter sido meu avô, cuja biografia, se escrita, faria, essa sim, o seu melhor romance. [...] E meu filho, quem sabe meus netos, um dia se verão às voltas com antigas papeladas, a tentar explicar para as suas gerações o porquê do sucesso desse livro estranho e discutido. Que deixou minha avó, esposa e viúva enamorada como nenhuma outra vi, encabulada, por vários meses, receosa de sair de casa e ser apontada como mulher do autor. Que sempre se recusou, crente convicta que era, a receber um tostão que fosse dos direitos autorais desse livro pecaminoso, escrito, ela não sabia por quê, por esse marido bem-amado.

Essa memória familiar, além de evidenciar os reveses que a publicação do romance causou, especialmente à esposa de Ribeiro, não deixa de conter a busca pela reafirmação do conteúdo "pecaminoso" do romance proibido por várias gerações. É feita, assim, ao leitor de uma "geração desinibida", uma rememoração do sentido que o romance teve para as gerações anteriores, no intuito de manter vivo o significado de obra proibida. Cabe lembrar que o livro não muda, e sim as expectativas e leituras em relação a ele.

Assim, quais eram as expectativas e os gostos do público leitor no contexto de produção e publicação do romance A Carne?[17] Aluísio de Azevedo, naquele seu dilema entre a crítica e o leitor, indicou-nos o gosto romântico do grande público. Embora prevalecesse a tendência do público, ele nos mostra que o que realmente almejava era o romance moderno, ou seja, na época, fins do século XIX, a escrita realista-naturalista. No entanto, como dizia, o escritor vive do público, e uma forma de fazer que ele aprecie o modo da literatura moderna é ir gradualmente incutindo-lhe no gosto a "nova" tendência. Para tanto, o romancista recorre a estratégias narrativas como a da intromissão do narrador:

---

17 É importante esclarecer desde já que não se pretende tratar os costumes da sociedade paulista da época, porque essa não é a orientação do presente trabalho, ou seja, ver a literatura como espelho de uma sociedade.

Diremos logo com franqueza que todo nosso fim é encaminhar o leitor para o verdadeiro romance moderno. Mas [...] sem que ele dê conta pela tramóia [...] É preciso ir dando a cousa em pequenas doses. [...] Um pouco de enredo de vez em quando, uma ou outra situação dramática [...] para engordar, mas sem nunca esquecer o verdadeiro ponto de partida – a observação e o respeito à verdade. Depois, as doses de romantismo irão gradualmente diminuindo, enquanto as de naturalismo irão se desenvolvendo; até que, um belo dia, sem que o leitor o sinta, esteja completamente habituado ao romance de pura observação e estudo de caracteres. (Azevedo, 1882, p.172)

Dois anos mais tarde, em 1884, em carta a Afonso Celso, seu amigo e deputado, Aluísio Azevedo pediu um emprego público para livrá-lo de ter de escrever folhetins românticos, como os *Mistérios da Tijuca*. Em tom aflitivo diz: "Seja lá o que for, tudo serve; contanto que não tenha que fabricar 'Mistérios da Tijuca' e possa escrever 'Casa de Pensão'"(apud Broca, op. cit., p.24). O desespero do escritor está ligado ao fato de ele viver exclusivamente da pena – A. Azevedo talvez tenha sido um dos únicos nessa situação na época – e, por isso, também às suas reflexões explícitas a respeito da relação entre escritor, público e crítica.[18]

A concorrência para ganhar o grande público – formado em sua maioria por moças "casadoiras" e por estudantes – era grande e crescia a cada dia. A relação estreita entre a imprensa e a literatura procura atender às solicitações do público; assim, o tema literário por excelência era o do casamento, misturado com os motivos do amor e de frivolidades:

> Como sempre acontece então, surgiam jornais a cada passo, explorando as frivolidades das sinhazinhas e ioiôs. A monarquia criava uma espécie de nobreza onde se evidenciavam os grandes senhores territoriais

---

18 No entanto, seu desejo por um emprego público só se realizaria com a República, quando foi nomeado vice-cônsul em Vigo, em 1896, encerrando sua carreira literária. Para Brito Broca (idem, p.24), a "esterilidade" literária de Aluísio de Azevedo explica-se pela segurança econômica que tanto ansiara. E ainda, é importante ressaltar que, na República, o capital "intelectual" e as relações sociais renderam-lhe cargo na política, o que dificilmente teria alçado no regime anterior, como já apontado anteriormente.

e os magnatas dos dois partidos políticos. Condes e condêssas, barões e baronesas, marqueses e marquesas, moços fidalgos, açafatas e retrêtas, damas do Paço e cortesãos, formam as falanges de leitores de Bom Tom, Jornal das Môças Solteiras, Correio das Damas, Jornal Para Fazer Rir, Mosquito e tôda a literatura de cordel, que se vende nas Arcadas do Teatro S. Pedro principalmente. (Pontes apud Sodré, 1966, p.228)

Observe-se que nos próprios títulos das publicações já vinha indicado a que tipo de público se dirigia: a maioria estava voltada para o público feminino. O consagrado Machado de Assis foi colaborador assíduo desse tipo de publicação. Um exemplo é o *Jornal das Famílias* (RJ), dedicado às mulheres, que, entre figurinos, receitas de bolos e conselhos de beleza, podiam encontrar um pouco de literatura, quase sempre saídos da pena de Machado de Assis, como nos revela Lúcia Miguel Pereira (1955, p.135):

> E, a despeito do nome do autor, correspondia, certamente, à expectativa das leitoras: literatura amena, de pura fantasia, sem nenhum fundamento na realidade. Tudo se passa nesse mundo convencional, onde os desgostos amorosos são os únicos sofrimentos, onde tudo gira em tôrno de olhos bonitos, de suspiros, de confidências trocadas entre damas elegantes.

Distintamente de Aluísio de Azevedo, Machado tinha feito nome no universo letrado com suas publicações, e a maioria de seus livros foi publicada por editoras de renome, como a Garnier. Pode presumir-se que tê-lo como colaborador era um trunfo para os jornais e revistas da época, o que, por sua vez, propiciava um tratamento especial, até no pagamento: "Relativamente, Machado ganhava muito mais com a colaboração literária nos jornais dessa época, pois a 'Gazeta de Notícias' costumava pagar-lhe pela publicação de um conto 50 mil réis" (Broca [s/d], p.143). Infere-se disso que o fato de publicar numa revista com perfil e gosto definidos – feminino e romântico – não causava constrangimentos a Machado.

No entanto, esse pendor do público para narrativas românticas, sobretudo para o romance, foi criticado por aqueles que prescreviam uma literatura respeitosa em relação aos padrões morais. Circulou, no século XIX, *O Novo Manual do Bom Tom*, manual de civilidade que aconselhava os pais a proibirem suas filhas de lerem romances:

> Um pai deve, sobretudo, prohibir ás suas filhas a leituras de romances. Os melhores de todos, apenas dão idéias confusas e muito falsas do mundo e da vida positiva. A Jovem acostumada a semelhante leitura, se chega a casar, fica desconsolada se não acha, como é natural, no seu marido o heróe do romance em que tantas vezes sonhou. Disto pode resultar a sua infelicidade, e algumas vezes a sua vergonha.[19]

A crença em que o romance servia de modelo de conduta aos leitores perpassou o Brasil oitocentista.[20] E isso não só para os críticos do romance como gênero, mas para os leitores, que acreditavam na semelhança entre o universo da ficção e o da realidade; aliás, não só acreditavam que os personagens eram reais, mas também procuravam conduzir suas vidas a partir deles. O sucesso da literatura folhetinesca romântica deveu muito às características de sua narrativa, que permitia aos leitores se identificarem com os personagens. Portanto, a repreensão dos moralistas ao romance, como a acima citada, explica-se muito mais por ser uma ameaça à hegemonia dos moralistas entre os leitores do que exatamente por moralismos.

---

19 *Novo Manual do Bom Tom* Contendo Modernissimos preceitos de civilidade, política, conducta e maneiras em todas as circunstancias da vida, indispensaveis á mocidade e aos adultos para serem bemquistos e caminharem sem tropeços pela carreira do mundo. Traduzido do francez de Luiz Verardi e offerecido ao publico brasileiro por um amigo da Mocidade. Segunda Edição, melhorada e augmentada. Rio de Janeiro Publicado e á venda em casa dos editores-proprietários Eduardo & Henrique, 1872, p.16 apud Augusti, 2000, p.92.

20 Desde fins do século XVIII, com o nascimento do romance moderno como gênero literário, suscitaram polêmicas os efeitos que sua leitura poderia provocar. Nessa polêmica, envolveram-se o filósofo Diderot e a romancista Madame Stael, esta empenhada em propagar pela Europa o romantismo alemão. Em sua defesa, ambos viam na narrativa romanesca um guia de conduta, como os moralistas. No entanto, acreditavam que se poderiam transmitir as virtudes em detrimento dos vícios, com uma vantagem em relação aos tratados de moral: em vez de só anunciar os deveres aos homens, como faziam os textos prescritivos, a ficção passaria as condutas tocando nas emoções e sensibilidades. A esse respeito, ver: idem, p.89-102.

Na tradição romântica, além da proliferação de autores estrangeiros, como produtos civilizatórios da Europa, especialmente Paris, temos, desde a década de 1840, uma frutífera produção nacional no gênero folhetinesco. *A Moreninha*, de Manoel Antonio de Macedo, por exemplo, e outras obras do autor, a partir de 1844 em diante, segundo Meyer, "encabeçam a lista de livros oferecidos sistematicamente a esse leitor que vem se formando desde a longínquas listas de 1830, 31, 35, etc., e permitem falar num público" (Meyer, 1996, p.293).

À época do lançamento desse romance, é nítida a concepção pedagógico-moral sobre o romance moderno na leitura da crítica literária brasileira da época. Dutra e Mello (apud Augusti, p.98) define o romance *A Moreninha* nos seguintes termos: "Linguagem casta e severa, acção viva e seguida, rigida moral, côr apropriada – eis o que nos cumpre." Note-se, então, o elogio ao romance de Macedo, exatamente por cumprir a finalidade de propagar a virtude. No entanto, de acordo com Dutra e Mello (idem), não são todos os romances que se prestam a tal serviço:

> [...] esquece-se de que devia fazer a educação do povo, ou pelo menos de que podia aproveitar o seu prestígio para isso. Penetrando na cabana humilde, na recamara sumptuosa, no leito da indigencia, no aposento do fausto, perdeu de vista o fanal que devia guial-o; deslembrou-se de levar a toda a parte a imagem da virtude e consolação mitigadora, a esperança e o horror do vício.

Ainda segundo a visão de Dutra e Mello, se não for aproveitada sua força como gênero para educar o povo e ensinar-lhe o caminho da virtude, o romance perde completamente sua finalidade e pode até ser prejudicial à educação, incitando aos vícios. Pode-se dizer que, nesse momento, para os autores de literatura prescritiva, o romance é uma ameaça; para o público leitor, é um modelo de conduta e projeções; e, para a crítica, um instrumento capaz de ensinar a virtude e/ou o vício. Em suma, em todas essas esferas, de maneiras diferenciadas, está presente a crença no caráter pedagógico-moral do gênero romanesco.

Tal crença não é abandonada. Quase meio século depois, essa crítica de Dutra e Mello está presente no comentário do romance de Júlio Ribeiro feito por Rocha Pombo (1888, p.28) sobre a protagonista de *A Carne*:

> Se o pai, o pobre homem do trabalho, chegasse a convencer-se de que mandando com sacrifício á filhinha á escola a estava iniciando no caminho por onde chegaria a tornar-se uma Lenita, com certeza preferiria vel-a para sempre sem saber o alphabeto. Mas é o contrário a tudo que se há observado e que não escapou aos mais abalisados homens de sciencia aquillo que affirma Júlio Ribeiro. O pudor na raça humana é creado, é obra da civilisação. É de crer, porém, que a pobre selvagem das nossas florestas, em caso identico, teria mais pudor do que Lenita, a mulher culta que se prestava, alguns dias depois de pervertida, a toda sorte de deboches infamantes e repellentes sodomias com um homem casado!...

No questionamento da verossimilhança do romance de Ribeiro, em especial do comportamento de Lenita, acha-se a idéia de que o romance deveria ser coerente com a realidade do universo feminino das moças cultas, segundo a qual, em hipótese alguma, a educação pelos livros desencadearia comportamentos e atitudes semelhantes aos da protagonista de *A Carne*. Ao denunciar a distorção da realidade na construção da narrativa ribeiriana, Rocha Pombo vê no gênero romanesco um instrumento capaz de transmitir a verdade e, portanto, de converter-se em modelo para desenvolver e reafirmar virtudes. Na visão do autor, o romance de Júlio Ribeiro não cumpre esse objetivo edificante: ao contrário, pode servir de modelo para leituras sediciosas.[21] Desse modo, a idéia de que o romance possui um caráter pedagógico-moral que pode tanto ser positivo quanto negativo para as condutas, ocupa posição central na leitura de Rocha Pombo.

---

21 O termo sedicioso é empregado no sentido dado por Robert Darnton (1992, p.11) a respeito do universo da literatura clandestina na França do século XVIII: "Deve-se entender sedição não como uma tomada de armas nem como uma violência esporádica contra as autoridades, e sim como um desvio que, mediante o texto e no texto, se instaura com relação às ortodoxias do Ancien Régime – isto é, com relação ao conjunto, das razões comuns, dos discursos de legitimação que, no correr dos séculos, haviam sido considerados os fundamentos da ordem monárquica".

A preocupação manifestada em relação ao romance indica que se trata de um gênero já popularizado pelo romance-folhetim, ou seja, que possui um amplo alcance de público, o que torna, no ver de Senna Freitas (1972, p.190-191), a publicação de *A Carne* ainda mais alarmante, porque

> [...] o público não é uma pequena fração social, não é um punhado maior ou menor de debochados; o público é o público, a saber: o banqueiro e o logista, o periodiqueiro e o mestre de tipografia, o deputado e o eleitor, o militar e o titular, o ministro e o cônsul, o presidente da província e o jurisconsulto, o marido e o pai de família, o professor e o acadêmico, o artista e o proprietário, outras tantas classes onde os olhos desarmados se nos depara muita gente que se respeita. O público é a moça honesta e pudica que V. S.ª nivela com Lenita, caída de um salto, da honestidade na prostituição; [...] eu só vejo na Carne, afora algumas descrições magníficas, uma noite na taverna, onde um anfitrião, por nome Júlio Ribeiro, serve aos convivas carne de bordel, às pratadas.[grifo meu]

No entanto, distintamente das críticas às narrativas românticas, o romance *A Carne* é repreendido por Rocha Pombo e Senna Freitas não pelas ilusões que poderia suscitar no público feminino (como a da busca de um par perfeito para o casamento), mas por ser avesso a esse paradigma do romantismo, ou melhor, o antimodelo de conduta. Em outras palavras, por infringir as regras sociais e religiosas – por exemplo, o relacionamento de Lenita com um homem casado, além dos desejos carnais manifestados por ela na narrativa. Isso pode parecer um falso problema para os leitores modernos, mas era capital para os leitores contemporâneos de Ribeiro. Enfim, está em questão, nas leituras acima expostas, a preocupação com a preservação da instituição familiar, a mais cara instituição social da época.

Vem-se tratando da tendência do público para as narrativas adocicadas e românticas. Se esse era o gosto que predominava, então se está diante de um paradoxo; ou seja, como um romance que implode as convenções pôde ter sido um *best-seller* no século XIX? O paradoxo é apenas aparente. Assim como tinha uma inclinação para as narrativas românticas, o leitor também se interessava pelas tramas de amor que

ERUDIÇÃO E CIÊNCIA 221

ultrapassavam a sublimação do desejo e que retratavam de forma mais direta os assuntos sexuais. Daí *A Carne* ter feito "carreira" entre jovens, moças e moços, muitos desses bacharéis educados nos preceitos do cristianismo. Tornou-se romance de cabeceira das moças, cuja formação sexual integrou numa época em que o assunto era tabu. A esse respeito, Agripino Grieco, ao tratar da personalidade de Ribeiro, escreveu: "esse professor da Paulicéia serviu pastilhas afrodisíacas aos estudantes ginasiais, embora depois lhes esfriasse o ânimo com as austeras lições de gramática" (apud Dornas Filho, 1945, p.50).

É importante salientar que o fato de *A Carne* ter sido publicado sob a forma de volume – apesar de não conter as mesmas expectativas do folhetim quanto ao que ocorreria no enredo – fez que esse romance se inserisse em formas de leituras e de sensibilidades outras, as quais incluíam a liberdade de lê-lo na solidão da alcova e de poder passar a noite na companhia das personagens, de poder "absorver de um só trago" a trama... Acrescente-se, ainda, que esconder um volume era mais fácil do que ocultar folhas avulsas das possíveis repreensões familiares a essa obra provocadora de tanta polêmica. A história inteira na forma de livro, como nos aponta Marlyse Meyer (1996, p.316), configurou outros tipos de leitura e de liberdade:

> Entre os possíveis móveis da sôfrega compra do volume [...] não estará também a virtualidade de um outro modo de leitura, de outra forma de prazer ainda? Que abre para a liberdade e não mais para o condicionamento do fragmento, aquele imperativo categórico do fim da sexta coluna do rodapé que leva à suspensão do prazer, amarrado naquele "a seguir" que impele à compra do jornal seguinte? A liberdade, pelo contrário, de varar a noite, absorvendo tudo de um trago só. E enfrentando aquela solidão final: "Aquela gente a quem havíamos dado mais atenção e carinho que às pessoas da vida [...] aquela gente pelas quais soluçamos, nos sobressaltamos? Não iríamos saber mais delas" (Marcel Proust, Sésame et les lys, p.23).

Foi nesse contexto de leitores e leituras que o romance de Ribeiro veio a público, num momento em que as condições estruturais de publicação se haviam desenvolvido com o romance-folhetim: um corpo de leitores, a imprensa, as editoras e o âmbito da crítica literária. Não obstante houvesse uma interdependência entre essas esferas, constituíam-se espaços sociais diferenciados e, algumas vezes, simbolicamente concorrentes e, por isso, produtores de imagens contrastantes, como as apontadas nas leituras realizadas pela crítica literária e o grande público em relação ao romance *A Carne*.

Se, no último quartel do século XIX, não havia um campo literário estrito e solidificado no Brasil, isso não significava que as relações de produção e circulação de bens simbólicos estivessem infensas às lutas pelo monopólio de consagração cultural, fosse na esfera da crítica, fosse na do público leitor. Nessa última, situava-se o êxito de mercado das editoras e, em parte, do escritor, dependendo de sua pretensão no universo letrado. Ao que parece, a própria posição reticente assumida pela crítica – decorrente, em grande parte, do caráter "obsceno" do romance e da qualidade literária "duvidosa", aspectos já vistos aqui – acabou aguçando a curiosidade do leitor e, ao mesmo tempo, o interesse das editoras pela vendagem que poderia representar um romance cercado por grandes celeumas.

Essa relação entre livros ilícitos e sucesso de público foi muito bem expressa por Diderot (apud Darnton, 1992, p.15):

> Vejo, no entanto, que quanto mais severa é a proscrição, mais aumenta o preço do livro, mais suscita curiosidade de lê-lo, mais ele é comprado e lido. [...] Quantas vezes o livreiro e o autor de uma obra privilegiada, se tivessem ousado, não teriam dito ao magistrado de polícia: "Senhores, por favor, um decretozinho que me condene a ser dilacerado e queimado embaixo de sua grande escadaria!". Quando se grita a sentença de um livro, os trabalhadores da tipografia dizem: "Bom, mais uma edição!"

O fato de o romance de Ribeiro não ter sido proibido por decreto e de o autor não ter sido encarcerado na época da publicação[22] – práticas comuns do Estado francês no século XVIII no que condizia às políticas proibitivas de livros, como mencionadas por Diderot –, não quer dizer

---

22 O romance *A Carne* foi proibido em Portugal no século XX. Conforme Elsie Lessa (1966, p.2-3): "Trazia em si o sex-appeal, que lhe valeria, ainda em 1934, do outro lado do oceano, em Portugal, o reclame de ser lançado no índex, óleo canforado que ainda o fará viver por muitos anos..."

que outras formas de expressão não criaram uma simbologia do ilícito para o romance *A Carne*. Aliás, é desse aspecto que se vem tratando; porém, tal tarefa não era realizada pelo Estado monárquico, mas por outros agentes, quer aqueles que representavam a Igreja (caso do Padre Senna Freitas), quer aqueles que compunham a esfera de consagração cultural, a crítica literária – no caso do romance em questão, notadamente José Veríssimo – os quais impuseram uma leitura marcada pela estigmatização do romance como obsceno. Assim, apesar de não ter sofrido uma perseguição direta, que culminasse com o cárcere, houve uma produção de imagens negativas sobre a obra, acompanhadas quase sempre pelo destaque do romance como ilícito. Tais imagens, se não eram definidoras, pelo menos participavam do sucesso de público do romance e também do interesse editorial por ele.

Nesse sentido, considero que não foi somente, como quis Coutinho, o conteúdo de *A carne* o motivador da permanência de seu sucesso, mas sobretudo o impacto que causou entre os leitores "qualificados" por ocasião de seu lançamento. Esses leitores construíram significados que apontavam para a imagem do proibido. Em suma, a polêmica suscitada foi capaz de criar um imaginário do ilícito em torno do romance, que adentrou no século XX, como sucesso de público e, em conseqüência, editorial.

No entanto, a relação de Ribeiro com o meio editorial nem sempre foi marcada por êxitos. Tomemos o caso de seu primeiro romance, *P. Belchior de Pontes*. Esse livro não fugiu à regra de publicação da época: saiu sob a forma de folhetins no jornal *Gazeta Commercial* de Sorocaba, entre 1874 e 1875. Como nos informa na apresentação de seu romance histórico "Nem sei porque, tirei em raquitico volume o que ora vai sob a epígrafe de 'prologo'". Por iniciativa própria, Ribeiro publicou em volume os folhetins com um objetivo bem definido: o de apresentá-lo à apreciação do universo letrado. "E que havia de suceder?" (Ribeiro [s.d.(a)], p.5). Na verdade, nessa dúvida de Ribeiro não estava em questão somente a aprovação de seu romance, mas sua conseqüente acolhida como escritor, que talvez ainda tivesse o significado que expressou quando estava no colégio interno – o de um nome no mundo literário "É o condão que faz com que o homem atravesse imune o volver dos séculos". Dito de outra maneira, a consagração simbólica de um homem. Todavia, pode-se dizer que esse tom abstrato e universalizante expresso na época de estudante adquiriu depois contornos mais claros: a aprovação de seu romance não se restringiria a um nome gravado para a posteridade, mas significaria também a abertura de caminhos e possibilidades no mundo letrado da segunda metade do século XIX.

E qual foi a opinião emitida sobre aquele "raquítico volume"? Seu escrito obteve uma crítica favorável na imprensa da época, mencionada nos seguintes termos por ele: "a imprensa paulista quase em peso, folhas da côrte e de várias províncias, escritores de merito reconhecido levantaram 'una voce' a obrinha, exaltaram-na, glorificaram-na" (idem). Com a crítica a seu favor,[23] Ribeiro procurou a editora mais prestigiada da época, a Garnier. Nas palavras de Nelson W. Sodré (1966, p.238): "Ser editado por ela [a Garnier] era a consagração"[24]. O escritor assim explica sua atitude:

> [...] retirando-me do jornalismo [...] desejei continuar a obra que tanto favor havia merecido: <u>fiz uma proposta ao acreditado editor, sr. Garnier</u>; ele aceitou-a, com a condição, porém, de nada pagar-me pela propriedade

---

23 Comentários positivos foram feitos pelos jornais de São Paulo. O *Correio Paulistano* assim se manifestou: "Recebemos o 1.º volume do romance historico – Padre Belchior de Pontes – Produção do sr. Júlio Ribeiro, conhecido escriptor que redige *A Gazeta Commercial* de Sorocaba. O assumpto interessante escolhido pelo talentoso autor e provada illustração recomendam esta obra á apreciação publica. Agradecemos o exemplar com que obsequiou-nos"; *A Província de São Paulo* afirmou: "*Padre Belchior de Pontes* é o título de um formoso romance, cujo primeiro tomo acaba de publicar o Sr. Júlio Ribeiro, nome sympático e bem conhecido na imprensa desta província. Com a recente publicação, demonstra o autor mais uma face do seu provado talento. [...] Demais tem essa publicação para nós um mérito superior: ser um signal de vida litteraria, tão que escassa é entre nós, principalmente nas províncias." E a correspondência da Côrte, publicada pelo jornal *A Província de São Paulo*: "*Padre Belchior de Pontes* pelo Sr. Júlio Ribeiro, redactor da *Gazeta Commercial*, de Sorocaba, é uma estréia como raros escriptores nossos terão tido." Apud Cavalheiro, 2001, p.39-40.

24 Entre vários autores, a Garnier editou José de Alencar, Machado de Assis, Bernardo Guimarães, Sílvio Romero, Aluísio de Azevedo, Joaquim Nabuco, Graça Aranha e João Ribeiro.

do livro. Conquanto pauperrimo, eu não mirava interesses: sujeitei-me, pois, mandei-lhe, para que começasse a impressão, o que eu já havia publicado. S. s. respondeu-me que definitivamente não daria princípio ao trabalho sem que estivesse escrito todo o original. (Ribeiro, [s.d.(a)], p.5, grifos meus)

Embora limitado a um escritor, esse episódio evidencia as dificuldades para conseguir um editor consagrado no meio cultural, principalmente para os escritores estreantes, que era o caso de Ribeiro como romancista. Entretanto, essa situação estendia-se também aos não novatos. E levava os escritores, principalmente os novos, a recorrerem aos editores de Portugal, que, de acordo com Brito Broca ([s/d], p.142), cediam "muitas vezes os manuscritos gratuitamente, só pelo prazer de vê-los publicados".[25] Segundo o autor, essa prática foi corrente entre escritores brasileiros, especialmente do último decênio de século XIX à primeira década do XX. Os casos de Lima Barreto e Coelho Neto são ilustrativos. O primeiro "cedeu em 1907 os originais das 'Recordações do Escrivão Isaías Caminha' a um livreiro daquele país" e Coelho Neto, um dos mais fecundos escritores brasileiros, "publicou quase todas suas obras pela Livraria Chardron, do Pôrto". (idem, p. 143)

Exceção a esse quadro foram os novatos Graça Aranha e Euclides da Cunha, que publicaram seus primeiros livros por intermédio de editoras consagradas. Para tal, valeram-se, todavia, do capital simbólico que possuíam. O primeiro, embora estreante, já havia entrado para a Academia Brasileira de Letras, sob o penhor de um livro em preparo, *Canaã*, que impressionou Joaquim Nabuco e foi publicado pela consagrada Garnier. Essa editora tinha, aliás, a propriedade da obra de Machado de Assis. No caso de Euclides, *Os Sertões* foi lan-

---

25 A essa afirmação do autor, importa acrescentar que a publicação de uma obra, para um escritor, não se restringia somente "ao prazer de vê-la publicada", mas compreendia também um capital simbólico, com conseqüências efetivas, das quais ele tinha consciência. Nesse sentido, a arte e/ou a literatura não estão isentas das relações travadas no campo letrado.

çado por Laemmert & Cia, editora conceituada na época.[26] A crítica favorável levou-o rapidamente à segunda edição, como nos informa o escritor em carta ao pai, datada de 19 fev. 1903: "recebi uma carta do Laemmert, declarando-me que é obrigado a apressar a 2ª edição, já em andamento, dos 'Sertões', para atender a pedidos que lhe chegam até do Mato Grosso". Sobre os lucros obtidos, declara terem sido poucos; o que mais o satisfazia era "o lucro de ordem moral obtido; a opinião nacional inteira, que, pelos seus melhores filhos, est[ava] inteiramente ao [seu] lado" (Cunha apud Broca, idem, p.144).

Não se pode deixar de salientar que as relações de dependência no campo cultural foram sendo criadas no próprio universo letrado da época. Ribeiro, sem o aval da Garnier, não recorreu às editoras portuguesas, e publicou seu romance *Padre Belchior de Pontes* pela tipografia da *Gazeta de Campinas* em 1876,[27] na época sob a direção de Francisco Quirino dos Santos. Essa iniciativa do poeta e homem ligado ao Partido Republicano Paulista (PRP) é elogiada na apresentação do romance histórico:

> Não contava eu [...] com a generosidade de uma alma sonhadora e nobre que, não sendo ainda materializado em um cristal de clorureto de ouro,

---

26 Em 1907, Laemmert & Cia foi adquirida pela Francisco Alves de São Paulo e recebeu *Os Sertões* de Euclides da Cunha. Foi a ela também incorporada a livraria Mellilo, de São Paulo, que lhe passou os direitos de publicação de *A Carne* e da *Grammatica Portugueza* de Júlio Ribeiro, entre outras obras de outros autores. Alves, que tinha se especializado na publicação de obras didáticas, passou a ser o grande editor de obras literárias em São Paulo nos fins do século XIX e no início do século XX, publicando romances de Afrânio Peixoto, Júlia Lopes de Almeida; livros de Coelho Neto, Osório Duque Estrada, Medeiros Albuquerque, Tobias Barreto, Rodrigo Otávio; a *História da Literatura Brasileira*, de José Veríssimo; *O Ateneu*, de Raul Pompéia; as obras de Clóvis Beviláqua; as *Poesias*, de Olavo Bilac. Quando o editor faleceu em 1917, deixou sua fortuna à Academia Brasileira de Letras. Ver: Sodré, 1966, p.238-9.

27 Além desse romance, a *Gazeta de Campinas,* entre 1869 e 1887, publicou romances de Bernardo Guimarães, Machado de Assis, Camilo, Ramalho Ortigão e Eça (*O mistério da estrada de Sintra*), Otávio Feuillet, Maria Amália Vaz de Carvalho, e um *Esboço de um romance brasileiro, Os farrapos*, de L. de Oliveira Bello. Tais obras estão em companhia dos indefectíveis Alexandre Dumas, Richebourg, Mie d'Agnhonne, Mery, Boisgobey, Ponson du Terrail e George Ohenet com o "Serge Panine *em versão do francês por d. Guilhermina Santos*". Cf. Meyer, 1996, p.255.

ergue-se de sobre o positivismo dominante desfere da lira inspirada melodia suavíssimas, e ousa afrontar o seculo com a manifestação de suas crenças. Sem o mínimo interesse, espontaneo como o que pode haver de espontaneo, o sr. Dr. Francisco Quirino dos Santos incumbiu-se da publicação de "Padre Belchior de Pontes". Se o livro algo valesse, ao distinto poeta paulista o deveriam as Letras patrias. (Ribeiro, [s.d.(a)], p.6)

Nessa época, meados do decênio de 1870, Ribeiro ainda não se havia tornado um dissidente das propostas dos republicanos no Brasil. Isso lhe valeu relações com os principais nomes do republicanismo, especialmente os de Campinas, onde lecionou num dos principais colégios do interior de São Paulo, o Culto à Ciência. As relações sociais, dessa forma, podem ter interferido na publicação do romance.

Entretanto, uma década depois, tornou-se crítico mordaz da postura desse poeta e homem da propaganda republicana, ironizando o predomínio da família Quirino dos Santos no diretório republicano de Campinas, diz: "ainda ultimamente não foi possivel dar pezames em tempo á familia de Quirino dos Santos, porque a commissão não se reuniu!" (Ribeiro, [s.d.(b)], p.37-8)[28]

Na análise das obras culturais, é fundamental levar em conta o espaço social de produção e recepção, que envolve uma ampla gama de relações, como as estabelecidas entre editoras, imprensa, crítica acadêmica e público leitor. Tais esferas, como se pôde ver, constituíram instâncias capazes de provocar tanto a consagração (como a realizada pelo consumo do público), quanto o desmerecimento do autor, que se verifica na leitura da crítica literária. Na verdade, conforme foi exposto, essas esferas de leitura imprimiram significados que vão além das opiniões emitidas: construíram marcas que acompanharam o nome do autor.

É por essa razão, portanto, que não se tomou Júlio Ribeiro sob a ótica da singularidade. Tanto a leitura positiva acerca de sua obra (justificada, muitas vezes, pelo tom combativo com o qual se referiu às instituições políticas e morais existentes), quanto a que lhe imprimiu

---

28 Referiu-se à morte de Francisco Quirino dos Santos em 1881.

o estigma de mau literato, estão integradas à formação da imagem do escritor. Ademais, essas leituras guiam-se por parâmetros como a genialidade do autor na forma de representar determinado tema. Enfim, essa discussão sugere a invenção da categoria de escritor.

Contudo, não se pode deixar de considerar a participação de Júlio Ribeiro na construção de sua imagem como singular – como pôde ser visto, salientada pelas repetidas afirmações sobre seu caráter transgressor –, seja nos escritos literários, seja nos textos jornalísticos, nos quais buscou legitimar-se como uma voz importante do debate político-intelectual da segunda metade do século XIX.

A polêmica que se estabeleceu acerca do romance *A Carne* reforçou, portanto, o rótulo de militante e transgressor que Ribeiro reivindicou para si. Foi, de fato, assim reconhecido por alguns olhares, que lhe deram o lugar do quarto mosqueteiro – de D'Artagnan –, como fez Orígenes Lessa.

ERUDIÇÃO E CIÊNCIA 229

Júlio Ribeiro - Respeitável público, isto é
Carne fresca, fresquinha da silva!

Figura 15 Caricatura do romance *A Carne*. (In M.C. Cavalheiro. *A Produção Literária de Júlio Ribeiro em Sorocaba*, p.59)

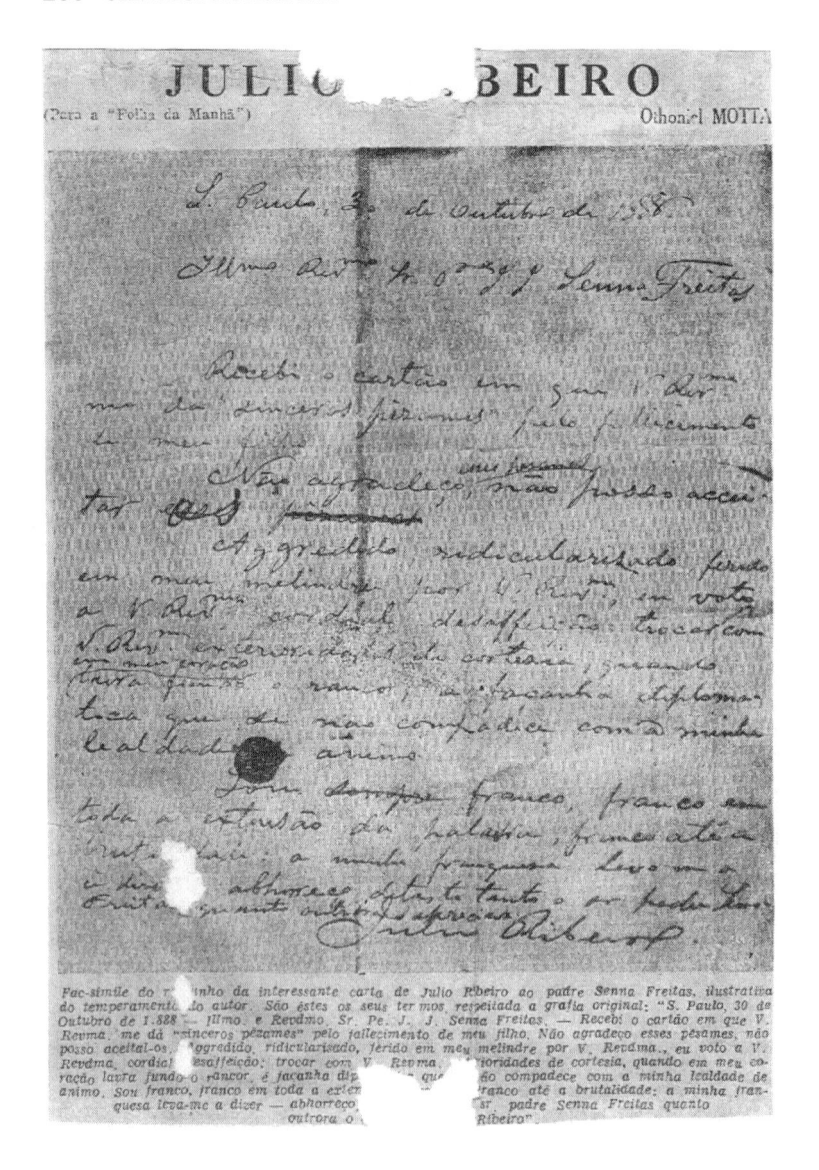

Figura 16 Carta de Júlio Ribeiro ao padre Senna Freitas (Arquivo Jolumá Brito, Centro de Memória da Unicamp (CMU)

Considerações finais

Ao colocar um ponto final no trabalho, a sensação é dúbia. De um lado, o conforto por concluí-lo; de outro, a angústia, por sentir que tantos outros trilhos poderiam ter sido percorridos na viagem e ter conduzido a outras questões, a outra escritura. Penso, talvez, muito mais no trabalho que não foi. Esse sentimento advém da seguinte idéia que me rondou nos últimos meses de elaboração da pesquisa: neste momento, no qual adquiri mais familiaridade com os textos de Júlio Ribeiro e com as discussões sobre o Segundo Reinado, é que deveria estar iniciando, e não finalizando, a jornada; só assim, suponho, faria articulações mais elaboradas entre o presente objeto de estudo e seu universo social. Entretanto, quero crer que esse desconforto, em maior ou menor grau, faça parte do exercício da escrita de uma tese.

Deixo para trás, ao menos por ora, a idéia do que o trabalho poderia ter sido. É mais profícuo tratar do que efetivamente se materializou no percurso trilhado. Júlio Ribeiro foi o companheiro inseparável de minha viagem, mas não foi o único: muitas vezes me sugeriu a presença e a importância de outros passageiros, que me forneceram elementos para entender suas atitudes e condutas no transcorrer de nossa excursão. Talvez tenha compreendido alguns desses comportamentos; outros, nem tanto. As relações de meu companheiro, com um grupo de passageiros da mesma classe que nós, levaram-me a freqüentar outros bancos do vagão, com o objetivo de dialogar a respeito do ilustre passageiro. No entanto, sempre voltava para sua companhia, e ele me falava daqueles tripulantes – ao que eu ouvia atenta, a fim de poder apreender suas opiniões, selecionando algumas na tentativa de "desvendar" aquele enigma corporificado por meu companheiro de jornada. Entretanto, ao longo do trajeto, fui percebendo que as imagens de uns e outros chegavam até mim já filtradas e adulteradas pelo ponto de encontro daquelas trajetórias – Júlio Ribeiro. O desafio dessa viagem foi vê-los numa outra temporalidade, com outros códigos morais e sociais, que eram o que de fato nos separava em nosso cometimento. Enfim, percebi o quanto era difícil vestir a pele alheia. Procurei sempre, entretanto, fazer esse exercício; se o resultado não foi a contento, foi porque fugiu às minhas possibilidades.

Creio que a leitura empreendida por mim, neste trabalho, sobre a experiência social de Júlio Ribeiro tenha mostrado como a trajetória do escritor excede as imagens que dele fizeram os estudos de história e crítica literárias. Ao primarem pela análise estrita das obras ribeirianas, especialmente do romance *A Carne*, esses estudos forneceram uma visão alicerçada num único ponto: o do valor estético. Forma legítima; no caso do autor em estudo, porém, comprometeu o significado que ele teve no âmbito das letras paulistas. Um exemplo é a idéia que José Veríssimo fez de Ribeiro como um homem que se aventurava em direção a várias veredas e, por isso, autor de obras pouco amadurecidas. Um tal julgamento pode conduzir a interpretações anacrônicas, porque foi exatamente esse interesse em discorrer sobre vários assuntos a marca distintiva do autor, compartilhada, no entanto, por muitos de seus coetâneos. Além disso, essa característica evidencia a ausência de uma infra-estrutura para a profissionalização do escritor, que, por isso, recorria a vários expedientes, ligados ou não às letras, a fim de garantir sua sobrevivência. Em suma, não havia um campo intelectual autônomo, o que fazia que toda manifestação intelectual se transformasse imediatamente num evento político.

Dada essa característica do século XIX, considerei que o entendimento das intervenções textuais de Ribeiro não requeria somente o tratamento dos assuntos propostos em seus textos, mas também uma leitura inserida em seu universo social de produção. Levando em conta suas relações sociopolíticas, pude notar que o autor comungou da experiência social de contestação da ordem política com o grupo de republicanos paulistas. Nessas relações, subjaziam os temas que Ribeiro desenvolvia; mas, sobretudo, interessou-me aquilo que seus escritos mobilizaram em tais conexões. Acredito que, mediante esse mecanismo, se criava um significado para tal ou qual obra de Ribeiro. Propus, na verdade, que no entrecorte das relações se construía uma imagem do autor em estudo, pois todas as suas manifestações "intelectuais", além de estarem ligadas à política, só adquiriam visibilidade e, conseqüentemente, solidez – fossem essas manifestações consagradas ou não –, pelo viés das relações sociais e políticas.

Júlio Ribeiro contestou o *status quo* do regime monárquico, divergiu e afastou-se dos republicanos paulistas. Entretanto, suas ações e as de outros contestadores do regime não estavam imunes às práticas que condenavam. Eram favoráveis ao mérito pessoal como critério de seleção, escreviam condenando as relações de patrocínio, mas a reprodução do patronato se fazia presente no universo do grupo, que se considerava reformista. Seriam, então, hipócritas ou meramente retóricos? Nem uma coisa nem outra, pois realmente viam o patronato como um cancro. Contudo, tratava-se de uma prática por demais arraigada na sociedade brasileira e que ia além da órbita individual.

Afora seu mérito intelectual, Júlio Ribeiro acionou as relações sociais por ele estabelecidas, e esse recurso exerceu papel importante para o impulso de sua trajetória como homem de letras, como foi o caso da publicação de *Padre Belchior de Pontes* pela tipografia d'*A Gazeta de Campinas*. Daí em diante, outras publicações vieram, e o autor se consagrou no universo das letras paulistas, especialmente com a publicação de *Grammatica Portugueza* (1881). Foi ainda professor de colégios famosos na Província de São Paulo. Para o ingresso em alguns desses estabelecimentos, as relações sociais foram definidoras, como no Colégio Internacional e no Culto à Ciência, de Campinas; já a aprovação por concurso foi a forma de admissão em outros estabelecimentos, como a Escola Normal de São Paulo, assim como para a obtenção da cadeira de latim no Curso Anexo à Faculdade de Direito do Largo São Francisco. Entretanto, já proclamado o novo regime, em 1890, Júlio Ribeiro foi um dos muitos que recorreram ao Ministro da Fazenda Rui Barbosa para pedir uma colocação. Alegando problemas de saúde, pedia um "consulado na França, Grécia, ou mesmo no Egito, para se tratar da tísica que o acometia".[1] Essa foi a primeira solicitação, a que seguiriam outros pedidos do escritor. Conseguiu um cargo bem menos prestigioso do que aquele que havia pedido: foi nomeado fiscal de *loterias* na Capital. Poderia haver maior ironia do destino?

Júlio Ribeiro lutou, enfim, para que seus méritos fossem reconhecidos na vigência do regime imperial. Atribuiu, muitas vezes, as dificuldades à política do patronato; bem ou mal, porém, nesse período suas atividades deveram-se ao capital letrado de que era possuidor.

---

1   Sorocaba, 19 de janeiro de 1890 apud Carvalho, 2000, v.43, n.1, p.96.

REFERÊNCIAS BIBLIOGRÁFICAS

Fontes

Escritos de Júlio Ribeiro

Obras

RIBEIRO, J. *Padre Belchior de Pontes*. 3.ed. São Paulo: Companhia Editora Monteiro Lobato, 1925.
_____. *Padre Belchior de Pontes*. 7 ed. São Paulo: Assunção, [s.d (a)].
_____. *Procellárias*. São Paulo: Cultura Brasileira, [s.d (b)].
_____. *Grammatica Portugueza*. São Paulo: Typografia Jorge Seckler, 1881.
_____. Os Phenicios no Brazil. In: _____. *Almanach Litterario de São Paulo*, v.2, 1877.
_____. *Grammatica Portugueza*. 2. ed. São Paulo: Casa Eclectica, 1884.
_____. *Cartas Sertanejas*. 2. ed. Lisboa: Livraria Clássica Editora de A. M Teixeira, 1908.
_____. *A Carne*. 21. ed. São Paulo: Francisco Alves, 1949. (Prefácio de Orígenes Lessa).
_____. *A Carne*. Rio de Janeiro: Ediouro, 1966. (Prefácio de Elsie Lessa)
_____. *A Carne*. São Paulo: Editora Três, 1972.

Cartas

RIBEIRO, J. Carta a Francisco Glycério. 4 de abr. 1884 (manuscrito). Arquivo Jolumá Brito - (CMU).

_____. Carta a seu filho Joel, Rio de Janeiro, 4 abr. 1890. JULIO Ribeiro. *Correio Paulistano*. São Paulo, 1 nov. 1890. Arquivo Jolumá Brito (CMU).

_____. Carta a Quintino Bocayuva, Sorocaba, 12 mar. 1890. Uma Carta de Júlio Ribeiro a Quintino Bocayuva. *Folha da Manhã*, São Paulo, 3 nov. 1940. Arquivo Jolumá Brito (CMU).

Artigos

RIBEIRO, J. Liberdade religiosa. *Correio Paulistano*, São Paulo, 4 out. 1870.

_____. Carta ao Sr. redator. *Diário de Campinas*. Campinas, 15 mar. 1881. Arquivo Jolumá Brito (CMU).

Escritos sobre Júlio Ribeiro

Artigos em periódicos

A PROVÍNCIA DE SÃO PAULO. São Paulo, 18 jan. 1877. (Editorial – Seção Letras e Artes – comentário da palestra de Ribeiro sobre os Fenícios no Brasil)

_____. São Paulo, 10 ag. 1880. (Editorial sobre Traços Geraes de Linguistica).

_____. São Paulo, 28 dez. 1882. (Editorial sobre a fundação da "Escola Júlio Ribeiro")

Artigos do Arquivo Jolumá Brito (Centro de Memória da Unicamp)

Antropologia – Julio Ribeiro. *Diário de Campinas*, Campinas, 2 abr. 1882.

Carta de Martim Francisco a Julio Ribeiro. *Folha da Manhã*, São Paulo, 3 nov. 1940.

Gazeta de Campinas, Campinas, 28 nov. 1876. (Editorial sobre conferência proferida por Ribeiro no Ateneu Literário de Campinas).

PARANHOS, U. Júlio Ribeiro. *Folha da Manhã*, São Paulo, mar. 1940.
POMPÉIA, R. Júlio Ribeiro. Rio de Janeiro, *Jornal do Comércio*, nov. 1890.
QUANDO residiu em Campinas [s.n.t.]
MOTA, O. Júlio Ribeiro. São Paulo, *Folha da Manhã*, 15 abr. 1945.

Biografias sobre Júlio Ribeiro

DORNAS FILHO, J. *Júlio Ribeiro*. Belo Horizonte: Cultura Brasileira, 1945.
IRMÃO, J. A. *Júlio Ribeiro*: discurso de posse do Instituto Histórico e Geográfico de São Paulo. Sorocaba, [s.n, s.d].

Polêmicas

ALCEST, Sr. Julio Ribeiro e seus conhecimentos. *A Província de São Paulo*, São Paulo, (20 mar. de 1885).
DIDEROT. Bilhetes Postais a Julio Ribeiro. *A Província de São Paulo*, São Paulo, 1885 (11 mar. e 17 mar.).
SALES, A. Cartas a Julio Ribeiro. *A Província de São Paulo*, São Paulo, 1885 (De 8 a 21 mar.).

Livros e artigos

AZEVEDO, A. *Mistérios da Tijuca*: romance original. Rio de Janeiro: Folha Nova, 1882.
BRASILIENSE, A. Discurso de Gambeta. *Gazeta de Campinas*, Campinas, 10 nov. 1872.
CARVALHO, M. *A produção literária de Júlio Ribeiro em Sorocaba*. Sorocaba, SP: Digipel, 2001.
FREITAS, S. A Carniça por Júlio Ribeiro. In: RIBEIRO, J. *A Carne*. São Paulo: editora Três, 1972.
GASPAR, A. F. & ALMEIDA, A. DE. *Luiz Matheus Maylasky, Visconde de Sapucay*. São Paulo: s.n, 1938, v.1.
IRMÃO, J.A. *A Perseverança III e Sorocaba*: 1869-1889. Sorocaba: Fundação Ubaldino do Amaral, 1999.
LESSA, V. T. *Anais da 1ª Igreja Presbiteriana de São Paulo*: 1863-1903. São Paulo: Edição da 1ª Igreja Presbiteriana Independente de São Paulo, 1938.

MARTINS, A. L. Júlio Ribeiro: o olhar além d'A Carne. *O Estado de S. Paulo*, São Paulo. 15 out.. 1988.

_____. As leituras às vésperas da República. *O Estado de S. Paulo*, São Paulo. 18 nov. 1989.

PEQUENO DICIONÁRIO dos professores da Escola Normal Paulista no Império. Acervo do Centro de Memória da Educação, São Paulo, USP.

ROCHA POMBO. A Carne: romance de Julio Ribeiro. A Galleria Illustrada. Curitiba, v.1, n.3, 1888.

SALES, A. Apresentação. In: _____. *Cartas a Julio Ribeiro por Democrito*. São Paulo: Typografia da Província, 1885.

Bibliografia geral

ADORNO, S. *Os Aprendizes do poder*: o bacharelismo liberal na política brasileira. Rio de Janeiro: Paz e Terra, 1988.

ADUCCI, C. C. A *"Pátria Paulista"*: o separatismo como resposta à crise final do Império. São Paulo: Arquivo do Estado, Imprensa Oficial, 2000.

ALBINO, M. *"Ide por Todo Mundo"*: a província de São Paulo como campo de missão presbiteriana: 1869-1892. Campinas: Área de Publicações CMU/Unicamp, 1996.

ALONSO, A. *Idéias em movimento*: a geração de 1870 e a crise do Brasil-Império. São Paulo: Paz e Terra, 2002.

AUGUSTI, V. O caráter pedagógico-moral do romance moderno. Cadernos Cedes 51. *Educação, sociedade e cultura no século XIX*: discursos e sociabilidades, 2000.

AZEVEDO, E. *Entre escravos e doutores*: a trajetória de Luiz Gama na imperial cidade de São Paulo. Campinas, 1997. Dissertação (Mestrado) – Instituto de Filosofia e Ciências Humanas da Universidade Estadual de Campinas.

BANDEIRA, M. Centenário de Júlio Ribeiro. In: _____. *Poesia e Prosa*. V. II. Rio de Janeiro: José Aguilar, 1958.

BARATA, A. M. *Luzes e Sombras*: a ação da maçonaria brasileira: 1870-1910. Campinas, SP: Editora da Unicamp, Centro de Memória – Unicamp, 1999.

BONADIO, G. *A transição para o jornal diário em Sorocaba, SP (1842-1889)*: jornais, jornalistas de uma cidade do interior paulista, nos tempos do Imperador. São Paulo, 1994. Dissertação (Mestrado), Faculdade de Comunicação Social Cásper Libero.

BOSI, A. *História concisa da literatura brasileira*. 33. ed. São Paulo: Cultrix, 1994.

BOURDIEU, P. *Razões práticas*: sobre a teoria da ação. 3. ed. Campinas, SP: Papirus, 1996a.

_____. *As regras da arte*: gênese e estrutura do campo literário. São Paulo: Companhia das Letras, 1996b.

_____. *A economia das trocas simbólicas*. 5. ed. São Paulo: Perspectiva, 1999.

BRESCIANI, M. S. M. *Liberalismo*: ideologia e controle social: um estudo sobre São Paulo de 1850 a 1910. São Paulo, 1976. Tese (Doutorado)

BROCA, B. *A vida literária no Brasil – 1900*. [s.l: s.n, s.d]. Ministério da Educação e Cultura – serviço de documentação.

_____. (Coord. Alexandre Eulálio). *Naturalistas, parnasianos e decadistas*: vida literária do Realismo ao Pré-Modernismo. Campinas, SP: Editora da Unicamp, 1991.

CANDIDO, A. *A educação pela noite & outros ensaios*. 2. ed. São Paulo: Ática, 1989.

CARVALHO, J. M. *A Formação das Almas*: o imaginário da República no Brasil. São Paulo: Companhia da Letras, 1990.

_____. *A construção da ordem*: a elite política imperial. *Teatro de Sombras*: a política imperial. 2. ed. revista. Rio de Janeiro: Editora UFRJ, Relume-Dumará, 1996.

_____. *Rui Barbosa e a Razão Clientelista*. Dados, Rio de Janeiro: Iuperg, v.43, n.1, 2000.

CHAGAS, P. P. *Teófilo Ottoni*: ministro do povo. 3. ed. Belo Horizonte: Itatiaia Limitada; Brasília: Instituto Nacional do Livro, [s.d.].

CHARTIER, R. *A história cultural*: entre práticas e representações. Lisboa: Difel, 1990.

COUTINHO, A. *A literatura no Brasil*. v.2, Rio de Janeiro: Sul Americana, [s.d.].

CRUZ, H. F. *São Paulo em revista*: catálogo de publicações da imprensa cultural e de variedades paulistanas, 1870-1930. São Paulo: Arquivo do Estado, 1997.

DARNTON, R. *Edição e sedição*: o universo da literatura clandestina no século XVIII. São Paulo: Companhia das Letras, 1992.

FÁVERO, L. L. A Grammatica Portugueza de Júlio Ribeiro. In: *Revista da Anpoll*, São Paulo, n. 13, jul./dez. 2002.

FERREIRA, A. C. *A epopéia bandeirante*: letrados, instituições, invenção histórica (1870-1940). São Paulo: Editora UNESP, 2002.

FERREIRA, J. A. *História da Igreja Presbiteriana no Brasil*. São Paulo: Casa Editora Presbiteriana, 1959.

FOUCAULT, M. *O que é um autor?* 4. ed. Lisboa: Vega, Passagens, 2000.

FREITAS, A. DE. *A imprensa periódica de São Paulo desde os seus primórdios em 1823 até 1914*. São Paulo: Typografia do Diário Official, 1915.

GALZERANI, M. C. B. *O Almanaque, a locomotiva da cidade moderna*: Campinas, décadas de 1870 e 1880. Campinas, 1998. Tese (doutorado) – Instituto de Filosofia e Ciências Humanas da Universidade Estadual de Campinas.

GARMES. K. M. *Achados e esquecidos de José de Alencar*: cartas e textos políticos. São Paulo, 1998. Dissertação (Mestrado) – Faculdade de Filosofia, Letras e Ciências Humanas, Universidade de São Paulo.

GOMES, A. C. (Org.). *Escrita de si, escrita da história*. Rio de Janeiro: FGV, 2004.

GRAHAM, R. *Grã-Bretanha e o início da modernização no Brasil*. São Paulo: Brasiliense, 1973.

HOLANDA, S. B. *História Geral da Civilização Brasileira*: do Império à República. São Paulo: Difusão Européia do Livro, 1972, tomo 2, v.3.

HUNT, L. (org.). "Introdução". In: *A Invenção da pornografia*: obscenidade e as origens da Modernidade. São Paulo: Hedra, 1999.

LUCAS, F. *O realismo-naturalismo de Júlio Ribeiro*. [s.n.t.]. (Cópia xerográfica).

LUSTOSA, I. *Insultos impressos*: a guerra dos jornalistas na Independência (1821-1823). São Paulo: Companhia das Letras, 2000.

MARTINS, C. B. *Notas sobre a noção de prática em Pierre Bourdieu*. Novos Estudos, CEBRAP, n. 62, 2002.

MARTINS, W. *A crítica literária no Brasil*. São Paulo: Departamento de Cultura, 1952.

_____. História da inteligência brasileira. v. 4, São Paulo: Cultrix, 1978.

MENDONÇA, C. S. DE. *Salvador de Mendonça*: democrata do Império e da República. Rio de Janeiro: Instituto Nacional do Livro/Ministério da Educação e Cultura, 1960.

MEYER, M. *Folhetim*: uma história. São Paulo: Companhia das Letras, 1996.

MICELI, S. *Intelectuais à brasileira*. São Paulo: Companhia das Letras, 2001.
MIGUEL-PEREIRA, L. *Machado de Assis (estudo crítico e biográfico)*. 5. ed. Rio de Janeiro: J. Olympio, 1955.
_____. *História da literatura brasileira*: de 1870 a 1920. 3. ed. Rio de Janeiro: J. Olympio, 1973.
MORAES, C. S. V. *O ideário republicano e a educação*: o colégio "Culto à Ciência" de Campinas (1869-1892). São Paulo, 1981. Dissertação (Mestrado) – Faculdade de Educação, Universidade de São Paulo.
MORSE, R. *Formação histórica de São Paulo (de comunidade à metrópole)*. São Paulo: Difel, 1970.
NABUCO, J. *O abolicionismo*. Rio de Janeiro: Nova Fronteira; São Paulo: Publifolha, 2000.
PERELMAN, C. Analogia e metáfora; Argumentação. In: *Enciclopédia Einaudi*, v.11. Rio de Janeiro: Imprensa Nacional/Casa da Moeda, 1987.
PESSOA, R. *O ideal republicano e seu papel histórico no Segundo Reinado*: 1870-1888. São Paulo: Daesp, 1983.
PESSOA, R. ET AL. A imprensa republicana na cidade de São Paulo (1870-1889). *Revista de História*, 1974. (Separata n.52).
RIBEIRO, A. M. *A Educação feminina durante o século XIX*: o colégio Florence de Campinas, 1863-1889. Campinas, SP: Editora da Unicamp, Centro de Memória – Unicamp, 1996.
RIBEIRO, J. A. P. *O romance histórico na literatura brasileira*. São Paulo: Secretaria da Cultura, Ciência e Tecnologia, Conselho Estadual da Cultura, 1976.
RIBEIRO, L. S. P. O papel dos intelectuais na popularização cultural republicana. In: *Revista de História das Idéias*. Coimbra, v.24, 2003.
ROMERO, S. *História da literatura Brasileira*. 6 ed., Rio de Janeiro: J. Olympio, 1960.
_____. Explicações indispensáveis. In: BARRETO, T. *Vários Escritos*. [s.l.]: Editora do Estado de Sergipe, 1926.
SCHWARCZ, L. M. *O espetáculo das raças*: cientistas, instituições e questões raciais no Brasil – 1870-1930. São Paulo: Companhia da Letras, 1993.
SODRÉ, N. W. *História da imprensa no Brasil*. Rio de Janeiro: Civilização Brasileira, 1966.

VERÍSSIMO, J. *O romance naturalista no Brasil*. Estudos Brasileiros, 2 série, Rio de Janeiro: Laemmert & Cia, 1894.

———. *História da literatura brasileira*: de Bento Teixeira, 1601 a Machado de Assis, 1908. 4. ed. Brasília: Editora da UNB, 1963.

VIANY, A. *Introdução ao cinema brasileiro*. Rio de Janeiro: MEC/INL, 1959.

VIEIRA, D. G. *O protestantismo, a maçonaria e a questão religiosa no Brasil*. Brasília: Editora da UNB, 1980.

VENTURA, R. *Estilo Tropical*: história cultural e polêmicas literárias no Brasil, 1870-1914. São Paulo: Companhia das Letras, 1991.

VEYNE, P. *Como se escreve a História*: Foucault revoluciona a História. Brasília: Editora da UnB, 1992.

Anexo

Cronologia

1845
Abril (14), nascimento.

1860-1864
Aluno interno do Colégio Baependi – Baependi (MG).

1865
Ingressa na carreira militar no Rio de Janeiro.
Em novembro, pedido de baixa do serviço militar sob alegação de estudos. A Guerra do Paraguai deixaria sua mãe extremamente preocupada, conforme pode se entrever nas cartas.

1866
Consegue o desligamento do serviço militar, obtendo a licença para os estudos. Fixa residência na região do Vale do Paraíba, onde ministrou aulas e colaborou em jornais, como *O Paraíba*.

1867
Primeiros contatos com missionários presbiterianos de origem estadunidense.

1870
Em abril, torna-se pastor; no final desse ano, chega a Sorocaba.
Em agosto torna-se Príncipe Rosa Cruz, grau 18. Nesse ano também passou a integrar a Loja Maçônica América.

1871

Casou-se com Sofia, filha de presbiterianos, segundo casamento não católico realizado em Sorocaba; na ocasião Ribeiro tinha 26 anos e Sofia 14.

Ocupou o cargo de redator do jornal *O Sorocabano*, que, a partir de 1º de setembro de 1872, passou a chamar-se *O Sorocaba*, dirigido por José Antônio Pereira de Salles, tendo Ribeiro permanecido como colaborador até 20 desse mês no mencionado jornal.

1872

Ministra aulas particulares em sua residência (Latim, Francês, Inglês, Geografia, primeiras letras e sistema métrico decimal). Parece que foi a maneira encontrada para sobreviver, já que não mais era o diretor d'*O Sorocabano*.

Em maio, comunica que passaria a assinar Júlio Ribeiro, eliminando seu nome intermediário, Cesar.

1873

Em janeiro, renuncia ao cargo de agente da Fábrica Ypanema e muda-se para a cidade de São Paulo.

1874

Em setembro, retorna a Sorocaba, convidado por Maylasky, para dirigir o jornal *Gazeta Commercial*. Em 7 de outubro desse ano, iniciam-se as atividades do jornal, tendo como principal meta defender Maylasky e a Companhia Sorocabana das críticas feitas por dois outros jornais: *Ypanema e Ituano*.

Em novembro, inicia-se a publicação do romance *Padre Belchior de Pontes* na *Gazeta Commercial*, interrompendo a publicação em agosto de 1875, quando encerra as atividades desse jornal.

1875

Inaugura-se a Estrada de ferro Sorocabana.

Em agosto, muda-se de Sorocaba novamente.

1876

Padre Belchior de Pontes é publicado pela Typografia da *Gazeta de Campinas*, por iniciativa de Francisco Quirino dos Santos. Nesse ano, passou a dedicar-se ao magistério em Campinas: Colégio Internacional, Culto à Ciência e colégio Florence.

1877

Publica *Os Phenicios no Brasil*, na Revista do *Almanach Litterario de São Paulo*.

1879

Morre sua esposa, Sofia Ribeiro

1880
Publica *Traços Geraes de Linguistica*.
1881
Publica *A Grammatica Portugueza* (adotada no Colégio Pedro II do Rio de Janeiro).
Casa-se com Belisária Augusta do Amaral.
1884
Segunda edição revista da *Grammatica Portugueza*, que havia apresentado erros na distribuição da matéria, bem como de etimologia.
1885
Lançamento d'*As Cartas Sertanejas* no jornal *Diário Mercantil* (SP).
1886
Ocupa o cargo de professor interino da Escola Normal de São Paulo.
1887
É diretor de *A Procellaria*, jornal fundado nesse ano e que teve curta duração. Por meio de concurso, é nomeado professor de Latim no Curso Anexo da Faculdade de Direito de São Paulo.
1888
Publicação do romance *A Carne*. Polêmica com Senna Freitas, que se referiu ao romance como "A carniça". Ribeiro revidou a crítica chamando Freitas de o "urubu". Nesse ano, fundou o Jornal *O Rebate*.
1889
Professor interino de Poética, Literatura e Retórica no Instituto Nacional do Rio de Janeiro.
1890
Morre em Santos.

SOBRE O LIVRO

Formato: 14 x 21 cm
Mancha: 23,7 x 42,5 paicas
Tipologia: Horley Old Style 10,5/14
Papel: Offset 75 g/m² (miolo)
Cartão Supremo 250 g/m² (capa)
1ª edição: 2008

EQUIPE DE REALIZAÇÃO

Coordenação Geral
Marcos Keith Takahashi

Impressão e Acabamento

bandeirantes
on demand